INCONSCIENTE, NUVEM INFINITA

Série Escrita Psicanalítica

Clínica psicanalítica: testemunho e hospitalidade, de Marcio Giovannetti
Alma migrante, de Plinio Montagna
Uma imagem do mundo: realidade e imaterialidade, de Walter Trinca
A posteriori, um percurso, de Marion Minerbo
Passado e presente, de Ana Maria Andrade Azevedo
Psicanálise: de Bion ao prazer autêntico, de Cecil José Rezze
Análise, teimosia do sintoma e migração, de Daniel Delouya
Caminhando pela psicanálise, de Myrna Favili
Psicanálise clínica: novas descobertas, novos conceitos, de Marisa Pelella Mélega

Blucher

INCONSCIENTE, NUVEM INFINITA

Ignacio Gerber

Série Escrita Psicanalítica

Coordenação: Marina Massi

Inconsciente, nuvem infinita
Série Escrita Psicanalítica

Publisher Edgard Blücher
Editor Eduardo Blücher
Coordenação editorial Jonatas Eliakim
Produção editorial Catarina Tolentino
Preparação de texto Carolina Tiemi
Diagramação Guilherme Henrique
Revisão de texto Maurício Katayama
Capa Leandro Cunha
Imagem da capa Helena Lacreta

Blucher

Rua Pedroso Alvarenga, 1245, 4º andar
04531-934 – São Paulo – SP – Brasil
Tel.: 55 11 3078-5366
contato@blucher.com.br
www.blucher.com.br

Segundo o Novo Acordo Ortográfico, conforme 5. ed. do *Vocabulário Ortográfico da Língua Portuguesa*, Academia Brasileira de Letras, março de 2009.

Dados Internacionais de Catalogação
na Publicação (CIP)
Angélica Ilacqua CRB-8/7057

Gerber, Ignacio

Inconsciente, nuvem infinita / Ignacio Gerber. – São Paulo : Blucher, 2023.

392 p. (Coleção Escrita Psicanalítica)

Bibliografia

ISBN 978-65-5506-359-2

1. Psicanálise I. Título II. Série

22-6638 CDD 150.195

Índice para catálogo sistemático:
1. Psicanálise

Sobre a Série Escrita Psicanalítica

O projeto de uma série com livros de autores da Sociedade Brasileira de Psicanálise de São Paulo (SBPSP) é fruto da pesquisa de doutorado *Trinta anos de história da Revista Brasileira de Psicanálise: um recorte paulista*. Nessa tese, abordei os artigos publicados na revista, de 1967 a 1996, por psicanalistas da SBPSP.

Entre os vários aspectos que pude observar, destacou-se a necessidade de organizar a produção psicanalítica dessa instituição, de seus primórdios aos dias atuais, divulgada em revistas especializadas, atividades científicas ou aulas ministradas nos institutos de formação, com influência sobre diversas gerações de profissionais ligados à International Psychoanalytical Association (IPA).

A Série Escrita Psicanalítica tem justamente a ambiciosa proposta de reunir, organizar, registrar, publicar, divulgar e consolidar a produção dos pioneiros e das gerações posteriores da SBPSP. Busca também retratar, para a própria instituição, o que nela foi construído de importante desde a sua fundação. Conta, assim, a história da SBPSP pelo veio da produção e da criação psicanalítica.

Esta série lança um olhar para o passado, pois organiza o que de melhor já foi feito, e um olhar para o futuro, pois transmite a fortuna da SBPSP não só como memória, mas como um importante material de estudo para os diferentes institutos de formação psicanalítica e cursos de pós-graduação no Brasil, além de para o público interessado.

Ao promover uma leitura da história das ideias psicanalíticas – uma leitura crítica, comparada – e, ao mesmo tempo, permitir que os psicanalistas aqui apresentados sejam considerados enquanto autores, produtores de ideias e teorias, a série possibilita sair do campo transferencial institucional e passar ao campo das ideias, da reflexão, do debate, para além da pessoa do psicanalista.

A ciência e a arte necessitam de organização (ou curadoria) da contribuição que o ser humano foi e é capaz de oferecer. Espero que esta série cumpra o objetivo de ser a história das ideias de muitos colegas brasileiros no âmbito da IPA, alguns infelizmente não mais entre nós, outros ainda em plena produção.

Marina Massi

Coordenadora da Série Escrita Psicanalítica

Sumário

1. O inconsciente, nuvem infinita

O fator diferencial que eu quero introduzir não é entre consciente e inconsciente, mas entre finito e infinito.

W. R. Bion

. . . A lógica do inconsciente permeia todas as manifestações psíquicas humanas . . . . Indo mais longe, esta lógica está presente no infinito matemático que tem obviamente uma relação fundamental com a estrutura do Mundo.

Ignacio Matte-Blanco

O infinito "in acto"

O termo "infinito" provém do grego, a partir do latim *in Finis*, aquilo que não tem fim, em oposição complementar com a *Finis*, finito, aquilo que tem fim e parece se adequar a nossa visão cotidiana da realidade *in acto*, em ação. Em outras palavras, o ilimitado e o limitado. Atribui-se a Zenão de Eleia (490-430 a.C.) o primeiro uso matemático do infinito. Em outra tradição cultural, o texto indiano Mahendra (séc. IV a.C.) prenuncia Baruch de Espinosa (1632-1677) ao propor três conjuntos possíveis de números: o Enumerável, o Não Enumerável e o Infinito. O Infinito mais além de todas as coisas particulares ou todas as facetas de nossa existência.

Citamos, a seguir, uma excelente síntese do processo histórico sobre o Infinito, de autoria de Guillermo Martínez e Gustavo E. Piñeiro, no livro que escrevem em conjunto, *Gödel V (para todos)* (2010, p. 72):

> *O processo histórico sobre o Infinito iniciou-se com Aristóteles, com um dos conceitos mais esquivos, difíceis, maravilhosos que o pensamento humano criou. O que é o infinito? O que queremos dizer, por exemplo, quando afirmamos que a sequência 1, 2, 3, 4, 5 . . . é infinita?*
>
> *A infinitude da sequência manifesta-se na característica inapreensível de "nunca terminar", uma propriedade futura inalcançável, e não um traço presente concreto. A esta forma de Infinito, Aristóteles chamou "Infinito Potencial" ou "Infinito em potência". A segunda forma de pensar o Infinito consiste em vê-lo como uma realidade presente "Em Ato". Neste caso poderíamos imaginar um Ser sobrenatural que anotasse todos os números, absolutamente todos, num ato de vontade quase divina. É muito difícil, para não dizer impossível, captar o que isso significa. Somos capazes de representar um todo que está integralmente presente, mas que nunca termina?*
>
> *Seja porque na verdade é inimaginável, seja por razões filosóficas mais profundas, Aristóteles afirmou em sua*

> Metafísica *que o Infinito em Ato não existe. Ao longo dos séculos, esta rejeição ao Infinito em Ato foi defendida unanimemente pela ortodoxia ocidental, tanto filosófica como matemática. O Infinito em Ato, segundo os escolásticos, era um atributo da Divindade.*
>
> *Apenas no final do século XIX, Georg Cantor revoluciona esses conceitos com sua Teoria dos Conjuntos, que era sua forma de designar o estudo das totalidades infinitas como se fossem um objeto em si. Ou seja,* Cantor admite o Infinito em Ato, e que ele se constituísse no próprio fundamento de uma nova matemática, mais abrangente, com sua Teoria dos Conjuntos Infinitos *[grifo]. (Tradução livre, grifos nossos).*

Trezentos anos antes, o genial Espinosa antecipou os desenvolvimentos matemáticos e lógicos do conceito de Infinito na sua famosa *Carta sobre o Infinito*, de 1663 (p. 1), dirigida ao seu interlocutor Lodejvic Meijer:

> *A questão do Infinito sempre pareceu dificílima para todos, até mesmo inextrincável, porque não distinguiram entre aquilo que pode ser inteligido, mas não imaginado, e aquilo que também podemos imaginar, ou seja, o Infinito só pode ser inteligido, mas não imaginado. Se tivessem prestado atenção nisso, jamais teriam sido esmagados ao peso de tantas dificuldades. Com efeito, teriam claramente compreendido qual infinito não se divide em partes, ou não tem partes, e qual, ao contrário, pode ser dividido em partes sem contradição. Também teriam compreendido qual Infinito pode ser concebido*

> *como maior que outro sem qualquer contradição, e qual não pode ser concebido assim.*

Nesse pequeno fragmento, Espinosa nos ajuda a compreender o Inconsciente Infinito da Psicanálise, desde Freud a Bion e Matte-Blanco. Este último propõe Inconsciente e Consciente como dois "modos de ser" do ser humano. O "modo de ser indivisível", infinito e inconsciente, e o "modo de ser divisor", finito e consciente. Ambos complementares, em proporções variadas. Voltaremos a isso.

***

A lógica do Inconsciente sempre me fascinou e se tornou a meta de uma busca fundamental no sentido de minha prática clínica. Ao longo do tempo, meu ato de fé no Inconsciente evoluiu para um sentimento quase físico, quase corpóreo, do meu Inconsciente – ou, poderia dizer, do Inconsciente de todos nós. Experimento esse sentimento particularmente na presença de meus analisandos, mas este se dissemina para a minha "vida lá fora".

Minha trajetória parte do Consciente finito, formas-pensamento, em direção a um Inconsciente Infinito, um caos organizado por uma *ordem implicada* transcendente.

A ideia de uma *ordem implicada* que dê sentido a um conjunto de dados caóticos e aparentemente sem sentido (as manifestações do Inconsciente, por exemplo) está apresentada em uma obra fundamental do físico David Bohm, *A totalidade e a ordem implicada: uma nova percepção da realidade* (1998, p. 17):

> *Temos, pois, de ficar alertas para considerar seriamente e atentar com cuidado para o fato de que nossas teorias não são "descrições da realidade como ela é", mas sim, formas de* insight *sempre em transformação, que podem*

> *indicar ou apontar uma realidade implícita e não descritível ou especificável em sua totalidade.*
>
> *Qualquer evento, objeto, entidade etc. descritível é uma abstração de uma totalidade desconhecida e indefinível de movimento fluente.*
>
> *A nova forma de* insight *talvez possa ser mais bem definida por "Totalidade Indivisa de Movimento Fluente". A visão implica que esse fluxo, em certo sentido, é anterior ao das coisas que podem ser vistas formando-se e dissolvendo-se nesse fluxo. Pode-se talvez ilustrar o que se quer dizer com isso considerando-se o "fluxo da consciência". Esta fluidez da consciência não é definível de maneira precisa, sendo porém evidentemente anterior às formas definíveis dos pensamentos e das ideias que podem ser vistos formando-se e dissolvendo-se no fluxo, como pequenos encrespamentos ou ondulações, ondas e vórtices num curso fluente.*

Recomendo também outra obra bastante anterior, que é o livro *Flatland: A Romance of Many Dimensions*[1], escrito pelo matemático inglês Edwin Abbott em 1884 e que se tornou um clássico com inúmeras edições e livros escritos a respeito até a atualidade. No romance, o autor descreve um mundo ficcional de duas dimensões (algo como uma folha de papel com seus habitantes desenhados sobre ela), no qual se pode apreender uma visão sarcástica da cultura vitoriana, mas cuja maior contribuição é sua crítica à Física e à Matemática de seu tempo, o que abre a imaginação para possíveis universos com quatro ou mais dimensões espaciais que podemos inteligir, mas não

---

1 *Planolândia: Um Romance de Muitas Dimensões*. (2002).Tradução Leila de Souza Mendes. Conrad.

imaginar. Impossível desenhar em três dimensões uma figura virtual de quatro ou mais dimensões. Segue uma pequena ilustração de suas ideias feita por Basarab Nicolescu, diretor do *Centre National de la Recherche Scientifique* (Centro Nacional de Pesquisa Científica), em Paris, no seu livro *Ciência, sentido e evolução* (1995, p. 100):

> *Imagina-te em teu próprio mundo, tão familiar, de três dimensões espaciais. Agora imagina uma folha de papel (de duas dimensões) povoada por todo tipo de habitantes, cujos órgãos dos sentidos lhes permitem perceber com precisão o que se passa em duas dimensões, mas exclusivamente em duas dimensões. Tomemos agora uma circunferência e deixemos que ele penetre suavemente a folha de papel, num ângulo perpendicular a essa folha. Os habitantes desse mundo bidimensional verão primeiro a súbita aparição de um ponto, ponto de tangência. Pensarão tratar-se de um novo fenômeno, e que seria conveniente estudá-lo com todos os meios de sua ciência. Em seguida, verão o ponto separar-se em dois que aos poucos se afastam um do outro. Farão todo o tipo de experiências e inventarão teorias para explicar perfeitamente o que se passa. As complicações começarão quando um desses físicos de duas dimensões – aliás, um dos mais brilhantes de sua época – mostrar sem ambiguidade alguma que o movimento dos dois pontos indica a existência de correlações incompreensíveis: os dois pontos reagem como um conjunto solidário, sem que nenhum sinal possa ligá-los entre si. Os físicos desse mundo bidimensional tinham acabado de descobrir a "não separatividade". A circunferência continua o seu movimento: os dois pontos, após atingirem a distância*

> *máxima (o diâmetro da circunferência), começariam a aproximar-se até se juntarem num só ponto, que em seguida desapareceria subitamente do mundo da folha de papel sem deixar qualquer vestígio: a circunferência teria apenas atravessado o papel. Enquanto isso, polêmicas assolariam o mundo de duas dimensões, não apenas a comunidade dos físicos, mas também a dos filósofos e teólogos. De tempos em tempos, o grande público assistiria a seus debates televisados ou leria alguns de seus incontáveis compêndios, sem nada compreender do que estaria ocorrendo.*
>
> *No entanto, para nós – seres tridimensionais –, a situação é muito simples e racional: trata-se apenas de uma circunferência que atravessa uma folha de papel.*
>
> *São os próprios hábitos de pensamento que impedem de perceber a nova realidade.*

Como romper esses hábitos? Talvez por meio da genialidade de um Freud bidimensional – certamente seria tachado de místico ou visionário pela sua academia científica – que intuísse que algo escapa à percepção possível nesse mundo bidimensional, percepção que nos limita a um aspecto absolutamente parcial da realidade, um empirismo pobre.

Em seu livro *The unconscious as infinite sets* (*O inconsciente como conjuntos infinitos*), de 1975, o psicanalista Ignacio Matte-Blanco propõe para o Inconsciente freudiano uma outra dimensionalidade, superior às três dimensões espaciais que constituem nosso ser físico: *um Inconsciente portador de uma ordem implicada latente, em outra dimensão, que daria sentido aos conteúdos manifestos em nossa dimensão habitual, transcendendo-a.*

Transcender, como eu entendo, seria, então, elevar-se a um campo de sentidos mais abrangente, em que relações possivelmente ocultas no campo básico de referência tornam-se explícitas e claras. É uma possível definição do método psicanalítico. Transcender o sentido consciente para uma outra dimensão onde simplesmente não existam os paradoxos da lógica clássica e até mesmo as contradições entre Consciente e Inconsciente.

Talvez a Psicanálise se defina por uma atitude desse tipo: "tudo tem a ver com tudo", o que nos remete aos deslocamentos, condensações e demais postulações freudianas. Nada é separado de nada, qualquer fala de um analisando em sessão é um puro presente que representa a totalidade do mundo emocional, existente e preexistente, recriada entre ele e seu analista.

***

Existe uma tendência de dividir a obra de Bion em fases; por exemplo; Fase Matemática e Fase Mística. Aparentemente são apenas facetas de uma única fase que permeia toda sua obra: a busca de uma teoria compreensiva sobre o "pensar emocional do ser humano" que contemplasse a "lógica finita consciente" e a "lógica infinita inconsciente". Bion parte da Matemática clássica de Aristóteles e Euclides e da Física clássica de Isaac Newton, que não admitem a contradição e eram as referências positivas às quais Freud teve acesso, e adentra corajosamente as criações contemporâneas de uma nova ciência, que admite a ambiguidade, o paradoxo, o infinito e a inevitável implicação do observador.

Na introdução de *Learning from Experience* (O aprender com a experiência) (1962), Bion se pergunta se o livro seria compreendido por um leitor que não tivesse experiência da prática clínica psicanalítica. A convicção entusiasmada de Freud sobre a perene e inefável presença do Inconsciente em toda e qualquer manifestação humana foi plasmada a partir de sua prática clínica, e Bion radicaliza essa convicção, que se torna o eixo privilegiado de seus escritos. Por outro lado, ele mantém abertos quaisquer caminhos que possam ser percorridos pelo leitor, consciente de que criações artísticas ou científicas só se completam com a participação ativa do seu destinatário. A obra de Bion se abre para as mais variadas e possivelmente contraditórias interpretações, e essa era sua intenção. Para tanto, ele se utiliza de suportes instrumentais das mais variadas áreas do conhecimento humano na tentativa de se aproximar da lógica inconsciente vivida por ele na sessão psicanalítica.

Um exemplo emblemático do uso metafórico que Bion faz de um conceito matemático é o "fato selecionado", criado por Henri Poincaré e adotado por Bion. Transcrevemos um fragmento do livro *Learning from experience* (1962, p. 73), de Bion, em que este traz uma colocação de Poincaré em *Ciência e Método* (1908) sobre o processo matemático:

> *H. Poincaré assim descreve o processo de criação de uma formulação matemática: "Para que um novo resultado tenha qualquer valor, ele precisa unir elementos há muito conhecidos, mas até então dispersos e aparentemente estranhos entre si, e de repente ele introduz ordem onde a aparência de desordem reinava. Então ele nos possibilita enxergar de relance cada um desses elementos no lugar que ocupam no conjunto. Não só o 'fato novo' é valioso por si só, mas ele dá um novo valor aos fatos (elementos) que ele une. Nossa mente é frágil assim como nossos sentidos; ela se perderia na complexidade do mundo se essa complexidade não fosse harmoniosa; como os míopes, ela apenas veria os detalhes, e seria obrigada a esquecer cada detalhe antes de examinar o próximo porque seria*

> *incapaz de captar o conjunto. Os únicos fatos dignos de nossa atenção são aqueles que introduzem ordem nessa complexidade e a tornam acessível".*
>
> *Essa descrição se assemelha bastante à teoria psicanalítica das posições esquizoparanoide e depressiva de Mrs. Klein. Eu usei o termo* "Fato selecionado" *para descrever aquilo que o psicanalista deve experienciar no processo de síntese . . . que parece ligar elementos que até então não pareciam conectados . . . O fato selecionado é o nome de uma experiência emocional: a experiência emocional de um sentimento de descoberta de coerência. (Tradução livre, grifos do autor).*

Isso ficará mais claro com um exemplo prático bastante conhecido: estamos atendendo um analisando há tempos, e, em uma sessão, ele nos relata uma série de acontecimentos vividos recentemente, entremeados por memórias passadas, sonhos, autointerpretações, enfim, um conjunto díspar de "fatos dispersos", de "elementos" conhecidos, de *per si*, mas nos escapa qual o sentido de tudo isso; o que ele está querendo nos transmitir; o que se passa entre nós; qual a experiência emocional que compartilhamos (ou não) nesse momento. Uma sensação possivelmente ansiosa de não entender nada. Subitamente nos ocorre uma formulação que parece dar sentido a tudo aquilo que parecia não ter sentido – um *insight*. Claro, quando essa captação ocorre, tantas vezes ou o mais das vezes ela nos escapa.

Reparem que a proposta de Poincaré, endossada por Bion, vai mais além dos processos dedutivos e indutivos da matemática clássica. O sentido geral é captado sem um processo linear de tentar conectar cada elemento ao seguinte. O sentido nos vem *d'emblée*, em uma captação totalizante que transcende a lógica clássica. Com a proposição do Fato Selecionado, *Poincaré inaugura o campo da complexidade*, posteriormente desenvolvido por Edgar Morin (1921). A complexidade vê o mundo como um todo indissociável e propõe uma abordagem multidisciplinar e multidiferenciada para a construção do conhecimento. Contrapõe-se à causalidade linear ao abordar os fenômenos como totalidade orgânica.

Gregory Chaitin, eminente matemático contemporâneo com importantes contribuições para a teorias da complexidade, informação algorítmica e metamatemática, propõe que, em toda área do conhecimento, existem as concepções criativas e os detalhes. Ele chama de "detalhes" o trabalho cotidiano e o produto específico de cada área. Já as concepções criativas extrapolam, transcendem, comunicam e fertilizam todas as áreas com uma nova maneira de pensar as coisas. O fato selecionado é um bom exemplo de concepção criativa, assim como o Inconsciente freudiano.

Retomando o caminho que, a partir de Freud, Bion percorreu por meio de momentos transformadores das ciências, até então alcunhadas de "exatas", proponho neste meu artigo que *o Inconsciente é o exemplo mais marcante da existência concreta do "Infinito em Ato", que nos constitui como seres humanos e cuja possível apreensão de suas interferências no campo da "finitude consciente" se dá em uma atitude de "atenção intuitiva" do analista. A Psicanálise é uma arte-ciência intuitiva.*

***

Existe um *common ground*, uma base comum, um conceito fundamental consensual aceito incondicionalmente por todas as escolas psicanalíticas e até mesmo pelas escolas dissidentes que surgiram a partir da criação de Freud? Eis uma questão sempre presente e que tem sido motivadora de tantas controvérsias ao longo da história da Psicanálise.

Parece evidente, quase óbvio, que a postulação por Freud de um Inconsciente cria e define a Psicanálise e se torna seu conceito fundamental. O Inconsciente é o *common ground*, a base comum compartilhada por todas as escolas pós-freudianas. Claro que há diferentes visões no detalhamento dessa noção de um Inconsciente estranho que escapa ao nosso controle consciente, porém a certeza de sua existência inefável e essencial percorre todas as tendências citadas e outras mais.

Isso nos conduz a outro conceito fundamental que se integra ao conceito de Inconsciente para constituir essa base comum: a atitude psicanalítica que possa propiciar algum acesso ao código contraditório e esquivo do Inconsciente. Freud denominou-a "atenção livremente suspensa", ou "atenção flutuante", ou "audição sem seletividade", atitude desejável para que o psicanalista possa ter acesso ao Inconsciente de seu paciente por meio dele próprio. Essa atitude é uma consequência natural da postulação por Freud do que ele denominou "regra fundamental" (ou principal) da Psicanálise: a "associação livre" do paciente.

Essa ideia de associação livre como regra fundamental da Psicanálise se engendra para Freud desde *The interpretation of dreams* (A interpretação dos sonhos), de 1900/1965, mas é em *Recomendações aos médicos que exercem a Psicanálise* (1912/1969) que Freud propõe a ideia conjunta de associação livre e atenção flutuante de maneira mais extensa e abrangente, explicitando sua convicção de que a associação livre do analisando demanda uma atenção flutuante por parte do analista para poder escutá-la. Os dois conceitos são inseparáveis e complementares, e constituem um contínuo que incorpora e transcende analista e analisando, uma transmissão de Inconsciente para Inconsciente. Em outras palavras, uma imersão mútua em um Inconsciente comum filogenético e ontogenético, uma memória emocional infinita, recriada entre os dois.

Bion insistia que não criava uma nova teoria psicanalítica, mas tão somente uma metateoria da *observação psicanalítica*. Como julgar se uma nova teoria científica traz algo realmente novo? Lembramos duas proposições a respeito. Segundo a primeira, "Uma teoria científica é NOVA quando torna obsoletas teorias preexistentes". Segundo a outra, "Uma teoria científica é nova quando transforma teorias preexistentes em seus casos particulares" (Bion, 1962, p. 7). Extrapolamos essas proposições para qualquer campo de teorização humana, incluindo teorias científicas, teorias estéticas, teorias psicanalíticas etc. Como exemplos clássicos, Einstein reduziu a física newtoniana a um caso particular válido apenas dentro de certas condições, e a postulação do Inconsciente por Freud reduziu o Consciente a seu caso particular. Nos dois casos, o que se tornou obsoleta foi a ideia preexistente de que a física newtoniana ou o Consciente pudessem abarcar a totalidade do conhecimento possível. As ideias de Bion devem ser compreendidas dentro desse contexto histórico no qual as ilusórias certezas temporais das lógicas conscientes se abrem para a incerteza radical e atemporal da lógica inconsciente. A ambiguidade e a incerteza rompem as barreiras limitadas da certeza racional e a confronta com o infinito. Como diz David Bohm (1998, p. 67), físico atômico e pensador: "A realidade é ambígua; o não ambíguo é simplesmente um caso especial da realidade, no qual conseguimos finalmente capturar algum aspecto específico dela".

Da tradição à contradição: do determinismo à aleatoriedade

Freud viveu em uma época na qual a lógica determinista predominante no pensamento científico foi colocada em questão, e expandida principalmente na Matemática e na Física, em direção à aleatoriedade, à contradição, à incerteza e à indecidibilidade. Durante a maior parte da vida de Freud, essa nova visão do mundo, uma nova cosmovisão, que essas e outras descobertas produziram ainda se circunscrevia a uma classe limitada de cientistas, com pouca divulgação e compreensão mesmo entre homens cultos e informados da época. Bion era da época em que essas ideias já eram amplamente divulgadas e mais bem compreendidas por um público mais amplo, pertencente às mais variadas áreas do conhecimento. Vamos ilustrar, por meio de algumas dessas ideias revolucionárias – expostas aqui de maneira bastante simplificada e concisa –, as mudanças que essas produziram na nossa maneira de pensar a lógica do universo e na nossa própria lógica interna. Em 1900, no Congresso Internacional de Matemática, David Hilbert, seu líder incontestável, propôs os 23 problemas não resolvidos da Matemática como desafio aos colegas, na certeza de que era apenas uma questão de tempo até que fossem todos resolvidos, e exortou-os com a frase lapidar: "Devemos saber, saberemos!". No Congresso Internacional de 1931 o jovem matemático Kurt Gödel surpreende seus colegas e destrói mais essa ilusão ao propor seu "teorema da incompletude".

Novamente em termos muito simplificados: qualquer equação matemática, além das mais triviais, apresenta soluções indecidíveis. Rompe-se a ilusão de futura conquista possível da totalidade do conhecimento, mas nem por isso a Matemática deixa de evoluir continuamente ao aceitar a própria limitação. Em resumo: a realidade é incerta e indecifrável. Kant potencializou que o universo a que temos acesso é apenas uma realidade possível entre infinitos multiversos. Após o terceiro golpe desfechado pela Psicanálise, eis o quarto e definitivo golpe em nossa arrogância, mas que nos abre as portas do infinito.

A postulação por Freud de um "determinismo psíquico" que abriria tantos novos caminhos era baseada em um conceito determinista predominante na mentalidade da época. Parece-nos de suma importância assinalar que o texto *Recomendações aos médicos que exercem a Psicanálise* (1912/1969) constitui uma mudança fundamental na maneira como Freud pensa a Psicanálise e uma mudança que prenuncia *o Ego e o Id* na sua passagem do determinismo psíquico para a aleatoriedade inconsciente. A proposta inicial de decompor o sonho em elementos isolados e tentar entender as correlações lineares entre esses elementos para tentar estabelecer um sentido abrangente utilizava uma lógica consciente para se aproximar da lógica contraditória do Inconsciente. A partir da postulação da atenção flutuante + associação livre, inverte-se o processo: ao assumir essa atitude analítica, nós nos dispomos a apreender a mensagem do Inconsciente a partir de uma totalidade de nossa intuição informada e, a partir dela, procurarmos o sentido dos elementos, dos fragmentos, dos detalhes. Do infinito ao finito.

As características do Inconsciente freudiano (deslocamento, condensação etc.) podem ser pensadas como consequências vivenciais de um princípio totalizante da lógica inconsciente. Ela não obedece à lei do Terceiro excluído, de Aristóteles, que norteou o pensamento científico por milênios e que propõe que, se dois elementos, A e B, são diferentes entre si, não existe um elemento T que se iguale aos dois. Essa lei é também conhecida como "princípio da não contradição": proposições contraditórias são inaceitáveis pela ciência. Ao admitir a contradição, a lógica inconsciente estabelece vínculos de sentido a quaisquer e todas as imagens mentais nas quais se registram as experiências emocionais de vivências pessoais e da espécie humana. A lógica do Inconsciente, o sonho, é um eterno retorno ao infinito primordial.

No campo da Física, entre 1905 e 1915, Einstein publica a Teoria da Relatividade Restrita e a Teoria da Relatividade Geral, surpreendendo o mundo científico com a demonstração de conceitos físicos que contradizem ideias preestabelecidas e, mais do que isso, agridem nosso senso comum. Como exemplos, a equivalência de matéria e energia, a relativização do tempo e a noção de um espaço mutante que se curva quando submetido à força gravitacional de um corpo celeste de grande massa.

Em 1927 o físico Werner Heisenberg, um dos criadores da física atômica, propôs o seu princípio da incerteza: no campo das partículas elementares é impossível determinar com precisão a massa e o momento (movimento) de uma partícula; a observação interfere no fenômeno. Isso implica uma limitação perene do conhecimento científico, o que põe fim à ilusão de que em algum momento a evolução da tecnologia e do conhecimento científico nos conduziria à certeza sobre tudo. Temos que aceitar a incerteza como elemento inerente ao saber, e esse princípio da Física se dissemina por todas as áreas do conhecimento humano.

Como podemos observar, a obra de Freud - de 1900 a 1939 - coincide com uma mudança radical na cosmovisão científica, na *Weltbild*, do determinismo newtoniano para a aleatoriedade probabilística da mecânica quântica. Uma nova maneira de pensar descrita de forma expressiva por Niels Bohr, um dos criadores da mecânica quântica, e em uma frase que ficou mundialmente famosa: "Quem não achar a física quântica muito esquisita, é porque não a entendeu". Pensamos em uma analogia: quem não achar a lógica do Inconsciente muito esquisita, é porque não a compreendeu.

O *a plenitude do vazio*

Recorremos a uma ilustração clássica acerca da "barreira de contato" entre Consciente finito e Inconsciente Infinito. Onde está o limite entre essas duas lógicas? Tomemos um polígono de quatro lados, um quadrado, e vamos aumentando o número de lados. Sabe-se que, no limite – este é o conceito de limite matemático –, chegaremos a uma circunferência. Mas, evidentemente, uma circunferência não é um polígono com infinitos lados. Por outro lado, é, se nós imaginarmos um monte de lados, cada vez menores, mas em algum momento há um corte, eu diria um corte epistemológico, um corte lógico, total e absoluto. Em algum momento esse monte de lados desaparece e se torna uma continuidade, sem início e sem fim. É uma maneira de exemplificar o que acontece quando se passa do Consciente para o Inconsciente. É uma mudança absolutamente radical. Desaparecem as partes e cria-se uma continuidade. É o motivo de a circunferência ser um símbolo primordial de todas as tradições hindus, chinesas, maias etc. É o símbolo da continuidade, o símbolo da divindade. E o *O* de Bion sem dúvida decorre daí. Não é apenas um zero ou um "O" de linguagem. É, mais do que tudo, a forma da circunferência, dessa continuidade infinita.

Se pensarmos o Inconsciente, então, como uma infinitude de sentidos e relações, estará nele tudo o que já vivemos emocionalmente, todas as nossas vivências internas e, talvez, toda a memória da espécie – algo que Freud denominou herança arcaica, Jung enfatizou como Inconsciente Coletivo, e Borges poetizou em *O aleph*, o conjunto infinito de todos os conjuntos infinitos, *uma nuvem infinita*.

Apelo para a audição musical na tentativa de ilustrar a *cesura*, termo caro a Bion, entre uma vivência finita e infinita. Assistimos a um concerto e, estimulados pela música aleatória da afinação dos instrumentos, nós nos preparamos para escutar um concerto para piano e orquestra. Podemos escutá-lo de muitas maneiras: classificatoriamente, este é um concerto da fase madura de Beethoven; ou, comparativamente, "gostei mais da interpretação de Lang Lang". Todas as audições são válidas e importantes tanto estética como intelectualmente, e também emocionalmente. Mas há momentos em que somos capturados pela *música*, nos quais esquecemos tudo o que aprendemos antes e sabemos agora e nos entregamos a ela em uma experiência radicalmente prazerosa. Ela não tem mais compositor, ou intérprete, ou ouvinte. Talvez sejamos ousados descobridores de uma música que existe esperando ser descoberta, infinita.

Em *Do I dare disturb the Universe?*, de 1981 (p. 482), livro com contribuições de vários estudiosos de Bion e organizado por Grotstein e Parthenope Bion, Matte-Blanco nos diz em seu artigo "Reflecting with Bion":

> *Imagino o que Kant pensaria se ouvisse Bion, que meditou anos a fio sobre o Noumenon Incognoscível, falar hoje de maneira que lembra a sabedoria budista fazendo-nos suspeitar que o Incognoscível é incognoscível porque é impensável. (Tradução livre).*

No segundo capítulo de *Atenção e interpretação* (Bion, 1970/1973), livro que, ao meu ver, representa a essência do pensar bioniano, o autor faz a ligação entre uma conjectura filosófica e nossa prática clínica:

> *O psicanalista lida com realizações que não podem ser vistas nem tocadas; a ansiedade não tem forma, cor, odor, ou som. Proponho, por conveniência, usar o termo "intuir" como um paralelo, no âmbito do psicanalista, ao uso de "ver", "tocar", "cheirar" e "escutar" (p. 111).*
>
> . . .
>
> *Vou usar o símbolo O para denotar aquilo que é a realidade última e verdadeira, representada por termos como realidade última, verdade absoluta, a divindade, o infinito, a coisa-em-si. O não incide no âmbito do conhecimento ou aprendizado, a não ser incidentalmente. Pode "tornar-se", mas não pode ser "conhecido". O é escuridão e ausência de forma, mas entra no âmbito K (knowledge) quando evoluiu a ponto de poder ser conhecido, por intermédio de um conhecimento obtido por experiência, e formulado em termos derivados de*

> *experiência sensorial; sua existência é conjecturada fenomenologicamente (p. 112).*
>
> . . .
>
> *Pode-se perguntar qual seria o estado de mente bem-vindo, já que memórias e desejos não o são. Um termo que expressaria de modo aproximado o que necessito expressar é "fé" – fé de que existe uma realidade última e verdade – o "infinito desprovido de forma", desconhecido, incognoscível (p. 112)*
>
> . . .
>
> *O analista não pode estar identificado com O: ele precisa sê-lo (p. 112).*

Octavio Paz, a respeito de Bashô no livro *Sendas de Oku* (1983/1986, p. 68), coloca:

> *A doutrina Zen afirma que as fórmulas, os livros canônicos, os ensinamentos dos grandes teólogos e ainda mesmo a palavra de Buda são desnecessários. . . O Zen afirma que o estado Satori é aqui e agora mesmo, um instante que é todos os instantes, momento de revelação em que o Universo inteiro — e com ele a corrente de temporalidade que o sustém — desmorona. Este instante nega o tempo e nos põe em confronto com a Verdade.*

Ao que acrescento:

Ser o infinito em ato, ser o Inconsciente.

2. Psicanálise, *rêverie*, meditação

Imagino o que Kant pensaria se ouvisse Bion, que meditou anos a fio sobre o noumenon incognoscível, falar hoje de maneira que lembra a sabedoria budista, fazendo-nos suspeitar que o incognoscível é incognoscível porque é impensável.

Ignacio Matte-Blanco

Origens históricas

O *Tao Te Ching* é um dos cinco livros clássicos da filosofia chinesa. Atribui-se a autoria a Lao-Tsé, que teria vivido há 2.600 anos, mas o livro é, certamente, uma compilação da sabedoria multimilenar taoísta, e Lao-Tsé talvez seja um personagem em parte lendário. Compõe-se de 81 poemas que buscam, por meio das palavras possíveis, transmitir uma cosmovisão que se baseia no *Tao*, uma ordem cósmica, uma lógica universal que nos abrange, mas nos escapa por estar além de nossa captação sensorial finita. Na falta de uma palavra que possa dar conta dele, o *Tao* é traduzido como *caminho*, *caminho perfeito*, *realidade essencial*, *verdade última*, ou simplesmente *verdade*. O taoísmo é uma filosofia essencialmente prática e pragmática; sua meta é alcançar a paz interior integrando, a esse caminho natural, essa verdade imaterial que transcende suas manifestações materiais. Krishnamurti, por sua vez, foi um grande pensador moderno de outra linhagem filosófica milenar desenvolvida na Índia desde os vedas até o budismo tradicional, e deste ao zen, a versão mais atual desse conhecimento universal. Ele é um conterrâneo contemporâneo de Bion. Ambos nasceram na Índia, mas Bion a abandona aos 8 anos para cultivar sua cultura genealógica na Inglaterra, conservando em si a cultura tradicional indiana que absorveu no contato íntimo com sua aia, sua babá indiana.

Citarei a seguir fragmentos de Lao-Tsé e de Bion, e penso que as aproximações ficarão evidentes, o que facilita muito a compreensão das ideias deste último. Compreender, principalmente, a atitude psicanalítica de "*Rêverie*, sem memória, sem desejo, sem entendimento" (Bion, 1970/1973, p. 35) por ele proposta ao terapeuta em sessão e que tem causado dificuldades para tantos interessados que se dispõem a conhecê-lo.

Trecho de *Tao Te Ching*, de Lao-Tsé:

Poema 1

> *O Tao que pode ser posto em palavra já não é o Tao.*
>
> *[...]*
>
> *Livres de desejo captamos a verdade (o Tao).*
>
> *Presas do desejo captamos apenas suas manifestações.*
>
> *[...]*

A fonte do mistério é o obscuro.

O obscuro profundo, a porta de toda a compreensão. (p. 13).

Poema 2

[...]

O Tao é como o eterno vazio, pleno de infinitas possibilidades. (p. 15).

[...]

Poema 14

[...]

O Tao não tem princípio nem fim.

Não podemos conhecer o Tao, mas podemos ser-o-Tao. (p. 35).

[...]

Bion em *Second Thoughts* (Pensamentos revisitados) (1967):

Pensamentos existem sem um pensador. A ideia de infinito é anterior à ideia de finito. O finito é conquistado do infinito obscuro e sem forma (o inconsciente?) (p. 166).

Bion em *Atenção e interpretação* (1970/1973):

Em psicanálise, não mais do que em outras investigações científicas, não se pode enunciar os eventos de modo direto, indubitável ou incorrigível. Vou usar o símbolo O *para denotar aquilo que é a realidade última, representada por termos como realidade última, verdade absoluta, a divindade, o infinito, a coisa-em-si O pode "tornar-se" mas não pode ser "conhecido" (p. 41, grifos do autor).*

O analista precisa focalizar sua atenção sobre O, o desconhecido e incognoscível. O analista não pode estar identificado com O: ele precisa sê-lo (p. 42, grifos do autor).

Os místicos religiosos provavelmente foram aqueles que chegaram mais perto de conseguir expressar a experiência da verdade absoluta. A existência desta verdade é igualmente fundamental para a ciência e para a religião (p. 44).

Pode-se perguntar qual seria o estado de mente bem--vindo (para o psicanalista), já que memórias e desejos não o são. Um termo que expressaria de modo aproximado o que necessito expressar é "fé" — fé de que existe uma realidade última e verdade — o "infinito desprovido de forma" — desconhecido, incognoscível. É necessário acreditar nisso com relação a todo e qualquer objeto do qual a personalidade possa estar consciente . . . Em minha visão, esta é uma afirmação científica, pois para mim "fé" é um estado de mente científico e deve ser reconhecido como tal (p. 46).

Freud falava em "cegar-se artificialmente". Tenho assinalado a importância da abstinência de memória e desejo como um método para conseguir essa cegueira artificial. Para continuar e estender o processo (psicanalítico) incluo como propriedades das quais devemos nos abster: o entendimento (compreensão racional) e a percepção sensorial. Pode parecer impossível suspender memória, desejo, entendimento e impressões sensoriais sem uma absoluta negação da realidade; mas o psicanalista está

> *buscando algo que difere do que normalmente se conhece como realidade (está buscando O) (p. 57, grifo do autor).*

Mesmo atentos às diferenças e especificidades datadas das abordagens anteriores, não nos podem escapar as semelhanças possíveis entre *O* e o *Tao*, e a atitude do ser humano que possa propiciar estar uno com eles. Quando Bion propõe essa busca do *O* como verdade última, ele não está pensando numa verdade única universal ou canônica, mas na "pequena-grande" verdade impermanente da experiência emocional compartilhada por analista e analisando no momento vivido, no aqui-agora. Bion nos fala de uma fé científica do analista na sua própria prática clínica como propiciadora do desenvolvimento emocional do analisando.

Penso que podemos dividir os fundamentos da Psicanálise inventada por Freud a partir da postulação do Inconsciente, fundamento fundante, em duas vertentes: por um lado, uma série de "conjecturas teóricas" – genéticas, biológicas ou históricas, entre as quais podemos citar o complexo de Édipo, a sexualidade infantil, a teoria das pulsões etc.; por outro lado, uma "atitude do analista", em seu trabalho no consultório junto a seu analisando, que lhe permita um acesso a seu próprio Inconsciente e, por meio dele, ao Inconsciente do analisando. Freud denominou essa atitude "atenção flutuante", ou "atenção livremente suspensa", ou ainda "audição sem seletividade", cegar-se artificialmente, lançar um facho de escuridão que nos revele a verdade oculta. Entendo que a atitude proposta por Bion (1970/1973, p. 35), "*Rêverie*, sem memória, sem desejo, sem compreensão", é uma recriação da atitude de atenção flutuante proposta por Freud, e, como vimos há pouco, a expressão "sem memória, sem desejo" é quase textual no *Tao Te Ching*.

Da mesma maneira podemos distinguir os "fundamentos teóricos" da "atitude prática" dessa filosofia pragmática que nos vem do Oriente. A vertente teórica tem como base os conceitos de interdependência e de impermanência. A interdependência pode ser definida de maneira simples: tudo tem a ver com tudo. Embora a ciência clássica procure dividir e reduzir os fenômenos para poder compreendê-los e, quando possível, matematizá-los, ninguém desconhece que existe uma interconexão entre todos os eventos cósmicos, e o Inconsciente funciona exatamente dentro deste princípio: o Inconsciente generaliza qualquer objeto em todas suas infinitas conotações. Por sua vez, a impermanência exprime a fluência dos fenômenos. Nada permanece como era: tudo está em permanente mudança. Aceitar esses princípios nos torna mais conscientes de nós mesmos como partes mutantes do *todo* (o *Tao*) e, portanto, mais humildes e realistas. Como consequência desses fundamentos teóricos, decorre uma "atitude de vida" norteada por um sentimento de desapego do próprio ego e de compaixão pelo próximo baseada numa compreensão da alteridade que poderíamos chamar de amor. Penso que esta atitude de vida se aproxima da proposta de Bion para o psicanalista em seu consultório.

Podemos rastrear as raízes teóricas da clínica bioniana em Freud e Klein. Em Freud, temos uma vertente teórica privilegiada no texto "Os dois princípios do funcionamento mental" (1911), ou seja, "princípio de prazer" e "princípio de realidade". A partir desses dois princípios, Bion desenvolve sua teoria do pensamento, que tentaremos resumir: para abrir mão do funcionamento baseado totalmente no princípio de prazer e poder aceitar o princípio de realidade, é necessária uma tolerância à frustração, pois nenhuma realidade daria conta das expectativas alucinatórias do princípio do prazer, ou seja, ser capaz de pensar aceitando a limitação da palavra como substituta da ausência do objeto idealizado; interpor um pensamento que torne tolerável um tempo de espera entre a demanda pulsional e sua realização possível: o princípio de prazer modificado.

Entre as raízes kleinianas, também podemos distinguir as duas vertentes: a teoria e a atitude. Na atitude, a ênfase no *aqui-agora* da sessão, na transferência total, na experiência emocional entre analista e analisando – ênfase na relação de objeto. Já as raízes teóricas são várias, mas vamos realçar duas delas: o "Édipo primitivo" e o mecanismo da "identificação projetiva". Partindo da suposição que o leitor esteja familiarizado com esses conceitos, vamos focalizar as expansões que Bion criou a partir deles e que, na minha opinião, constituem paradoxalmente uma continuidade e uma ruptura radical.

Enquanto Klein antecipa o complexo de Édipo para os primeiros meses de vida, Bion antecipa mais radicalmente para a vida intrauterina em direção a preconcepções inatas em que a triangularidade já está inscrita filogeneticamente, na expectativa de sua realização vivida. Isto se aproxima das ideias finais de Freud – em *Moses and monotheism* (Moisés e o monoteísmo) (1939), por exemplo – de uma herança arcaica filogenética constituindo o *Id*, o Inconsciente não reprimido.

A "identificação projetiva", que prefiro chamar "emoções induzidas", adquire com Bion também uma conotação de comunicação emocional necessária e que passa a ser patológica diante da incapacidade de conter em si mesmo as cargas emocionais de ansiedade sem projetá-las automaticamente para dentro de um continente externo, outra pessoa. Bion propõe que a capacidade da mãe de conter a ansiedade do seu bebê – que ele vai denominar *rêverie* – é que desenvolve, na criança, sua própria continência para emoções perturbadoras. É no seu livro *Learning from experience* (O aprender com a experiência) (1962) – penso eu, uma abreviação de "o aprender com a experiência emocional" – que Bion desenvolve sua teoria do pensamento a partir dos conceitos mencionados. Poderíamos resumi-la como: o pensamento se desenvolve a partir da tolerância à frustração, e, quando tudo nos é dado e nada falta, o pensamento não se desenvolve.

Penso que Bion realiza de certo modo uma volta a Freud, ambos seres renascentistas, ao valorizar as interfaces da Psicanálise com todas as outras áreas do conhecimento, num momento em que, pressionada pela necessidade de afirmação de sua especificidade por parte das corporações institucionais (ou, como dizia Bion em seu texto "The Grid", "a belicosa quadrilha psicanalítica" (1989, p. 24, tradução livre), a Psicanálise tendia a se fechar sobre si mesma. Como exemplo, segue uma relação parcial de pensadores citados por Bion em seus vários escritos:

- Filósofos: Kant, Descartes, Nietzsche, Pitágoras, Platão, Montesquieu, Berkeley, Hume.
- Místicos: Jesus, San Juan de la Cruz, Teresa de Ávila, Meister Eckhart, Isaac Luria, Gershom Sholem, Martin Buber, Teilhard de Chardin, além de referências ao "Bhagavad Gita" e ao *Tao*.
- Poetas: Lord Byron, Rudyard Kipling, John Keats, John Milton, Shakespeare, Shelley, Lewis Carroll.
- Matemáticos, físicos e lógicos: Alfred Tarski, Gottlob Frege, Euclides, Werner Heisenberg, Max Planck, Henri Poincaré, Karl Popper, Bertrand Russell, Whitehead, Niels Bohr.
- Linguistas: Fenollosa, Charles Peirce.
- E mais: Darwin, Keynes, Henry Moore etc.

Como trabalharia Bion em sua clínica a partir desses pressupostos teóricos, mas, principalmente, a partir da atitude de *rêverie*, "sem memória, sem desejo, sem entendimento" (1970/1973, p. 35), em busca do *O* que não pode ser conhecido, mas pode ser intuído por meio de um "ato de fé" que nos torna *unos* com o *O*? Bion procura responder na página 68 de *Atenção e interpretação* (1970/1973):

> *Para conseguir um estado de mente essencial para a prática da análise, evito qualquer exercício de memória; não faço anotações. Quando fico propenso a lembrar dos*

eventos de qualquer sessão em particular, resisto à tentação. Caso me veja vagueando mentalmente no âmbito da memória, desisto. Nisso, minha prática difere da visão de que os psicanalistas deveriam ter anotações; ou deveriam encontrar algum método para registrar sessões por meio de um dispositivo mecânico; ou deveriam treinar para ter uma boa memória. Quando descubro estar sem qualquer indicação do que o paciente está fazendo, sentindo que o segredo está escondido em algo que esqueci, resisto ao impulso de lembrar o que aconteceu ou como interpretei algo acontecido em uma ocasião anterior. Quando algum pedaço de lembrança começa a se intrometer, resisto a seu apelo, não importa o quanto a recordação possa parecer premente ou desejável.

Sigo um processo similar no que tange a desejos: evito entreter desejos e tento dispensá-los de minha mente. (Não é suficiente tentar fazer isto na sessão, pois é tarde demais; é necessário impedir que o hábito de desejar se desenvolva.) Por exemplo, penso que é uma falha grave nos permitirmos desejar o término de uma sessão, semana, ano; interfere no trabalho analítico permitir que desejos a respeito da cura do paciente, de seu bem-estar ou futuro penetrem na mente. Tais desejos corroem a força do analista para analisar e levam a uma deterioração progressiva de sua intuição. A introspecção irá mostrar o quanto memórias e desejos são disseminados e frequentes. Eles estão constantemente presentes na mente, e a disciplina para seguir meu conselho é difícil. Existem exceções, todas de um tipo simples e óbvio.

Segundo Bion, entre as condições mínimas para um psicanalista emitir uma "linguagem de êxito" transformadora para seu analisando estão sua capacidade de continência e a paciência. Continência das ansiedades em jogo – suas e do analisando – e paciência para aguardar a revelação intuitiva da verdade do momento emocional vivido, *O*, sem apelar para interpretações precipitadas com a função de se tranquilizar.

Costuma-se dividir a obra de Bion em várias fases, como: fase das teorias do pensamento neurótico e psicótico, fase das conceituações matemáticas – vista em *Elementos de Psicanálise* (seguindo o modelo de Euclides) (1963/2004) e *Transformations* (Transformações) (1965) – e fase mística, a partir de *Atenção e interpretação* (1970/1973). Penso eu que é neste último livro que Bion completa sua visão acerca da Psicanálise e do mundo. Sua linguagem é de um modo geral difícil para um leitor que procure um manual de instruções racional e normativo para sua prática. Pelo contrário, Bion reafirma que cada analista tem de criar sua própria Psicanálise; em uma palestra ele afirmou: "Se um analista se desse conta da turbulência emocional que pode eclodir numa sessão, ele entraria em pânico antes de qualquer atendimento". Eu sinto, a partir de minha experiência pessoal, que essa inquietude saudável diante do que está para acontecer na próxima sessão permanece sempre em mim.

Bion utiliza o termo "arrogância" como um quase sinônimo de estupidez para definir a atitude de um "conhecedor" que pensa saber tudo e se recusa a aprender algo com o outro; algo novo que demonstra a própria limitação de seu conhecimento finito diante do desconhecido infinito. Se dar conta disso pode produzir no arrogante uma percepção traumática de si que Bion chamou "mudança catastrófica". Encontramos exemplos na nossa prática clínica com analisandos que repetem indefinidamente suas experiências emocionais frustrantes e parecem recusar possíveis novos caminhos que o processo psicanalítico possa abrir. Toda mudança verdadeira é sentida como catástrofe. Outro exemplo é a frase do pensador zen Shunryu Suzuki (1994, p. 19): "A mente do principiante tem muitas possibilidades. A mente do 'conhecedor' tem poucas possibilidades". Entendo que o que Suzuki propõe não é uma recusa do conhecimento, mas, pelo contrário, não nos saturarmos dele e permanecermos abertos ao que não sabemos.

***

Uma história zen

Séculos atrás, um renomado professor da Universidade de Kyoto ouve falar de zen e viaja para encontrar um mestre desta prática que vivia numa choupana distante. O mestre o recebe e oferece a ele uma xícara de chá. Enquanto prepara longamente o chá, o professor discorre sobre seus títulos, seus escritos, seus prêmios e seu conhecimento, e pede ao mestre que lhe explique o zen.

O mestre serve o chá, enche a xícara, continua servindo, o chá transborda sobre a roupa do professor, que pergunta, surpreso, o que acontecia. O mestre responde: "Quando a xícara está cheia, não cabe mais chá".

Rêverie *e meditação*

Penso que o traço comum às várias práticas meditativas é a busca de imersão num outro nível de realidade de difícil acesso a nossa consciência de vigília e que acrescente sentido ao viver. A meditação é uma prática pessoal que visa a abrir esse acesso pela via da serenidade e do vazio interior. É importante assinalar que a meditação é um instrumento que prescinde de sua apropriação por vertentes religiosas.

As diversas práticas meditativas se inscrevem na tradição que abrange vertentes orientais e ocidentais multimilenares numa trama complexa de relações. Quando falo em ocidental e oriental, refiro-me a uma geografia abstrata, não inclusiva nem excludente. Assim, o nome *Tao* ganha aqui um significado genérico e sintético de vertentes que vão do Vedanta ao Zen-Budismo e a todo o leque atual de suas manifestações.

Já a vertente mística meditativa judaico-cristã se expande do nascente ao poente. Lendariamente, ela surge para a História há 3.800 anos com o *Sêfer Yetsirá* (*Livro da Formação*), atribuído ao patriarca Abraão, criador dos fundamentos da Cabala. Outros momentos fundantes: o *Zohar*, de Shimon bar Yochai (séc. I), e os *Yechudim* [*Unificações*], do Rabi Isaac Luria, o Ari (séc. XVI).

É provavelmente a partir dos Essênios, sejam eles históricos, lendários ou míticos, que se prenuncia a bifurcação que levará a Jesus e à mística cristã, fontes essenciais e ainda despojadas do poder burocrático da instituição Igreja. Essa transmissão é retomada ininterruptamente por nomes como San Juan de la Cruz, Teresa de Ávila e Mestre Eckhart, citados por Bion.

Séculos depois, outra vertente conduz à mística-meditativa Sufi, de Maomé a Ibn-Arabi, Rumi e outros. Certamente, todas essas vertentes foram informadas pela cultura primordial africana, talvez via Etiópia, Núbia e Egito, e podemos encontrar práticas semelhantes nas Américas pré-colombianas e na Oceania. A meditação é, pois, um fenômeno transcultural, inerente ao ser humano, que visa a integrar à nossa usual vivência fragmentária do mundo uma visão transcendente totalizante.

Não me proponho a exercitar articulações intelectuais e muito menos forçar uma integração entre Psicanálise e a meditação, mas apenas sugerir aproximações possíveis – num outro nível de realidade – e projetar focos que possam iluminar e refletir suas especificidades, pois são absolutamente específicas as circunstâncias de Freud ou Bion, por um lado, e de Lao-Tsé e Krishnamurti, por outro. Proponho aproximações entre a atitude meditativa ou contemplativa e a atitude de atenção flutuante, proposta por Freud, e o "*Rêverie,* sem memória, sem desejo, sem entendimento" (Bion, 1970/1973, p. 35), proposto por Bion para o analista em sessão.

Bion nasceu na Índia, colônia inglesa. Sua maternagem foi compartilhada pela *ayah* hindu até seus 8 anos, quando deixou esse *velho continente*. Como psicanalistas, sabemos bem como esses anos foram estruturantes; tomando em consideração essa impregnação do homem Bion pelo "pensar oriental", penso que poderíamos compreendê-lo melhor. Nos esboços póstumos de *Cogitations* (1992), vão aparecer explicitamente citações sobre o *Tao*, o *Yin-Yang*, o ideograma chinês (a partir do estudo clássico de Fenollosa) e também sobre o *Bhagavad Gita*.

Tomando o *Tao* com um exemplo dessa filosofia prática, ela não se esgota na decodificação intelectual de *I Ching* e dos textos de Lao-Tsé, Chuang Tse, entre outros. Muitos dos sentidos dos textos referem-se a experiências vividas na mente-corpo de quem escreve, resultado de uma prática pessoal de meditação. Portanto, para compartilhar da essência do que está escrito, é indispensável compartilhar da vivência pessoal da meditação. A compreensão pressupõe uma experiência comum – ou seja, uma iniciação. Reiterando as especificidades, penso que se dá o mesmo efeito na Psicanálise. A análise pessoal é a iniciação, a experiência comum, a cumplicidade. Em termos bionianos, o "ser psicanalítico" seria produto do "ato de fé" que o impregna a partir da iniciação.

A palavra usual para denominar essa volta para dentro, "meditação", já nos coloca problemas. Ela se impôs pelo uso, é uma palavra bonita e a estética é indispensável. Meditação desperta, porém, reverberações de "pensamento", que é exatamente o que ela não é. Ainda que pensamento mais solto, meditativo, cismarento: em português diríamos "devaneio", em espanhol, "*ensoñación*", em inglês, "*rêverie*", derivado do original francês, também "*rêverie*". Alegorias pensadas como sonhos de vigília. *Rêverie* que estende sobre nós sua penumbra de associações.

Vale lembrar que meditação e Medicina derivam da raiz latina "*mederi*" (curar e medir). Isto reflete uma visão da saúde (física e mental) com resultado de um estado de "justa medida" interna de todas as partes e processos.

A expressão taoísta para essa prática meditativa é "sentar na calma". Penso que ela define bem o que se pretende: alcançar um estado de serenidade. Esta é a condição inicial e básica para que algo mais aconteça. E como aferi-la? *Pelo coração*, privilegiado órgão sensorial de emoções. *Sentir* num nível corporal amplo que o coração está calmo, o peito vazio. Dar-se conta dessa serenidade possível, oposta, por exemplo, a uma sensação de cavalos em galope. A serenidade é a condição propiciadora, e o silêncio é o instrumento para se atingir o vazio, finalidade da meditação. Esvaziar a mente da palavra sabida, criando um vácuo que atraia o que não se sabe. É como reinterpreto a *rêverie* de Bion – um acolhimento propiciatório à criação do novo no outro (e em nós) a partir de uma postura vazia de pressupostos. Não nos apresentarmos saturados (sempre em termos bionianos) ante a palavra do outro, ou da nossa. O exemplo mais expressivo é o *rêverie* materno, uma capacidade de conter suas próprias ansiedades diante das ansiedades de seu bebê, e com isso se oferecer para contê-las.

Na procura desse vazio, experiencia-se a observação dos próprios pensamentos, de fora. Vamos acompanhando conforme passam por nós, sem maiores envolvimentos. Repentinamente, estamos vivendo dentro deles; fomos apanhados, perdemo-nos. Tão subitamente como embarcamos, saltamos e nos sentimos novamente espectadores interessados no trem de pensamentos que passa. Um jogo sutil entre o pensador e os pensamentos.

Das pequenas pausas, nas passagens entre diferentes pensares, emerge o vazio. Percebemo-lo, registramos essa impressão insólita e nos habituamos devagar. Resta exercitar. Para isso, há muito caminhos, estilos originais, mas a finalidade é a mesma. Muitos se valem da própria palavra, um mantra, para neutralizar a palavra. Todos os caminhos são válidos quando o caminho buscado é a vivência de um "modo de ser" contemplativo.

Trabalhamos com pedaços de vidas alheias; para que possamos captá-los, devemos antes nos desapegar de nossos próprios pedaços, mesmo que na intenção – já é o bastante. O desapego propicia uma inserção equilibrada do homem no universo. Se concordamos que equilibrar as próprias energias é uma contribuição ao equilíbrio universal, esse efeito harmonizador se dará ainda mais fortemente no entorno próximo à pessoa – algo como um gradiente energético. Isto nos remete novamente à *rêverie* de Bion, *holding* de Winnicott e outras aproximações. Um equilíbrio – chamemos de energético interior – que o outro capta e sente como acolhimento. Dito de outra maneira, um equilíbrio interior menos instável ante os estímulos dos desequilíbrios exteriores.

A questão suscita inquietações. É viável para um analista assumir o "sem memória, sem desejo" (Bion, 1970/1973, p. 35), a não seletividade da atenção flutuante, o desapego de compreender (controlar?), apenas dentro do consultório, limitá-lo ao *setting* sem que esta atitude já tenha se originado e permeado antes toda uma atitude de desapego no mundo? Desapego de compreender, de curar, de favores e desfavores . . .

Ao postular o Inconsciente, Freud relativiza o Consciente, que perde, assim, sua importância totalizante e pode então ser repensado. De maneira semelhante, ele chega às suas "Construções em análise" (1937/1975) visando a criar alternativas para a *história oficial*, que determinou o analisando até então. Não pretende redescobrir a história verídica do outro, mas, sim, relativizar aquela que era julgada única e, com isso, expandir possibilidades. O que era tido como absoluto e, portanto, imutável torna-se relativo e mutável. Desestruturam-se e reconstroem-se as "relações estruturais entre fatos" (Freud, 1937/1975, p. 291). É a função do Koan romper com o campo da lógica habitual para que o novo surpreenda. Assim, também, a mudança catastrófica de Bion ocorre não nos conteúdos, mas nas regras de relação, nos vínculos. Talvez delas resultem vínculos mais desapegados.

O vazio mental pode ser pensado como um desapego aos pensamentos. Assim como o Inconsciente rompe a identificação do homem com o seu Consciente, o vazio mental aponta uma outra condição que relativiza o fluxo de nossos pensamentos; não nos confundimos mais com esse fluxo, que se torna, então, menos importante e mais vivenciável.

A atitude psicanalítica visa a captar as mensagens inconscientes de seu analisando por meio de suas próprias mensagens inconscientes. Um sonho compartilhado.

Escutamos o que nos diz nosso parceiro no jogo psicanalítico, transitando entre o sonho infinito do Inconsciente e as demandas finitas de nosso Consciente cotidiano.

> *O auge do instante contemplativo é um estado paradoxal: é um não ser, no que, de alguma maneira se dá o pleno ser. Plenitude do vazio.*
>
> Octavio Paz na sua introdução aos *Haikais* de Bashô

3. A nota fundamental – escuta musical e escuta psicanalítica

Eu lamentaria se soubesse que apenas diverti o público; eu desejaria melhorá-lo.

J.F. Handel após o grande sucesso da estreia de seu oratório "O Messias"

Dizem que quando Mozart morreu foi levado ao céu e recebido por São Pedro, encarregado de levá-lo a Deus. Nos caminhos celestiais ouvia-se uma música maravilhosa, divina. Já diante de Deus, este lhe convida para assumir a direção musical do céu. Mozart, constrangido, responde que não era digno de tanto e pergunta onde está Bach. Responde Deus: "Bach sou eu".

Piada popular

Entre tantas definições possíveis de Psicanálise, poderíamos chamá-la "ciência das emoções"; por outro lado, a música é talvez, entre as artes, uma via régia ao mais recôndito de nossas emoções. Duas escutas em busca de emoções primordiais. Imaginemos um exemplo, um pequeno sonho: estamos numa festinha de aniversário de um garoto lá pelos 5 anos. Chegou a hora de apagar as velinhas, a família toda em volta da mesa, as velas acesas, os olhos do garoto brilham de expectativa, e prorrompe o canto tradicional do "Parabéns a você". Sugiro ao leitor que participe do coro cantarolando baixinho à medida que lê a letra abaixo, para que possa compartilhar da turbulência emocional que vai se seguir:

Parabéns a você!
Nesta data querida!
Muitas felicidades!
Muitos anos de . . . (silêncio)

Imaginemos agora que a cantoria seja subitamente interrompida neste "de" – um tom acima da tônica na escala musical, que cria uma expectativa agoniada pela nota final, a tônica fundamental que não vem. O garoto que inflara os pulmões vai ficando roxo, a tensão cresce sem encontrar um porto-seguro onde ela possa se dissolver na tonalidade fundamental que não retorna. No caso, além da incômoda incompletude musical, soma-se a ela a ausência da palavra "vida", que, não por acaso, fecha a estrofe numa consagração de esperança nesse dia tão especial. Letra e música se complementam na expressão da emoção vivida do momento. É claro que, para o garoto, o tempo adiante ainda é infinito, e talvez ele só venha a atingir a sabedoria quando esse tempo puder ser reconhecido e aceito como finito. Então, o menino vai ficando roxo – prenúncio de uma asma futura? – e a nota apaziguadora, abrigo uterino no vendaval das emoções despertadas, não chega . . . "de vida!"

Imaginemos agora a mesma cena em sua versão cinematográfica, com as emoções exacerbadas pelo som estereofônico que nos envolve no canto festivo, ruidoso, e, de repente, o corte para o silencio absoluto, um silêncio que grita (perdoem o lugar comum necessário) e nos mantém em suspenso . . . E a nota apaziguadora não chega . . . Talvez nunca . . .

O que acontece? Por que essa suspensão da volta à tonalidade fundamental, seja um radioso sol maior ou um pungente dó menor, por exemplo, produz esse sentimento de experiência ansiosa em nós? Outra pergunta: por que melodias em modo menor, com a terça da tônica diminuída, evocam um sentimento nostálgico de recolhimento, uma depuração prazerosa da tristeza, e as melodias em modo maior nos transmitem um sentimento de alegria, de expansão? Um exemplo clássico é a belíssima "Chega de saudade", de Toquinho e Vinicius de Moraes, na qual o tom menor da primeira parte, "Vai minha tristeza . . .", corta para o tom maior da segunda parte, "Mas, se ela voltar . . ." Mesmo pessoas advindas de culturas cuja música tradicional não é tonal têm esse tipo de reação quando confrontadas pela primeira vez com melodias tonais. Esses modos derivam dos modos gregos antigos: o modo maior deriva do modo jônio e o modo menor do eólio, dedicado a Éolo, em cuja homenagem os gregos colocavam as mais ricas e ornadas liras sobre suas casas para que ele, o vento, tangesse as cordas de seda, criando melodias eólicas, nostálgicas. Na Renascença, no limiar do Barroco, Monteverdi e Buxtehude resgataram as tragédias gregas e, ao musicá-las, criaram a ópera, precursora dos espetáculos multimídia. Como exemplo dessa relação entre o modo musical e as emoções transmitidas, esses compositores usaram, para as passagens mais trágicas, tons menores, eólios, e acrescentaram a sexta aumentada para realçar a tragicidade da cena. Até hoje, compositores escolhem diferentes tonalidades para suas composições, seja a partir das necessidades técnicas dos instrumentos executantes, mas também, ou principalmente, em função do efeito emocional que pretendem transmitir.

Hans-Joachim Koellreutter, grande músico e pensador planetário, tão brasileiro quanto europeu e oriental, contava que, em

1965, foi enviado em missão oficial da Alemanha para a Índia a fim de ensinar música clássica ocidental a professores locais, e, a essa altura, ainda não tinha qualquer conhecimento da música tradicional desse país. Assim que lá chegou, foi convidado para assistir a uma audição na casa de um importante músico local, e, com este ao seu lado, sentou-se sobre os tapetes, aguardando em silêncio que os músicos terminassem a afinação de seus instrumentos. Como isso se prolongara, perguntou inquieto a seu anfitrião quando a audição iria começar. "Já começaram!", sussurrou o outro.

Sugiro ao leitor o filme *A sala de música* (1958), de Satyajit Ray, no qual a atmosfera emocional desses rituais sonoros está magnificamente retratada. Após muitos anos passados no Oriente, Koellreutter foi afinando sua captação emocional dessa música tão estranha a princípio e se tornou grande apreciador dos ragas. Uma diferença fundamental entre a música indiana e música ocidental é que esta é baseada em dualismos de tensão e distensão, o que não acontece naquela, na qual tensão e distensão se mesclam numa textura cambiante. Permeada pelos costumes introjetados de cada cultura, a música em suas diferentes formas parece se comunicar diretamente com o Inconsciente emocional. Falo Inconsciente emocional a partir do modelo de Matte-Blanco que propõe o Inconsciente não reprimido como o território das emoções, anterior à palavra, porque é infinito em suas contraditórias possibilidades associativas, e a palavra consciente finita é muito limitada para poder exprimi-lo; algo como tentar desenhar um objeto de quatro ou mais dimensões com a nossa limitada apreensão sensorial tridimensional.

Que vibrações, que sons, que música percebe corporalmente um bebê no útero materno? Ruídos corporais da mãe, batimentos cardíacos, circulação de sangue, respiração e outros mais sutis? Mas também sons de fora, a música ouvida ou tocada pela mãe? E como essa música ouvida ao longo de seu desenvolvimento precoce, que se soma a um possível instinto musical filogenético, pode explicar a genialidade infantil de crianças com 4, 5, 8, 10 anos? Tomando Mozart como exemplo emblemático, quando tinha cerca de 8 anos, foi admitido, junto com o pai Leopold, a uma catedral onde o coral de padres cantava, a oito vozes, o "Miserere" de Allegri, música considerada sagrada pela Igreja e que só podia ser cantada em seus rituais religiosos, proibida em espaços seculares. Mesmo a transcrição da partitura era considerada um crime sujeito a punição. Bem, ao voltar para casa, Mozart transcreveu as oito vozes separadas, reconstituindo a partitura. Ele e o pai tiveram que entregá-la ao Cardeal para ser queimada e escaparam da punição. Mozart é o exemplo mais incrível dessa precocidade infantil, mas, hoje em dia, ao acessarmos o YouTube, podemos ouvir dezenas de crianças nessa faixa de idade interpretando, por exemplo, um concerto de Beethoven para violino ou piano com total domínio técnico, mas, principalmente, com compreensão emocional profunda da composição. A quase totalidade são filhos de pais músicos, além dos modernos métodos de ensino musical – Suzuki, por exemplo – que nos fazem pensar numa preparação instintual e intrauterina. Tomo a liberdade de alucinar um bebê no útero e perguntar sem expectativa de resposta: bateria o coração materno em modo menor quando triste e em modo maior quando alegre?

Estou convicto de que é o som que transmite predominantemente as emoções no cinema, essa multiplicação moderna de todas as artes, algo como as antigas catedrais com sua arquitetura, os efeitos de luz e sombra, as cores translúcidas dos vitrais, as pinturas, esculturas e adereços, a palavra declamada dos sermões, a sensação do espaço em nosso corpo, a música polifônica envolvendo tudo, e, principalmente, o fundo musical de silêncio que ecoa em nós numa apreensão corporal do espaço arquitetônico da catedral que nos compreende. Um exemplo já clássico é o filme *Apocalypse Now* (1979), de Francis F. Coppola, naquela cena terrificante da revoada dos helicópteros negros em direção à pequena aldeia vietnamita cujos moradores – homens, mulheres, velhos e crianças – seriam bombardeados, metralhados e incendiados ao som eufórico e alucinante de "Cavalgada das Valquírias" de Wagner. Cortando-se o som, a cena perde todo o impacto: as imagens, embora fortíssimas, parecem funcionar como fundo pictórico para o som, que conduz nossas emoções.

Em *O Moisés de Michelangelo* (1914/1987, p. 253), Freud escreve:

> *Posso dizer de saída que não sou um conhecedor de arte, mas simplesmente um leigo. Tenho observado que o assunto obras de arte tem para mim uma atração mais forte que suas qualidades formais e técnicas, embora para o artista o valor delas esteja, antes de tudo, nestas. Sou incapaz de apreciar corretamente muitos dos métodos utilizados e dos efeitos obtidos em arte. Confesso isto a fim de me assegurar da indulgência do leitor para a tentativa que aqui me propus. Não obstante, as obras de arte exercem sobre mim um poderoso efeito, especialmente a literatura e a escultura e, com menos frequência, a pintura. Isto já me levou a passar longo tempo contemplando-as, tentando apreendê-las à minha própria maneira, isto é, explicar a mim mesmo a que se deve seu efeito. Onde não consigo fazer isso, como por exemplo, com a música, sou quase incapaz de obter qualquer prazer. Uma inclinação mental em mim, racionalista ou talvez analítica, revolta-se contra o fato de comover-me com uma coisa sem saber por que sou assim afetado e o que é que me afeta.*

Claro que essa relação profunda do som musical com a emoção não poderia ter escapado a Freud, mesmo com o repertório midiático de sua época. E é aí que me vem uma perplexidade: por que Freud declarava repetidamente sua limitada sensibilidade para a linguagem musical, afirmando enfaticamente que as palavras lhe eram indispensáveis? Puxa! Freud, criado na Viena das Luzes, centro musical da Europa de então, vindo de uma família judaica tradicional, cujo pai era esperado, como era de praxe, que colocasse um violinozinho nas mãos do rebento, possível futuro gênio. James Strachey, em seu prefácio geral, no volume 1 da edição Standard da obra de Freud (1996, p. 16), comenta sobre ele na nota 1:

> *Muitas passagens em seus trabalhos dão evidência do seu interesse pelas artes visuais; talvez sua atitude para com a música não fosse tão negativa quanto ele gostava que acreditassem.*

Ou seja, Strachey aventa a possibilidade de isso não ser totalmente verdade, algo como uma frase de efeito de Freud. Torço para que Strachey tenha razão, mas, se rastrearmos a palavra "música" ao longo dos 24 volumes dessa edição, constatamos que ela aparece apenas cinco vezes, uma das quais na nota citada, e nas outras referindo-se mais à letra que a acompanha do que à música propriamente dita. Por outro lado, o judeu Freud viveu no auge da música plasmada pelo romantismo heroico ariano-germânico de Wagner. Mas também Mahler, a quem Freud atendeu uma única vez em 1910. Teria sua resistência algo a ver com isso? "Sobre isto nada sabemos", como tantas vezes dizia Freud, humilde diante do desconhecido. Talvez possamos relacionar essa possível dificuldade de se entregar à música, emoção sem conteúdo, com a dificuldade expressa por ele em sua correspondência com o escritor Romain Rolland. Este último escrevia a Freud sobre a vivência do "sentimento oceânico", linda expressão criada por Schopenhauer que designa um estado contemplativo desligado de palavras e pensamentos, uma absorção na vivência da emoção estética do puro presente. Freud respondeu que nunca tinha vivido essa experiência, que ela lhe era estranha. Estranha resposta se considerarmos a Psicanálise e a música como vias privilegiadas para o Inconsciente. Um mergulho no oceano Inconsciente.

Há uma expressão corrente entre psicanalistas: "ouvir a música atrás das palavras". Eu acrescentaria: ouvir as palavras atrás da música. A música dos ruídos corporais, dos gestos, das eclosões, das expressividades e dos silêncios. Podemos pensar a música como um som sobre um fundo de silêncio, ou como silêncios sobre um fundo de sons. No limite, John Cage silenciando o piano, o pianista e os ouvintes por 4 minutos e 33 segundos. Isso me faz lembrar um fragmento do Bion *que eu mais gosto*, o Bion de *Atenção e interpretação* (1970/1973, p. 31):

> *No trabalho psicanalítico, a interferência dos problemas é maior do que o usual, pois o assunto é novo e suas dificuldades não foram mapeadas; as dificuldades tornam-se mais acentuadas quando o material a ser comunicado é pré-verbal ou não verbal. O psicanalista pode empregar silêncios; como o pintor ou músico, ele pode comunicar o material não verbal. De modo semelhante, o pintor pode comunicar material não visual, e o músico pode comunicar material inaudível. O material pré-verbal que o analista precisa discutir é, com certeza, uma ilustração da dificuldade de comunicação que ele mesmo está experimentando.*

Penso que, embora não tantos como Fernando Pessoa, Bion também são muitos; alguns leitores o acompanham até o final de sua peregrinação em busca da verdade última, *O*, outros acampam pelo caminho. O renomado maestro e compositor Pierre Boulez disse numa entrevista, com base numa citação de T. S. Eliot, que entre os compositores existem os gênios, os criadores e os diluidores. Bach e Beethoven na música, e Freud na Psicanálise estão certamente entre os gênios; a partir dos gênios, os criadores se reproduzem em proporção aritmética; e os diluidores, em proporção geométrica. Mas penso que os diluidores não são obrigatoriamente pejorativos. Existem os "diluidores férteis", que disseminam sem se apossar, abrindo caminho para novos gênios e criadores, mas existem os "diluidores estéreis", que se apropriam do nome e esterilizam a mensagem do gênio.

***

Estamos numa sala de concertos. A música começa com o som abafado – o *brouhaha* – de tantas conversas e tosses contidas que nos envolvem, às quais aos poucos se sobrepõe a melopeia de afinação e aquecimento dos instrumentos, música aleatória agradabilíssima aos ouvidos, aquecendo-nos para o que virá. Segue-se um silêncio ritual, o maestro ergue a batuta, começa o concerto e emergimos na onda sonora. Confortavelmente sentados em nossas poltronas, escutamos a música. Podemos ouvi-la de tantas maneiras diferentes – e não me venha um purista preconceituoso ousar nos dizer como devemos ouvi-la. Nós nos permitimos transitar entre a "escuta crítica", propugnada por Adorno, e a "escuta livre", de John Cage. Na apresentação de uma de suas composições, Cage regendo, este mandou abrir todas as portas e janelas do auditório para que entrasse o ruído externo, a "paisagem sonora" do contexto urbano da atualidade, como parte da composição. Assim, podemos reconhecer uma sinfonia da fase madura de Beethoven, podemos acompanhar a entrada dos temas e seu desenvolvimento na estrutura musical, ou podemos nos fixar na execução de um solista relegando a massa orquestral a um discreto fundo musical. Podemos, ainda, enquanto ouvimos, observar a técnica do violoncelista, ou a gestualidade do maestro, ou até a dança dos braços alvíssimos daquela linda violinista na terceira estante dos primeiros violinos! Em alguns momentos podemos aparentemente nos distrair da música ao relembrar episódios vividos naquele dia ou antecipar preocupações do dia seguinte, mas, mesmo assim, a música está em nós, não percebida diretamente pelo Consciente, mas captada totalmente pelo Inconsciente, e ela nos empresta um fundo emocional a nossos pensamentos aparentemente dispersos. Podemos também devanear, dormir, sonhar, por que não? Mas há momentos em que somos totalmente tomados pela música; desaparecem todas as mediações: o autor, os intérpretes, a sala de concertos, as teorias musicais, a história, e *somos* a música. Mais ainda, desaparece qualquer sentido de propriedade ou de posse: a música é tão nossa quanto de toda a humanidade; nos dissolvemos nela. Proponho que quem mais ouve em nós nesses momentos é nosso Id, nosso Inconsciente. Afinal, é por meio dele que fazemos parte essencial da humanidade, da colmeia humana; Inconsciente não como uma qualidade, mas como um modo de ser essencial, alma (*Seele*, em alemão). Parafraseando Bion, assim como o pensamento precede o pensador, a música preexiste ao seu criador. Enquanto ouvimos a música, podemos também direcionar nossa atenção do conjunto harmônico de frases musicais que se interpenetram para um arrepiante solo da soprano, evocação da eterna *prima donna*, ou para o som masculino e profundo de violoncelos e contrabaixos. O que acontece nesse momento? Proponho que estejamos transitando entre nossas audições Inconsciente e Consciente, intensificando a ênfase neste último. Concentramos nossa percepção infinita a reduzindo a uma percepção narrativa: uma coisa depois da outra, assim como falamos. Uma metáfora visual: aquelas portentosas cenas de batalhas campais de Kurosawa. Imaginem um exército de milhares de guerreiros tomando toda a planície e tendo de atravessar um desfiladeiro onde só podem passar em fila indiana, um atrás do outro: uma tentativa visual de expressar essa passagem do Inconsciente para o Consciente. Já dizia Lacan, o desfiladeiro do significante.

Quem ouve em nós uma missa barroca a oito vozes ou mais? Por exemplo, o "Miserere" de Allegri para dois coros e oito vozes ou um moteto a quarenta vozes de Thomas Tallis.[1] Quem capta essa polifonia na qual tantas diferentes linhas melódicas se interpenetram dentro de regras harmônicas que resultam numa apreensão totalizante, esteticamente prazerosa a nossos sentidos? Certamente, não é apenas a escuta consciente, limitada por uma seletividade narrativa. Nosso sistema consciente dificilmente consegue acompanhar mais de duas narrativas simultâneas, como falar ao telefone e acompanhar um programa de televisão. Dizem alguns estudiosos da música que nosso limite de apreensão consciente seria quatro dessas narrativas. Afinal, também só conseguimos emitir uma linha narrativa ao falar ou cantar, com algumas exceções, como aqueles estranhos sons duplos de monges tibetanos. É nosso sistema inconsciente, com sua capacidade de acessar e processar infinitas mensagens simultâneas, que ouve e organiza em nós essas múltiplas mensagens, mesmo no caso da música contemporânea, que tantas vezes escapa a uma organização previsível da harmonia tradicional. A escuta consciente e uma outra escuta com infinitas possibilidades simultâneas. O exercício de escuta musical e a experiência acumulada enriquecem nossa apreensão e nos permitem transitar com mais facilidade entre a captação do conjunto das vozes e de cada voz em particular. De certa maneira, *editamos* a música ao nosso gosto; podemos fixar a atenção, fazer realçar em nós a linha dos baixos ou fugazes duetos de sopranos e contraltos. Reelaboramos em nós a dinâmica, criando forte e pianos *ad libitum*, à nossa vontade. Nossa escuta é um instrumento musical no qual a obra se completa. Já na música contemporânea, somos convidados a abandonar os padrões harmônicos reconfortantes e corremos o risco do novo, do desconhecido: a entrega a essa estranha beleza

1 Numa bela instalação no Inhotim, o moteto é reproduzido em 40 alto-falantes dispostos em círculo, o que permite que transitemos gradativamente entre as 40 vozes diferentes.

que às vezes parece nos agredir. Quando transitamos dessa audição polifônica abrangente para uma audição linear concentrada, por meio de um esforço de atenção, estamos transitando entre nossos dois modos de ser, do Inconsciente para o Consciente, e vice-versa. Reitero: dois modos de ser como representação dualista simplificada de um campo contínuo com infinitos modos de ser. Nossa escuta psicanalítica transita entre cintilações de polifonia e melodia.

Do texto indispensável (mimeo), *Fundamentos de um novo pensar musical*, de H. J. Koellreutter (1997, p. 45), transcrevemos as seguintes definições:

> *A – Prefixo grego denominado Alfa privativo. Dá ideia de transcendência, privando o conceito de seu valor absoluto. Não é contrário nem conforme; o alfa-privativo incorpora a um determinado conceito outro de maior abrangência. Ex.: Atonal, Amétrico, Arracional.*
>
> *Arracional (alfa-privativo) – Que não é contrário nem conforme ao racional; que transcende o racional. Incorpora as formas do pensamento tradicional (racional e irracional) em um pensar integrador.*
>
> *Atonalidade (a – alfa-privativo) – Princípio de estruturação musical que transcende o da tonalidade, ou seja, que agrega o princípio tonal em uma ordem sintática mais ampla.*
>
> *Aconsciente [paráfrase minha] – Que não é contrário nem conforme ao consciente. Transcende o consciente. A lógica aconsciente integra a lógica consciente em uma ordem sintática mais ampla.*

Retomando a contribuição de Freud para a história do conhecimento pela postulação do Inconsciente como um outro nível de realidade, talvez o termo que melhor explicite a intenção freudiana seja "a-consciente", no qual o prefixo *a*, alfa privativo, conota um sentido de *além*, de *transcendência*. Ou seja, não um prefixo *in* que conote negação no mesmo nível de realidade, mas o prefixo *a* que aponta além do nível de realidade consciente. Um *aconsciente*, no qual o que é contraditório para a lógica aristotélica consciente vive uma conciliação abrangente por meio da característica fundamental do Inconsciente freudiano: a ausência do princípio de não contradição. Esse é o ponto de partida da obra inovadora de Ignacio Matte-Blanco: a busca das leis estruturantes dessa outra lógica, contraditória e paradoxal, que ele denominou "lógica simétrica" e que, associada à nossa lógica habitual consciente, engendra-nos como seres *bi-lógicos* ou *bi-modais*: diferentes níveis de realidade ou *modos de ser*. Lembremos que Bion preferia a oposição complementar finito-infinito à Consciente-Inconsciente, e Matte-Blanco leva o conceito de Inconsciente freudiano às últimas consequências em suas obras *The unconscious as infinite sets* (O Inconsciente como conjuntos infinitos) (1975) e *Thinking, feeling, and being: clinical reflections on the fundamental antinomy of human beings and world* (Pensar, sentir e ser) (1988). Penso que as ideias de Bion e Matte-Blanco se complementam e se harmonizam num contraponto não premeditado. Sugiro ao leitor que aceite o convite de Matte-Blanco e se deixe conduzir por sua mão etérea e segura para que juntos transponham o espelho da simetria e, tal qual Alice, penetrem no mundo da contradição, no Inconsciente; como prêmio pela ousadia, uma compreensão intuitiva maior de sua lógica: uma fé no Inconsciente.

O racional e o irracional são fatores do pensar tradicional consciente. O *novo*, o *desconhecido* e o *futuro* são, essencialmente, arracionais, e nossa única esperança de comunicação com eles é pelo Inconsciente arracional. O resto é *passado*, domínio do consciente racional-irracional. Do infinito fluxo de possibilidades aconscientes, criamos uma singela narrativa consciente; e, como num misterioso milagre, ambos os códigos convivem em nós, e sua harmonização pode propiciar o estado de espírito conhecido como "estar em paz". Nosso desafio como psicanalistas na atualidade é *nos permitir pensar contraditoriamente*. Deixar-nos fascinar, envolver, perder, ganhar, por essa outra *lógica alógica*. Relativizar o *racionalismo clássico* que nos foi inoculado como retrato fiel da realidade e expandir nossas possibilidades, assim como a teoria da relatividade e a mecânica quântica transcenderam os limites da *física clássica*. Arriscamo-nos a *perder a Razão* confiando no *in*(*a*)consciente. Isso sempre existirá, expandindo e propiciando sentidos mais generosos e abrangentes aos nossos "pequenos" dramas cotidianos.

O grande psicanalista Donald Meltzer, entusiasta defensor da Psicanálise como uma arte, esteve em São Paulo em 1996 e, em uma palestra, lembrava que décadas atrás ele tinha, para atender no consultório, três ternos cinzas, três camisas brancas, três gravatas e meias azuis. Um conjunto para atender, outro para o tintureiro e outro de reserva para evitar contratempos. Enquanto nos contava, observávamos sua figura espontânea, queimado de sol, cabelos soltos ao vento, um terno de elegância super atual, sem gravata nem meias. Ele irradiava uma *naturalidade psicanalítica*. Ele me ocorre quando penso na evolução coreográfica dos concertos clássicos atuais. Não mais solistas usando casaca ou vestidos discretos de cores escuras – não falo em espetáculos de ópera. A diferença hoje é notável: nos trajes, gestual, expressões muito mais naturais. Como exemplos, a sensualidade de grandes pianistas como Yuja Wang, ou de Katia Buniatishvili com seus vestidos decotados, realçando as formas, ou de celistas como Gautier Capuçon ou Mischa Maisky abraçando apaixonadamente o *cello* – irradiam uma *naturalidade artística*.

O *inconsciente* é *arracional, transcende*. Uma transcendência do finito ao infinito, assim como intuíram tantos místicos. Entre tantos, Buda, Bach, Freud, Einstein, e por que não Bion, Matte-Blanco . . .

4. O jogo do inconsciente: falando o que me vem à cabeça[1]

A gloriosa manhã em minha janela me satisfaz mais do que a metafísica dos livros.

Walt Whitman

Um problema matemático só estará resolvido quando você for capaz de explicá-lo ao primeiro homem que encontrar na rua.

D. Hilbert

Às vezes me ocorre chamar o processo ou o encontro psicanalítico de *jogo do Inconsciente* . . .

Para falar desse jogo e de como eu o imagino, parece-me importante que eu *me* exponha ao leitor em minha atividade clínica; eu diria melhor, em minha atitude clínica, pois penso que, muito além das conjecturas teóricas, é a atitude do analista que funda a clínica psicanalítica, com a proposta freudiana de *atitudes indissociáveis*

1 Publicado na revista *Percurso* 40, São Paulo, ano XXI, jun. 2008.

de atenção flutuante – associação livre. E, quando falo em atitude psicanalítica, estou falando de ética psicanalítica; como se fosse um outro nó borromeano, entrelaçam-se nessa ética as atitudes diante de si, diante do outro, diante do mundo; o eu, o tu, o nós. Atitudes que extrapolam o *setting* do consultório, pois o psicanalista carrega o *setting* consigo, em si mesmo, onde quer que ele esteja. Se quisermos imaginar como é um analista em sua clínica, basta observá-lo no seu dia a dia. Por mais que um analista procure se disciplinar em seu consultório, isto será apenas uma aproximação à atitude de "atenção levitante" proposta por Freud; na prática da Psicanálise, do *jogo do Inconsciente*, a condição essencial é *ser*. Psicanálise se pratica *sendo o que se é*.

É muito importante diferenciar o *ser* do analista do *fazer* do analista. É evidente que o *fazer psicanalítico* do analista no consultório se diferencia do seu fazer fora dele em qualquer atividade cotidiana, inclusive psicanalítica. O que estou propondo pensar é que o *ser psicanalítico* do analista em sua impermanente fluência é de algum modo ele mesmo.

Ao postular o "sistema inconsciente" como nossa mais verdadeira e profunda realidade psíquica, *Freud "inventa" a Psicanálise*, sua teoria, sua prática, seu método. Uma teoria acerca do nosso funcionamento psíquico e que se desdobra em várias conjecturas histórico-biológico-genéticas, como o complexo de Édipo, a sexualidade infantil, a mitologia das pulsões etc. Ao mesmo tempo, Freud propõe uma práxis, um método que nos permita alguma via de acesso ao nosso próprio Inconsciente e, por meio dele também, possibilite alguma comunicação com o Inconsciente alheio. Esse método baseia-se na *atitude psicanalítica* da "atenção flutuante", que concerne tanto ao analista quanto ao analisando. Ora, para que o analista possa flutuar livremente (a imponderável leveza do ser) por sobre a fala emocionalmente viva de seu analisando, é preciso que possa se *desapegar de seus preconceitos e expectativas pessoais*. Mais além, desapegar-se de sua racionalidade consciente; acompanhar a fala do outro sem qualquer seletividade, colocando-se numa posição outra em relação a si mesmo, algo entre o pessoal e o impessoal, entre o Consciente e o Inconsciente. Uma posição terceira onde ele transite sincronicamente entre os papéis de protagonista e observador. Penso que esta é uma atitude ética de respeito à *relação humana* que acontece e se transmuta no aqui-agora com o analisando. A relação transcende o eu e o outro, e nos movimenta; o verbo deve prevalecer sobre os substantivos adjetivados.

Bion recriou a proposta freudiana ao propor a atitude "sem memória, sem desejo, sem compreensão racional", como atitude desejável para o analista vir-a-ser *O*, ou buscar o *O*, a essência emocional mutante do momento vivido, um lampejo de verdade cósmica. Essa atitude de *desapego do ego consciente*, desapego daquilo que pensamos conhecer de nós mesmos, remete às milenares sabedorias orientais e às várias tradições contemplativas orientais e ocidentais que delas derivaram. Por um lado, Bion citava muitas vezes San Juan de la Cruz e Meister Eckhart. Veja esse fragmento de Meister Eckhart, não citado, mas muito possivelmente conhecido por Bion:

> *Para descobrir o cerne é preciso quebrar a casca.* Para desnudar a Natureza é preciso destruir seus símbolos *e quanto mais você se arriscar mais perto da essência você chegará. Chegando ao uno que contém todas as coisas, é lá que sua alma deve estar. (Schiller, 1994, p. 32, grifo nosso, tradução livre).*

Por outro lado, a expressão "sem memória, sem desejo" é praticamente textual no *Tao Te Ching* de Lao-Tsé. Sempre achei que este é o mais bioniano dos livros, apesar de precedê-lo em 2.600 anos. O *Tao Te Ching* não é apenas uma leitura: é uma prática transformativa, um modo de ser. Provavelmente, ele é a decantação de um conhecimento multimilenar e Lao-Tsé, talvez um personagem lendário a se ressituar na história. São 81 poemas, e o primeiro se inicia pela conhecidíssima frase: "O Tao que pode ser posto em palavra já não é o Tao" (p. 13). Colocando em palavras bionianas, as evoluções de *O* já não são o *O*. Outro poema nos fala do *Tao* como *o escuro e informe*, o que remete ao "Paraíso perdido", de John Milton, tantas vezes citado por Bion. Ainda no poema 1, lemos: "Livres de desejo captamos a verdade (o Tao). Presas do desejo captamos apenas suas manifestações." (p. 13). Em termos bionianos, somente sem memória e desejo poderemos almejar o *O*. Não é por acaso que Bion trilha esses caminhos; afinal, ele nasceu na Índia, ainda colônia inglesa, e se abeberou de sua cultura primordial por meio de sua *ayah* – babá indiana – até seus 8 anos de idade. O próprio signo *O* pode significar o *zero* e a *totalidade*: a circunferência sem início e sem fim, como disse Heráclito. Se torcermos a circunferência *O* ao longo de seu diâmetro, produziremos a curva lemniscata (∞) e lembramos que Bion propôs repensarmos a antinomia Consciente-Inconsciente como finito-infinito. Volto a dizer, a atitude que nos propicia essa imersão no infinito, esse tornar-se *O* ou *Tao*, é o desapego do ego para mergulhar na totalidade. Como alguém que tira a roupa e mergulha no mar.

Voltando às relações entre teoria e método psicanalíticos, a *transferência* e a *resistência* situam-se num campo que inclui e transcende teoria e método. Já é quase consenso, hoje em dia, que transferência e resistência não são apenas a reação emocional e idiossincrática de um analisando diante de um *analista neutro*, mas, pelo contrário, elas decorrem da relação com um analista vivo, que participa e determina em boa parte o processo – elas concernem a ambos: a transferência acontece *entre* analista e analisando. Penso que a atitude analítica mais propícia à neutralidade é a própria naturalidade desapegada e discreta do analista, com cintilações de *ser* e *não ser*, uma resposta possível à pergunta crucial: "ser ou não ser?". Essa resposta, ser e não ser, contraria o axioma do Terceiro excluído da lógica clássica, porque contém uma afirmação (ser) e sua negação (não ser), mas admite um *Terceiro incluído* – ou seja, um terceiro termo que se iguala (ou mesmo contém) a ambos. O que é contraditório e inaceitável pela nossa lógica consciente (clássica, aristotélica) se reconcilia na lógica emocional inconsciente, uma lógica em que a infinitude de sentidos conduz à generalização de todas as relações: tudo se relaciona com tudo. Segundo Matte-Blanco (1988), cujas ideias nos ajudam a tentar compreender o inconsciente freudiano, a lógica inconsciente funcionaria num contexto multidimensional: espaços psíquicos de quatro, cinco ou mais dimensões. Como vemos, a Psicanálise percorre, atualmente, caminhos semelhantes aos trilhados pela física quântica contemporânea; intuímos ou inteligimos níveis de realidade que não conseguimos imaginar, que escapam à nossa visualização sensorial possível. Como exemplos, para nós, é impossível visualizar imaginativamente um espaço com quatro ou mais dimensões ou então pensar conscientemente a lógica inconsciente. Ocorre-me sempre a piada do português que precisava viajar à Alemanha a negócios e não falava uma palavra de alemão. Procura um primo que já lá estivera, e este lhe diz: "não há qualquer problema. Tu falas o português bem devagarzito, e vão te compreender muito bem". Meio descrente, ele parte; ao chegar a Berlim, toma um táxi no aeroporto e diz, bem devagar: "bo-a-tar-de". O motorista responde: "bo-a-tar-de". Surpreendido, ele continua: "por-fa-vor-ho-tel-Pa--la-ce". O motorista: "pois-não". Animado, resolve puxar um papo: "eu-sou-por-tu-guês". E o outro: "eu-tam-baim!" Ao que nosso herói explode: "então por que raios estamos a falar alemão?" Do mesmo modo, tentamos falar o "alemão" inalcançável do Inconsciente com nosso limitado português consciente.

Vivemos, como seres humanos e psicanalistas, um permanente dilema: como nos comunicar com o Inconsciente falando nosso português ou qualquer outro idioma consciente de maneira tal que possamos nos compreender. Em outras palavras, como nos comunicar com nosso Inconsciente e com o Inconsciente alheio por meio do nosso sem saber sequer uma palavra de sua língua. Mesmo porque sua linguagem provavelmente nem concebe a noção de palavra como nós a compreendemos. Tentamos desconstruir nosso idioma consciente habitual, português, por exemplo, conferindo-lhe um ritmo mais pausado, mais poético, meditativo, permeado de silêncios, na tentativa de nos comunicarmos com esse conterrâneo de fala estranha. A disrupção fundamental provocada por Freud e que o coloca ao lado de Copérnico, Darwin, Einstein, Gödel, Heisenberg e tantos outros é exatamente essa: somos constituídos por dois modos de ser radicalmente diferentes, e cujos códigos de linguagem são irreconciliáveis entre si.

Não se trata apenas de decifrarmos o Inconsciente, mas também d'isto nos decifrar. Decifração e devoração mútua entre dois diferentes códigos de linguagem cujas regras, mais além do incompreensível, são *impensáveis* entre si. Por um lado, um modo de ser que reconhecemos habitualmente em nós e que fala a linguagem do Consciente. Como pensa esse modo de ser? Da maneira que, conscientemente, imaginamos ser a única possível: a lógica clássica, aristotélica, analítica, na qual vigora o princípio da não contradição. Matte-Blanco (1988, pp. 77-78) denominou-o "modo de ser heterogêneo divisor": heterogêneo porque diferencia objetos, e divisor porque os individualiza. É a dimensão do *tu* e do *eu*. Por outro lado, ou melhor dizendo, em outra dimensão, está o modo de ser que "pensa" a "língua" do Inconsciente. Então, como descrevê-lo em nossa linguagem consciente? Deparamo-nos, assim, exatamente com a dificuldade que estamos tentando expressar: a tentativa de falar das características impensáveis da lógica inconsciente conforme as interpretamos mediante nossa lógica consciente. O que podemos quase afirmar é que sua característica fundamental é a ausência do princípio de não contradição. O Inconsciente é essencialmente contraditório, e, como consequência, na sua lógica não existe ordenação de tempo ou espaço, não há distinção entre o antes e o depois, entre o dentro e o fora. Lógica que busca elementos comuns, generaliza, forma conjuntos, classes cada vez mais amplas na busca de uma totalidade cujo limite é o zero e o infinito – *O*, como diria Bion. Um exemplo: a mulher amada exprime cada uma e a totalidade das mulheres: a mãe, a irmã, a filha, a amiga, a deusa, todas as mulheres do mundo. As relações transcendem os objetos particulares em direção a uma transferência totalizante com toda a *penumbra de associações* – expressão de Bion – que este objeto desperta em nós; "cadeias significantes" para Lacan, ou "conjuntos infinitos" para Matte-Blanco, que denominou esse modo de ser de "homogêneo indivisível". É a dimensão do *nós*.

Por admitir a contradição, a lógica inconsciente eleva ao infinito as relações possíveis entre seus objetos; a lógica consciente reduz as relações possíveis a um número finito de relações não contraditórias. É importante frisar que a polarização aparentemente dualística em dois modos de ser ideais é apenas uma formalização matemática que nos ajuda a pensar o que se configura como um contínuo multidimensional cuja lógica é uma *bi-lógica*. Diferentes proporções de duas lógicas irreconciliáveis num determinado nível de realidade, mas cujo sentido emerge numa outra dimensionalidade do *ser*. Contraponto dialógico de razão e emoção por meio das regras contraditórias da arte infinita. Os modos de ser propostos por Matte-Blanco não devem ser pensados como essências reificadas do ser humano, mas como um campo mutante de essencialidades lógicas – numa simplificação dualista para fins didáticos, uma bi-lógica que determina todo nosso engendramento do *sentido das coisas*.

Retornemos ao concerto. Ouvimos a música de tantas maneiras diferentes, permitindo-nos transitar pelo contínuo infinito de nossos modos de ser. Assim, podemos situar-nos historicamente enquanto ouvimos: é uma sonata da fase madura de Beethoven; podemos analisar teoricamente a estrutura da composição; avaliar e comparar a interpretação do solista ou da orquestra; nos ligarmos à sonoridade do Stradivarius, na postura do pianista, naquela linda morena na segunda estante das violas, no gesto do maestro. Ou, embalados pela música podemos devanear planos futuros ou repensar emoções passadas, e, por que não, dormir, sonhar, ou mesmo preparar comentários brilhantes para esgrimir no intervalo. E podemos, de repente, ser totalmente tomados, esquecermos tudo que já sabemos e *sermos* a música. Desaparecem todas as mediações, e a música é tão nossa quanto do compositor, do intérprete, da *humanidade*.

Quem ouve em nós uma missa barroca a oito vozes? Essa polifonia onde oito diferentes linhas melódicas se interpenetram dentro de regras harmônicas que resultam numa apreensão totalizante, esteticamente prazerosa a nossos sentidos? Certamente, não é apenas a escuta consciente, limitada por uma seletividade narrativa. É uma outra escuta, com infinitas possibilidades simultâneas. O exercício de escuta e a experiência acumulada enriquecem essa apreensão e nos permitem transitar com mais facilidade entre a apreensão do conjunto das vozes e de cada voz em particular. De certa maneira, *editamos* a música ao nosso gosto; podemos fixar a atenção, fazer realçar em nós a linha dos baixos ou fugazes duetos de sopranos e contraltos. Reelaboramos em nós a dinâmica criando fortes e pianos *ad libitum*. Nossa escuta é um instrumento musical no qual a obra se completa. Já na música contemporânea somos convidados a abandonar os padrões harmônicos reconfortantes e corrermos o risco do novo, do desconhecido: a entrega a essa estranha beleza que às vezes parece nos agredir. Quando transitamos dessa audição polifônica abrangente para uma audição linear concentrada, por meio de um esforço de atenção, estamos transitando entre nossos dois modos de ser, do Inconsciente para o Consciente, e vice-versa. Reitero: dois modos de ser como representação dualista simplificada de um contínuo com infinitos modos de ser. Nossa escuta psicanalítica transita entre cintilações de polifonia e melodia.

Retomando a contribuição de Freud para a história do conhecimento pela postulação do *inconsciente* como um outro nível de realidade, talvez o termo que melhor explicite a intenção freudiana seja "a-consciente", na qual o prefixo *a*, alfa privativo, conota um sentido de *além*, de *transcendência*. Ou seja, não um prefixo *in* que conote negação no mesmo nível de realidade, mas o prefixo *a* que aponta além do nível de realidade consciente. Um *aconsciente* no qual o que é contraditório para a lógica aristotélica consciente vive uma conciliação abrangente por meio da característica fundamental do Inconsciente freudiano: a ausência do princípio de não contradição. Este é o ponto de partida da obra inovadora de Ignacio Matte-Blanco: a busca das leis estruturantes dessa outra lógica, contraditória e paradoxal, que ele denominou *lógica simétrica* e que, associada à nossa lógica habitual consciente, engendra-nos como seres *bi-lógicos* ou *bi-modais*: diferentes níveis de realidade ou *modos de ser*.

O racional e o irracional são fatores do pensar tradicional consciente. O *Inconsciente* é *arracional*, *transcende*. Isto nos ajuda a pensar a insistência de Bion em torno do novo, do desconhecido. Estes e o *futuro* são essencialmente arracionais, e nossa única esperança de comunicação com eles é o in (a) consciente arracional. O resto é *passado*, domínio do consciente racional-irracional. Do infinito fluxo de possibilidades aconscientes criamos uma singela linha narrativa consciente. Como num misterioso milagre, ambos os códigos convivem em nós, e sua harmonização pode propiciar o estado de espírito conhecido como "ser feliz". Nosso desafio como psicanalistas na atualidade é *nos permitirmos pensar contraditoriamente*. Deixar-nos envolver, fascinar, perder, ganhar, por essa outra *lógica alógica*. Arriscarmo-nos a *perder a Razão* confiando no in (a) consciente. Ele sempre existirá, expandindo e propiciando sentidos mais generosos e abrangentes aos nossos "pequenos" dramas cotidianos.

O que eu falo a meus parceiros no *jogo do Inconsciente*? Respondo provocativamente: "Falo o que me vem à cabeça . . ."

Talvez algum colega se indigne imaginando algum vale-tudo ou análise selvagem. Não é bem isso, e vou tentar fundamentar minha atitude, pois o que falo decorre desta. Em primeiro lugar, reparem que eu disse "falo o que me vem à cabeça", e não "falo tudo que me vem à cabeça". A ideia básica é dizer o que vai me ocorrendo por associação livre na interação com meu analisando antes mesmo que a minha censura consciente recorte e retoque essas mensagens já inevitavelmente "re-conscientizadas" do meu Inconsciente, e, por meio deste, as mensagens inconscientes de meu parceiro. Quando disse que falo o que me vem à cabeça, o fiz de forma propositadamente incisiva e genérica para enfatizar a ideia, mas, na verdade, esse "dizer tudo" ser-me-ia impossível na realidade prática por duas razões principais: a primeira é que o nosso processo de atenção consciente é muito lento para acompanhar nossa avalanche habitual de "pensamentos inconscientes", o que torna indispensável aplicar-se um recorte reducionista a essa trama infinita de sentidos inconscientes a fim de reduzi-la a uma fala narrativa linear e finita, embora possivelmente poética. A segunda razão é que não existem dois analisandos ou parceiros iguais, e o mesmo parceiro muda continuamente ao longo do processo-jogo; afinal, é isso exatamente o que esperamos que se suceda numa análise. Então, à medida que meu parceiro vai introjetando as regras fluentes e particulares do jogo psicanalítico, mais livre vou me sentindo para me entregar à *atenção-flutuante-associação-livre*, fundamento básico do jogo. Falei em regras particulares porque cada dupla engendra suas próprias regras particulares apoiadas em regras mais gerais, que são o assim chamado método psicanalítico. O analisando capta meu jeito de funcionar, de jogar, de ser, mesmo porque procuro deixar isso o mais claro possível. A partir de um acolhimento sincero, nosso parceiro pode ir participando do jogo, jogando à sua maneira, arriscando suas próprias interpretações, tímidas de início, e aos poucos mais confiantes e até ousadas. A interpretação que me parece ideal, acrescento, é quando é o meu parceiro quem diz algo que me faz pensar:

"Puxa, eu nunca tinha pensado nisso!" Imerso no jogo, tento entregar o problema ao Inconsciente, após terem se esgotado as alternativas oferecidas pelo Consciente racional, para o qual as contradições são quase insuportáveis. Então, enquanto coleciono fatos dispersos e seus respectivos desdobramentos no tempo, tento esvaziar a cabeça de pensamentos e deixar que *nosso* Inconsciente, *nosso* outro modo de ser, perlabore a questão com sua infinita capacidade de tolerar contradições, percorrendo infinitos caminhos simultâneos dos quais algum se revele em nossa consciência como algo novo e criativo: um "fato selecionado", *algo que nunca tínhamos pensado antes*, mesmo porque incorpora um outro código lógico, uma trama impensável que abre possibilidades novas que podem exigir mudanças catastróficas, rupturas de campo, quebras de preconceitos e pressupostos longamente estabelecidos, uma abertura do leque de possibilidades. Não se trata de abdicar da racionalidade indispensável, mas tão somente procurar reequilibrar algumas polaridades primordiais: razão e emoção, erudição e intuição, Consciente e Inconsciente.

A expressão "fato selecionado" foi criada por Poincaré como uma expansão dos métodos tradicionais dedutivos e indutivos da Matemática. Nesses métodos o raciocínio pode ser explicitado em forma narrativa – isto decorre daquilo, por exemplo. Com Poincaré, ganha respeitabilidade científica a captação intuitiva de uma configuração totalizante que empresta sentido a uma série de fatos aparentemente dispersos: um *insight*, um fato selecionado. Bion se utilizou da expressão para se referir à captação intuitiva do sentido abrangente das falas de um analisando, mais além de um raciocínio dedutivo ou indutivo usual consciente, de certa forma desligando-o para permitir uma captação inconsciente totalizante.

Claro que surge a questão ética: o analisando pode tolerar, está emocionalmente preparado para ouvir o que me vem à cabeça? A atitude psicanalítica praticamente se confunde com sua ética. Se pensarmos uma certa ética como produto datado de uma certa cultura numa certa época e circunstância, como uma tentativa solidária de harmonizar as relações humanas em determinada contingência histórica, podemos observar que seu congelamento temporal acaba transformando essa ética viva num código de leis restritivas e dogmáticas: um código moral cristalizado. *A moral é uma ética congelada.* Já a ética é impermanente – ela se constitui a cada nova experiência, o que nos remete à proposição de Bion de aprender com a experiência emocional (1962) de cada momento vivido e com o que este nos ensinar. Para aprender com ela, é preciso nos defrontarmos e aceitarmos a verdade mutante do momento fugaz — *a verdade do puro presente*, pois a verdade propicia o crescimento e a mentira nos deteriora. A busca dessa verdade é um dos princípios básicos da ética psicanalítica, mas é preciso não esquecer que "verdade sem compaixão é crueldade" (Bion, 1992, p. 136, tradução livre). Penso que a diferença fundamental entre ética e moral – e provavelmente o que as caracteriza – é que esta nos dispensa, ou mesmo impede de pensar; outros já pensaram por nós e limitamo-nos, então, a aceitar confortavelmente uma regra convencionada no passado, ainda que no nosso passado, e muito possivelmente já caduca. Já a ética nos obriga a pensar, e esse pensar pode desvelar realidades incômodas e conflituosas que provocam sofrimento psíquico. Um exemplo real que me foi contado na época por um engenheiro que participou da execução de uma obra: durante os anos plúmbeos da ditadura militar, o governo contratou obras de manutenção naquele prédio enorme, pesado e então sinistro do Ministério da Guerra. Entre outras coisas, pintaram o saguão de entrada e os bancos que se perfilavam ao longo das paredes internas. Naquela noite, o oficial de dia, encarregado da rotina do "quartel", transmitiu as ordens regulamentares à nova guarda que entrava, e, entre essas, a de não permitir que ninguém se sentasse nos bancos – evidentemente por razões éticas contingentes, para evitar que se estragasse a pintura ou mesmo a roupa de quem se sentasse. O fato é que a ordem foi retransmitida a cada mudança de guarda, e por anos e anos os bancos deixaram de exercer sua função precípua: acolher visitantes cansados, ou seja, a ética virou moral; o motivo ético caducou no dia seguinte, mas a restrição moral permaneceu, tão absurda quanto o clima de desconfiança e terror que a produziu.

Diante da confusão da atitude psicanalítica com sua ética, existe, então, uma "censura consciente" necessária, um crivo de compaixão que me faz pensar, ainda que o menos possível, antes de falar. Porém, percebo que cada vez mais compartilho com meu parceiro as imagens que vão me ocorrendo antes mesmo que eu possa compreendê-las, e com isso corro o risco de saturá-las; à medida que meu parceiro entra no jogo, tantas vezes me surpreendo ao ouvi-lo interpretar-se, ele mesmo, a partir da imagem que eu lhe comuniquei. E eu: "uau, então era isso que aquela imagem estava tentando me dizer!" Por outro lado, é muito comum eu começar a falar visando a simplesmente apontar alguma dessas imagens inacabadas que me ocorrem e quase inadvertidamente eu acabar sendo conduzido por minha própria fala em direção a coisas, possíveis interpretações, que eu nem tinha cogitado quando abri a boca. Tantas vezes sou surpreendido pelo que acabo de me ouvir falar: "quem está falando?" Talvez isso tenha a ver com a tirada espirituosa de Bion antes de uma palestra: "Estou curioso para saber o que vou falar hoje!" Confesso que me apropriei da blague – é exatamente assim que me sinto antes de falar, seja numa palestra ou numa sessão. Embora diferente, essa vivência tem algo de parecido com a sensação que às vezes sinto ao tocar no *cello* uma peça que eu domine bem, como Bach. Olho meus dedos correndo sobre as cordas em tempos impensáveis, ouço-me tocando e me pergunto: "quem está tocando?"

Tenho procurado observar como se dá a entrada de novos parceiros no jogo do Inconsciente. Alguns parceiros, pertencentes a um grupo limitado que eu chamaria área psi ou público interno, já nos chegam com uma adesão prévia à Psicanálise, um desejo de estar de acordo com ela e seu representante privilegiado, seu analista, que torna mais imediata a entrada no jogo do Inconsciente, embora esse desejo possa também estimular a formação de um conluio de "*falsos-selves*" psicanalíticos. Com os "outros", é indispensável que possamos propiciar, preparar e aguardar o momento em que estejam prontos e dispostos a entrar no jogo. Com nossa colaboração, nossos parceiros no jogo captam aos poucos as sutilezas de suas impermanentes regras tácitas. A finalidade última do jogo, seu *goal*, é intuir o sentido do encontro emocional dos parceiros no *campo transferencial transconsciente* – é lá que o jogo se desenrola. Para tentar chegar lá, utilizamos nosso precário instrumental linguageiro, mesmo sabendo que as palavras nos levam apenas até o portal desse campo impenetrável para elas. E é no encontro da dupla nesse campo inefável que se dá a *experiência mutativa* a partir de rupturas em nosso campo consciente racional individualista. A proposta de Strachey (em seu prefácio geral, no volume 1 da edição Standard da obra de Freud, 1996, p. 16), sobre interpretação transferencial mutativa, tão inovadora em 1934, hoje amplia infinitamente suas possibilidades com os desenvolvimentos contemporâneos da teoria da complexidade: *no campo do pensamento complexo, tudo é transferência*. Ou seja, toda e qualquer experiência emocional vivida na relação analista-analisando (ou qualquer relação emocional humana) é potencialmente mutativa, pois tudo entre eles se dá no campo da transferência. Quando Pedro e Paulo falam sobre qualquer coisa, estão falando *inconscientemente* de Pedro e Paulo.

Penso que é fundamental que nossos analisandos, mormente os jovens, sintam-se participantes do jogo, que sejam informados de suas regras mutantes, e se sintam autorizados, coautores do que se cria entre nós. A partir daí, as próprias resistências podem ocupar seu devido lugar na estratégia do jogo; mas sabemos que em muitos casos elas podem impedir totalmente o próprio início deste; cada dupla tem sua própria temporalidade. Parece-me que um grande medo dos jovens é perder a capacidade de brincar, mas *o Inconsciente só brinca*, e, portanto, o jogo do Inconsciente é para ser brincado continuamente numa adolescência atemporal que jamais termina: a eterna busca da verdade. Isso porque a finalidade do jogo é justamente a *busca da verdade* – não a "revelada" ou "canonizada", mas a verdade sempre nova, descoberta na emoção da pura presença. Isto parece-me um bom resumo em uma única linha das "concepções criativas" de Bion. *Verdade como algo que faz sentido no contexto.*

A busca dessa verdade essencial é tão importante para a sobrevivência psíquica (e, portanto, física) que poderíamos imaginar uma *pré-concepção de verdade* no ser humano, pré-concepção pensada no sentido bioniano como uma expectativa filogenética inata. Penso até que existam duas pré-concepções primordiais: a de *verdade* e a de *humanidade*. A pré-concepção de humanidade é a expectativa inata do ser humano de ser acolhido no seio da humanidade, de ser aceito como parte integrante da colmeia humana para nela construir sua singularidade: o social e o individual – social-ismo e narcisismo nos termos bionianos – mesclando-se como opostos complementares. A *humanidade é nosso sonho compartilhado*.

Penso que a maior contribuição das ideias de Matte-Blanco à minha atividade terapêutica, quer com meus parceiros, quer comigo mesmo, é a possibilidade que se abre de *eu sentir o meu Inconsciente*. De certa maneira, estou sugerindo a vivência de sentirmos nosso Inconsciente como um modo de ser saudável em si mesmo, e não apenas quando ele "dói" em consequência de um desequilíbrio, uma desproporção com nosso outro modo de ser consciente. Como produto dessa percepção intuitiva de mim mesmo, passo a *confiar cada vez mais no Inconsciente*. Entregando-me à *atitude ética psicanalítica* descrita há pouco, deixo que os estímulos, inevitavelmente mediados pelo modo de ser consciente, transitem o mais livremente possível pela matriz infinita, matriz primordial do Inconsciente; minimizo a memória e as tentadoras conexões racionais, e aguardo com *paciência bioniana* que meu modo de ser inconsciente me encaminhe algo à cabeça: "aquilo que me vem à cabeça". Entrego-me a esse exercício prático vivido no limiar do risco, e minha vivência prática tem me convencido de que *posso confiar em "nosso" Inconsciente.* Confiar no Inconsciente produz consequências em nosso modo de pensar o mundo, o cosmos que nos inclui. Certamente a idade e a experiência de vida – quando nos dispomos a aprender das experiências emocionais vividas – são fatores importantes nesse processo que poderíamos chamar de sabedoria. Digo muitas vezes que, após certa idade, a sabedoria é quase uma obrigação, mas a generosidade que a acompanha é sempre uma nova conquista. Esta qualidade particular de sabedoria que tento descrever nos permite abrir mão – ao menos muito mais que em tempos anteriores de nossa vida – do nome das coisas, de classificações reducionistas, de avaliações comparativas, e, assim, relativizarmos o bem, o mal, o certo, o errado. Como consequência, podemos acreditar que tudo que lemos, estudamos, pensamos, sentimos, vivemos, recebe uma outra catalogação no nosso sistema inconsciente, e se aceitarmos essa outra ordem lógica abrangente e multidimensional, esse nosso outro modo de ser, o Inconsciente nos devolverá o que esperamos. Tudo que li e estudei está lá – para citar algumas luminares no campo psicanalítico: Freud, Ferenczi, Klein, Lacan, Winnicott, Kohut, Bion etc. *ad infinitum.* Deixo ao Inconsciente ∞ a tarefa de fundi-los e articulá-los; ele, *isto*, é muito mais sensível à nossa realidade compartilhada com o outro, o Outro, o *Tao*, o cosmos. De passagem, penso que a frase lapidar de Lacan (1957/1998), de que o Inconsciente é estruturado como uma linguagem, poderia ser mal interpretada se tomássemos como modelo de linguagem a nossa linguagem consciente.

Assim como Freud e Matte-Blanco, entre outros, deixaram muito claro, trata-se de uma outra linguagem, uma outra lógica, uma a-linguagem que transcende nossa capacidade sensorial de acessá-la. Isto não escapou a Lacan, que, segundo relato de J. Alain-Miller, se interessou no fim da vida pelo trabalho pioneiro do grande matemático brasileiro Newton da Costa sobre *lógicas paraconsistentes* ou – com alguma perda do rigor matemático, mas um ganho de compreensão intuitiva – *lógicas contraditórias*. Provavelmente o mesmo tipo de lógica que predomina no que chamamos o protomental, que nos é inacessível por meio apenas da razão, mas passível de acesso por meio das emoções afetivas ou, em uma palavra, do *amor*.

A expressão "o que me vem à cabeça", essa modalidade de livre associação, ganha, então, um outro status epistemológico: o que me vem é a cristalização mutante de tudo que aprendi na vida e que se permite *transformar* ao entrar em contato com o outro. Essa transferência mutativa se dá no encontro dos Inconscientes de analista e analisando num campo momentaneamente comum aos dois. Uma volta às origens comuns, um arriscado mergulho no protomental por meio de uma interpretação intuitiva ético-estética que propicie uma transformação terapêutica mutativa. O que era só meu já não é mais, já se impregnou da experiência emocional vivida com o outro, e eu mesmo já sou outro. Ou seja, *a Psicanálise é um processo contínuo de desapego do ego*. Abrir mão de certezas e incertezas e simplesmente ser; e confiar que isso é o melhor que podemos fazer em nosso complexo ofício quântico. Nesse campo psíquico caótico, uma função de onda probabilística se particulariza, concretiza-se na partícula fugaz do momento emocional vivido; mas, simultaneamente, permanece onda – a luz é simultaneamente onda e partícula. A partir das revelações da teoria do caos, o termo "caótico" perdeu sua conotação original de desorganização absoluta e ganhou um novo sentido de organização que abrange a ordem e a desordem. Como metaforizou Bion, sonhamos perenemente no sono e na vigília, mas, assim como as estrelas são invisibilizadas pela luz do sol, o sonho de vigília é, em princípio, invisível; mas ninguém duvida da permanência das estrelas durante o dia como partes indiscutíveis de nosso mundo interno: nós podemos senti-las lá.

Talvez algo semelhante com o modo de ser inconsciente: podemos senti-lo *lá*. E *aqui*. *Isso*. O que temos a perder? Nossos grilhões: o ego e sua racionalidade arrogante. Basta nos entregarmos às contradições e aos sonhos, e, para os ainda céticos, lembro Einstein, que dormia com o problema e acordava com a solução sonhada.

Venho desenvolvendo as ideias contidas neste texto há alguns anos, ao longo dos quais tive oportunidade de apresentá-las e discuti-las com colegas em diferentes contextos. A partir dessas trocas, vou remontando-o continuamente. Recentemente encontrei um exemplo expressivo do que eu descrevo como "falar o que (me) vem à cabeça" numa fala de César Botella na Sociedade Brasileira de Psicanálise de São Paulo, em que ele conta como Sara Botella, diante de um garoto incomunicável, pensa repentinamente – "sonha" – a palavra "lobo", sem saber por que, mas sem se impedir de pronunciá-la: "lobo!" E de repente os Inconscientes dela e do garoto se encontram no terceiro analítico, Ogden, e a comunicação se abre. E é em Ogden que encontro ressonâncias entre o que ele denomina "*talking-as-dreaming*" – falar como sonhar – e o que eu chamo "falar o que vem à cabeça". Mas essas relações serão tema de outro ensaio.

Uma pequena introdução às ideias de Ignacio Matte-Blanco[2]

O Inconsciente emocional – um outro nível de realidade

Citamos Matte-Blanco (1988, p. 85): "No infinito está o esquizofrênico e o inconsciente da matemática mas também a poesia".

E é na antilinguagem do esquizofrênico, na transcendência da linguagem poética, na Matemática contraditória do infinito, nos sonhos

2 Adaptação do texto Gerber, I. Utopias pragmáticas e resistências previsíveis. In A. C. S. Friaça *et al.*, *Educação e transdisciplinaridade III*.

e devaneios, que Matte-Blanco vai buscar as leis estruturantes desse código misterioso e esquivo, a lógica do Inconsciente. O Inconsciente da primeira tópica, o primeiro modelo de aparelho psíquico proposto por Freud e do qual ele jamais abriu mão totalmente: dois *tópos*, dois territórios, o Consciente e o Inconsciente. Um Inconsciente substantivo, com I maiúsculo; não um inconsciente adjetivo, como apenas uma qualidade, mas como uma instância e, mais além, um modo de ser do ser humano. Diferentemente do nosso modo de ser consciente, ao qual temos acesso direto por meio de sua lógica não contraditória que nos é habitual, esse outro modo de ser inconsciente se atém a uma lógica própria, radicalmente diversa e inapreensível diretamente. O homem trágico dividido entre dois modos de ser irredutíveis que, numa analogia química, não se combinam, mas podem se misturar em proporções variáveis e mutantes. Partindo de seus efeitos apreensíveis, ou seja, as características do Inconsciente conforme descritas por Freud no seu livro *The interpretation of dreams* (A interpretação dos sonhos) (1900/1965), e valendo-se de um instrumental teórico que abrange a lógica simbólica, a Psicanálise e a Matemática, Matte-Blanco deduz as leis estruturantes da lógica inconsciente, leis que determinam as características fenomênicas como sua consequência lógica.

Como se diferenciam esses dois modos de ser a partir de suas lógicas constituintes? Nosso modo de ser consciente se atém à lógica clássica, aristotélica, bivalente. Uma lógica racional, não contraditória e finita, que individualiza, relaciona e ordena seus objetos (as coisas). Por isso Matte-Blanco denominou-o modo de ser divisor. Já a lógica inconsciente não obedece à lei de não contradição, fundamento da lógica científica. Isto lhe permite liberdades impensáveis para nosso raciocínio usual, como deslocamentos, condensações, atemporalidades, ausência de negação, contradições absurdas, pensamentos impensáveis, a linguagem imagética dos sonhos.

Outro princípio fundante dessa lógica estranha é que ela generaliza todo e qualquer objeto individual. Ela associa e, eventualmente, equaciona um objeto a todos os conjuntos ou classes que podem contê-lo. Como exemplo, um determinado colega seria generalizado cada vez mais e dividido em classes como: classe dos psicanalistas, dos terapeutas, dos brasileiros, dos americanos, dos homens, dos animais, dos seres cósmicos . . . Ou seja, esse indivíduo é generalizado pelas associações livres que cintilam nessa rede de conjuntos infinitos; redes inumeráveis de inumeráveis cadeias significantes. Tudo a que o objeto individual se ligar por contiguidades metonímicas ou semelhanças metafóricas. Matte-Blanco denominou o modo de ser que se atém a esta a-lógica inconsciente de modo de ser indivisível. É o território do infinito, do ilimitado, do inefável, onde tudo tem a ver com tudo. Lugar de absoluta contemplação da própria infinitude, da totalidade indivisível.

Sua lógica não pode existir a não ser associada ou contida de alguma maneira pela lógica clássica do nosso outro modo de ser, pois ela por si só eliminaria qualquer relação lógica possível, e por isso ela nos é inapreensível, impensável. Podemos tão somente captá-la por meio de suas interferências na nossa lógica habitual consciente: sonhos, atos falhos, expressividades emocionais. É importante frisar que estas lógicas, a rigor, não podem existir isoladamente; só podem ser pensadas como uma oposição complementar, algo como o *Yin-Yang*, o que nos remete a uma tradição de pensamento que passa por Lao-Tsé, por Heráclito e Niels Bohr. Elas constituem um campo de possibilidades probabilísticas envolvendo proporções relativas, misturas aleatórias dessas duas lógicas que se repelem e se atraem numa simultaneidade paradoxal. Ou seja, em estado puro elas são polos teóricos virtuais de um campo complexo. Na nossa vivência, aparecem sempre misturadas em proporções variáveis, tecendo uma bi-lógica anaclítica. Mais adiante, Matte-Blanco praticamente equaciona Inconsciente com emoção e Consciente com razão (sempre pensados como polos virtuais de um campo contínuo). Dessa forma, as emoções obedecem a uma lógica emocional e, como tal, contraditória, potencialmente infinita e irredutível à outra lógica racional, não contraditória e finita do sistema consciente. Num ensaio anterior aventei a alternativa do nome *aconsciente*, no qual o prefixo *in*, que denota negação num mesmo nível de realidade, é substituído por *a*, do prefixo grego alfa privativo, que conota um sentido de "além de", de transcendência para um outro nível de realidade, uma outra dimensão lógica. Se aceitarmos como hipótese de trabalho que as estruturas bi-lógicas são onipresentes mas apresentam-se com diferentes condições de equilíbrio harmônico, a proposta freudiana "Onde estava o ID estará o EGO" (Freud, 1940/2014, p. 201) se transmuta exatamente na busca de um equilíbrio harmônico e vital entre nossos dois modos de ser.

Podemos pensar o modelo de aparelho psíquico proposto por Matte-Blanco a partir de Freud como um contínuo multidimensional com diferentes proporções do modo de ser consciente, racional e divisor, e do modo de ser inconsciente, emocional indivisível. Dentro desse contínuo existirá uma faixa ou configuração de "normalidade", ou senso comum, ou neurose média estatística, ou como queira chamar, que preserva um certo equilíbrio entre a luta racionalizada pela vida e as experiências emocionais vitais, nossos conhecidos princípios de realidade e prazer. Vemos que esse modelo problematiza a relação razão-emoção e privilegia a experiência emocional como a verdadeira natureza do ser humano. Talvez os vínculos racionais se cristalizem por um processo de automatização dos vínculos emocionais (algo como energia móvel em energia ligada, para usar expressão de Freud). Por exemplo: uma conta certa, 2 + 2 = 4, produz uma experiência emocional de paz, de verdade. Já uma conta errada, 2 + 2 = 5, produz "automaticamente" uma sensação de inquietude, de mentira.

No seu livro póstumo, *Abriss der Psychoanalyse* (*Compêndio da Psicanálise*), referência final obrigatória para as dúvidas que suas ideias ainda suscitam, Freud (1940/2014, p. 201) diz:

> *Após longas hesitações e vacilações decidimos assumir a existência de apenas dois instintos (trieb) básicos. Eros e o instinto destrutivo... A meta do primeiro é estabelecer unidades maiores e preservá-las assim – em resumo, unir; a meta do segundo é, pelo contrário, desfazer conexões e assim destruir coisas. (destruir o sentido das coisas?)*

Por outro lado, já vimos que o modo de ser inconsciente indivisível multiplica exponencialmente os vínculos possíveis de sentido em direção ao infinito. Já o modo de ser consciente desfaz todos os vínculos que não atendam às necessidades pragmáticas do momento; ele seleciona um recorte que esteja dentro de suas limitadas capacidades de percepção, pois só consegue pensar ao seguir uma única linha narrativa, de modo a evitar contradições. Enfim, o ego consciente como o mecanismo de defesa primordial coloca limites apreensíveis às infinitas possibilidades do Inconsciente, cortando vínculos para manter a vida. Como disse Matte-Blanco (1988), se nosso consciente fosse capaz de captar as infinitas mensagens simultâneas do nosso inconsciente, este não seria inconsciente. Ora, pois!

Parecerá estranho relacionar o sistema inconsciente com Eros, pulsão de ligação e o sistema consciente (o ego consciente) com Thanatos, pulsão de desligamento? Lembremos que Eros está ligado à sobrevivência da espécie e que poderíamos pensar no amor indivisível do Inconsciente (coletivo, como propôs Jung?) como amor ao próximo, à humanidade, um social-ismo (como Bion chamou esta pertinência a humanidade) que vai se articular com o narcisismo para moldar o amor imperfeito como o conhecemos, produto de uma bi-lógica: o código lógico da individualidade e o código trans-lógico da humanidade numa relação de oposição-complementar. Como disse Heráclito: viver de morte, e morrer de vida. Vida e morte: a harmonia radical do cosmos que nos contém.

A hipótese de constituição bi-lógica do conjunto mente-corpo do ser humano, dois modos de ser com diferentes códigos lógicos, leva a pensar em dois sistemas perceptivos. Um deles programado para a captação, atenção, apreensão de relações racionais, e outro para relações emocionais. Reitero seu funcionamento complementar, o jogo do recalcamento freudiano que passa pela desproporção harmônica ou mesmo pela cisão entre razão e emoção (em termos freudianos, representação e afeto), entre os nossos dois modos de ser. É importante reiterar que os dois modos de ser do ser humano só podem ser compreendidos como permanentemente associados, não existindo separadamente a não ser como polos virtuais didáticos de um campo mutante de configurações racionais-emocionais, um contínuo com diferentes proporções de ambos – um modelo simultaneamente monista e dualista.

5. Histórias que conto nas sessões[1]

Carta ao leitor

A ideia deste livro é recontar a você, tenha ou não experiência de análise, histórias que tenho contado ou escutado em sessões de Psicanálise ao longo de 30 anos. Uma tentativa de transportá-lo de maneira sorrateira para o clima emocional das sessões, em que as histórias se sucederam. Desejo estimular sua imaginação para o que se passa entre analista e analisando, que faz surgir dos meandros infinitos do Inconsciente uma história que empreste sentido a esse inefável momento do encontro de dois.

O encadeamento das histórias atende a um eixo determinante: instigar a reflexão sobre a atitude interior do analista, que propicia, por meio de seus próprios processos inconscientes, acesso aos processos inconscientes do analisando. Imagino que o conjunto das histórias possa revelar algo de minha própria atitude perante a vida.

1 Excertos do livro *Sessão de Histórias*, Ofício das Palavras, 2013.

Cada vez mais me convenço de que houve uma distorção histórica da proposta freudiana de "neutralidade" do analista, tantas vezes confundida com uma postura artificial, rígida e fria; mecanismo de defesa ancorado em regras cristalizadas. Parece-me que o que mais se aproxima da "atenção flutuante" preconizada por Freud seja a naturalidade do analista, desapego de preconceitos e expectativas pessoais.

***

Desde a idade de seis anos eu tinha mania de desenhar a forma dos objetos. Por volta dos cinquenta havia publicado uma infinidade de desenhos, mas tudo o que produzi antes dos sessenta não deve ser levado em conta. Aos setenta e três compreendi mais ou menos a estrutura da verdadeira natureza, as plantas, as árvores, os pássaros, os peixes e os insetos. Em consequência, aos oitenta terei feito ainda mais progresso. Aos noventa penetrarei no mistério das coisas, aos cem, terei decididamente chegado a um grau de maravilhamento — e quando eu tiver cento e dez anos, para mim, seja um ponto ou uma linha, tudo será vivo!

Katsuchika Huokusai

Do Talmud

"Um sonho não interpretado é como uma carta não lida."

Uma história que Freud contava

No seu livro *The interpretation of dreams* (A interpretação dos sonhos) (1900/1965), Freud descreveu a noção de "deslocamento psíquico" como:

> *... a passagem de uma associação normal e séria para uma associação superficial e de aparência absurda ...*

A ação de deslocar a carga emocional suscitada por uma pessoa, ou situação, significativa para outra secundária, porém ligada à principal por uma cadeia associativa, evitando, assim, o confronto temido com uma realidade frustrante. Para ilustrar esse "mecanismo de defesa", Freud (1923/1976b, p. 42) contava a seguinte história:

> *Numa pequena comunidade rural judaica – uma* shteitl, *o ferreiro comete uma falta indesculpável e o conselho resolve que a única solução justa para o caso é expulsá-lo. Nesse momento, um dos membros do conselho lembra que ele é o único ferreiro e se for expulso todos os trabalhos do campo serão prejudicados. Os outros membros preocupados voltam a debater e chegam a outra solução: Como só há um ferreiro, mas existem dois padeiros na* shteitl, *um deles será expulso em seu lugar!*

1001 histórias

> *Nesse título há uma beleza muito particular, talvez pelo fato de que a palavra "mil" seja para nós quase sinônimo de "infinito". Falar em mil noites é falar em infinitas noites – muitas e inumeráveis noites. Dizer "mil e uma noites" é acrescentar uma além do infinito. Há, em inglês, uma expressão curiosa. Muitas vezes, não se diz simplesmente "for ever", mas "for ever and a day" ("para sempre e mais um dia").*
>
> Jorge Luis Borges

Analista e analisando, somos ambos êmulos de Sheherazade, contando infindáveis histórias um ao outro. Por mais distantes que sejam o lugar e o tempo em que se passam essas histórias, seu deflagrador emocional ou seu catalisador está presente na sessão de análise. Mais que isso, o detonador é a própria sessão, o encontro de nós dois. Embora as posições de analista e analisando sejam assimetricamente predeterminadas, ao longo do jogo do Inconsciente esses parceiros, mesmo mantendo suas posições iniciais, acabarão por assumir em momentos esparsos os papéis um do outro, ou mesmo simultaneamente o papel de ambos, na mútua tentativa de compreender o que se passa com e entre eles. Se tudo anda bem, cria-se uma cumplicidade afetiva na busca de verdades emocionais ocultas. Juntos tentamos desvelá-las, mesmo sabendo que elas se ocultam e se desvelam em nosso Inconsciente Infinito, berço das emoções, além das palavras.

Prefiro o nome "analisando" para os meus parceiros no processo psicanalítico, no jogo do Inconsciente, porque denota uma participação mais ativa neste processo, o que me parece faltar nas conotações de nomes mais tradicionais como "cliente" ou "paciente", ainda que no sentido de padecente.

Ao longo da história da Psicanálise, foi se diluindo a crença inicial de que o psicanalista só deveria se manifestar por meio de interpretações; escutar em silêncio e intervir com uma interpretação racional e explicativa, tantas vezes professoral, sobre o funcionamento emocional do analisando. Reconheço a simplificação da descrição acima, pois já desde seus primórdios com Freud as falas do psicanalista expandiram esses limites, antecipando-se ao seu momento de compreensão. Tornaram-se "formulações", manifestações do Inconsciente do psicanalista, mediadas pelo Consciente e que se somam às do analisando, já que elas são suscitadas umas pelas outras numa trama complexa. De maneira muito especial, analista e analisando conversam.

Ao propor ao analista a "atenção flutuante", Freud sugere que ele abra mão de seus pressupostos e expectativas. Ouvir o analisando sem teoria pré-concebida, deixar que o sentido do que é dito vá se constituindo, como na parábola das pérolas:

> *Um dia um velho sábio chinês perdeu suas pérolas. Mandou, pois, os seus olhos buscá-las, mas os olhos não as encontraram. Mandou, então, os seus ouvidos procurá-las, mas os ouvidos tampouco as encontraram. Mandou, também, suas mãos, tudo em vão. Assim, mandou todos os sentidos na busca, porém nenhum deles as encontrou. Finalmente, mandou o não buscar as pérolas. Assim, o seu não buscar encontrou as pérolas.*

Para o analisando, Freud propôs a "livre associação", que ele falasse tudo o que viesse à cabeça sem estabelecer qualquer censura prévia, seja racional, seja moral.

Tenho a convicção de que essas duas atitudes: "atenção flutuante" e "associação livre" são indissociáveis e cabem tanto ao analista quanto ao analisando. A livre associação só é exequível num estado de atenção flutuante, seja do analista, seja do analisando. Um estado ou atitude de des-apego ou des-envolvimento. Claro que são tentativas conscientes de atingir esse estado, mas a tentativa em si já é suficiente e propicia efeitos.

Uma fala que me ocorra em forma de imagem, música, história, quando transmitida ao analisando, produz nele a explicação do que eu ainda não havia entendido. Por outro lado, tantas vezes, ao captar o sentido do momento, é quando mais me ocorrem, além de interpretações enunciadas, *histórias* que parecem representar essa essência emocional.

Que *histórias* eu conto? Aquelas que vêm por associação livre suscitada pela fala do analisando e que parecem dar conta da experiência emocional. Ainda que muitas vezes não esteja clara a conexão entre a história e o momento na sessão, tenho aprendido a confiar cada vez mais nos torpedos que meu inconsciente lança. Não é à toa que Bion e outros falam em "sonhar a sessão". Sonhos são histórias que nosso Inconsciente nos conta quando dormimos, mas também quando estamos acordados. Contando e ouvindo histórias, analista e analisando sonham, viajam juntos numa verdade transitória que nos une até a próxima separação, num perene processo de encontros e desencontros.

Lembro-me da sonata para piano No. 26, de Beethoven (1810), conhecida como "Les Adieux", cujos três movimentos foram nomeados por ele como *separação, ausência, reencontro*; é sua única obra instrumental com intenção explicitamente programática; cada movimento musicaliza uma situação emocional, e eles se encadeiam num sentido transcendente de encontro-desencontro-reencontro num ciclo que se repete sem cessar. Mas terá de ser sempre assim? A Sonata talvez prenuncie o que dizem ter sido as últimas palavras de Beethoven em seu leito de morte: "Tem de ser assim? Sim, tem!"

A condição obrigatória para a escolha das histórias neste livro é que eu já as tenha contado ou ouvido em sessões de análise, a maioria delas, e algumas em supervisões, em casos de análise. Existem muitas delas que me ocorrem tão frequentemente que fico na dúvida se já contei para um determinado analisando. Conto mesmo assim, antepondo uma ressalva: "não sei se já te contei . . .", e me arrisco a ouvir um: "Pô, Ignacio, essa você já me contou três vezes!" Não me dou por achado e respondo com uma pergunta clássica: "[ah, esses psicanalistas!] e por que será?", sugerindo que a repetição, se não resulta de uma saturação mental de minha parte, possa apontar para uma característica dele que insiste entre nós. De certa maneira, parece que cada analisando suscita em mim histórias particulares que propõem questionamentos à sua "história oficial" de vida.

Algumas dessas histórias são bastante pessoais, revelando algo (ou muito) de mim. Percebo que elas aparecem e eu decido contá-las, para analisando mais antigos, que já viveram um longo processo de desidealização da parceria psicanalítica. Outras histórias mais impessoais e abstratas nas suas possibilidades associativas têm me ocorrido desde uma primeira sessão, primeiro encontro.

Mas por que histórias? Esclareço, então, que incluo sob esta denominação tanto interpretações no sentido clássico do termo como também casos pessoais vividos, anedotas, frases esparsas, músicas ou letras de músicas, aforismos. Tudo isso são, inevitavelmente, interpretações. Voltando à pergunta – "por que histórias?" –, a resposta que mais me apraz é que histórias são, em geral, insaturadas e insaturáveis. Ao contrário de uma interpretação dirigida, tipo: "você . . ."; ou pior: "observo que você . . .", que podem saturar o momento com conotações acusatórias. As histórias se abrem para novas visões, possibilidades interpretativas a serem construídas em conjunto e que jamais esgotam seus sentidos, suas transformações possíveis. Abrem alternativas, e essa é a função da interpretação psicanalítica: criar alternativas para a "história oficial" de vida pré-assumida por cada analisando. Assim como nações, que engendram "histórias oficiais" plenas das melhores intenções e de atos heroicos e generosos, mas também sofrimentos e sacrifícios pelo bem da pátria, ocultando tudo o que arranhar essa imagem ilusória. Uma vida de sofrimentos e perseguições também pode ser ótimo tema para um hino pessoal grandioso.

Numa visita a São Paulo, Anne Alvarez, sensibilíssima terapeuta canadense radicada na Inglaterra, proferiu conferência no auditório lotado da Sociedade Brasileira de Psicanálise de São Paulo (SBPSP). Ao final, observei que as pessoas saíam do auditório sorrindo e tagarelando vivamente, o que dá uma ideia do clima amistoso e entusiasmado que ela conseguiu criar. Entre tantas coisas importantes que ela nos transmitiu, uma me chamou particularmente a atenção: dizia ela que, ao lidar com pacientes frágeis, com grande dificuldade de estabelecer relações comunicativas, ela evitava propor formulações começando com um "você isto" ou "você aquilo", pois percebia que isso, muitas vezes, fazia o analisando se sentir *a priori* julgado, exacerbando suas resistências.

Penso que esse cuidado deve ser pensado e aplicado em relação a qualquer analisando. Mesmo quando nos defrontamos com nossos erros e malfeitos, é consolador saber que compartilhamos nossos defeitos, mas também nossas qualidades, com toda a espécie humana. As histórias têm o dom de apontar algo pessoal em meu analisando, algo universal entre nós. Como afirmou Terêncio, poeta e comediógrafo romano do século II a.C.: "Eu sou homem e nada do que é humano me é estranho."

As histórias são um convite à construção compartilhada de uma "interpretação", sempre provisória e transitória, do que está acontecendo com a dupla: somos parceiros no processo psicanalítico, e nessa parceria o "você" e o "nós" são intercambiáveis.

As histórias que se seguem podem ser entendidas e apreciadas por qualquer pessoa que se interesse, mas imagino que elas possam ganhar mais sentidos para o leitor com uma prática analítica anterior como analista ou como analisando. Em termos mais amplos, seja como terapeuta ou paciente. Não é condição obrigatória para a fruição delas, porém amplia possiblidades. Quem sabe, até caiba uma analogia tênue com um apreciador de futebol que joga ou já jogou bola, ou um melômano que toque algum instrumento. Talvez este livro possa até antecipar um antigo projeto que nunca levei a sério, mas cuja ideia me agrada, um novo livro que se chamaria *Manual de Psicanálise para analisandos.*

Sugiro ao leitor, qualquer leitor, que procure imaginar o contexto das sessões em que aparece cada uma das histórias. O que estaria acontecendo entre o analisando e eu no momento que fez despertar em mim aquela história interpretativa.

Ao transcrever histórias tantas vezes contadas, dei-me conta do óbvio: para transmitir as entonações de voz e a emoção do contar, tenho que usar recursos possíveis da linguagem escrita, ornamentando o texto. Os relatos não serão literais, mas transformações literárias de falas coloquiais. Não me preocupei com o rigor na citação da autoria, ou de seus possíveis personagens. Uso-os livremente, permito-me reinventá-los sem preocupação de originalidade. Esta pode surgir numa velha história, dependendo do contexto em que é contada – afinal, é para denunciar um novo contexto que as velhas histórias são contadas. De qualquer maneira, estamos sempre buscando o que está além das palavras repetitivas e das certezas inquestionáveis: uma mensagem do Inconsciente Infinito. Sem pretensão, podemos chamar o objeto de nossa busca no processo psicanalítico como "pequenas grandes verdades", transformadoras e impermanentes.

Para ilustrar essa busca, conto uma clássica piada de português. Embora "socialmente incorreta", eu a trato de maneira carinhosa. Talvez haja quem queira ouvi-la como uma piada de brasileiro. Um senhor português tinha de viajar a negócios para a Alemanha e estava preocupado, pois não falava uma palavra de alemão. Lembra-se então que um primo lá estivera e pergunta-lhe como fazer. O primo o tranquiliza dizendo: "é muito fácil, é só falares o nosso português bem devagarzinho que todos irão te compreender perfeitamente. Pouco convicto, nosso homem parte e, ao chegar, a Berlim entra num táxi e diz ao germânico motorista: bo-a-tar-de. O motorista responde: bo-a-tar-de. Surpreso, ele continua: ho-tel-Pa-la-ce. O motorista: pó-is-não. Entusiasmado, ele resolve entabular um papo: eu-sou-por-tu-guês. O motorista responde: eu-tam-bém! E o nosso homem: então por que, raios, estamos a falar em alemão?

Analistas e analisandos tentam falar o impensável "alemão" inconsciente, usando pausadamente a nossa língua consciente, no nosso caso, o português brasileiro. Eis o dilema crucial da Psicanálise. A tentativa de acessar o que está além da palavra por meio dela. Do verbo ao pré-verbal que o antecede. Do finito ao infinito. Essa piada me remete a uma piada judaica sobre o mesmo tema da viagem e da polissemia emocional das palavras: dois comerciantes concorrentes de uma pequena cidade da Europa central se encontram por acaso na estação e tomam o mesmo trem. O primeiro pergunta ao outro aonde este vai, que responde: vou para Vroclav. O primeiro se indigna: você diz que vai para Vroclav para eu pensar que você vai para Kichinev, mas acontece que eu sei que você tem um negócio em Vroclav, então por que você não é sincero e me diz logo que vai para Vroclav?

Com essas duas piadas, podemos observar uma diferença essencial entre piadas "de português" e piadas "judaicas". Nas primeiras nos identificamos com o narrador e rimos do outro; projetamos no protagonista da piada nosso próprio ridículo. Nas piadas judaicas o narrador ri de si mesmo; manifesta uma cumplicidade prazerosa na confissão de suas próprias fraquezas.

Parodiando Vinicius, perdoem-me os sérios, mas humor é fundamental. Seja na vida, seja no atendimento psicanalítico.

É claro que o *fazer* do psicanalista na sessão com seu analisando é diferente do seu *fazer* em outras contingências, mas me parece evidente que o *ser* do psicanalista é o mesmo. Ele *é* na prática clínica o que *é* na vida, não há álibis ou disfarces possíveis. Falo de um humor carinhoso, cuidadoso e desapegado.

Várias de minhas histórias estão ligadas à minha vivência das ciências contemplativas orientais, desde minha iniciação junto ao mestre taoista Liu Pai Lin, com quem pratiquei a meditação e o *tai chi chuan* por cerca de 20 anos. E também de todos os outros caminhos filosóficos contemplativos aos quais minha curiosidade e meu desejo de compreensão das coisas me levaram, particularmente à corrente zen, que me agrada por sua abstração radical. Algumas das histórias zen se assemelham a *koans*. Os *koans* da tradição *zen* são questões que nos liberam de nosso pensar racionalista, dualista. O *koan* é uma pergunta irrespondível pela lógica clássica bivalente, consciente. Ela é feita pelo mestre ao discípulo para que este esgote as tentativas de compreender pela lógica racional e possa, então, esvaziar a cabeça, permitindo outro tipo de captação emocional, pré-verbal, totalizante. Em outras palavras, uma captação pelo nosso modo de ser inconsciente.

Alguns *koans* clássicos:

— Qual o som de uma só mão batendo palma?

— Qual era sua cara antes de seus pais se conhecerem?

— Qual é a cor do vento?

Mais do que qualquer resposta, o *koan* suscita infinitas perguntas e histórias também.

O grande mestre japonês Hakuin escreveu:

> *Se você se debruçar sobre um* Koan *e investigá-lo sem cessar, sua mente morre e seu desejo se destrói. É como se um abismo vasto e vazio se abrisse à sua frente sem qualquer apoio para seus pés e suas mãos. Você se defronta com a morte e suas vísceras parecem queimar. De súbito você é UNO com o* Koan*, corpo e mente são descartados. Chamamos a isso Olhar para dentro de sua Natureza.*

Meister Eckhart escreveu:

> *A concha deve ser quebrada para revelar o cerne que contém. Se desejares descobrir a Natureza desnuda,*

> *destrua seus símbolos e quanto mais o fizeres, mais te aproximarás da essência. Quando alcançares o UNO que contém todas as coisas em si mesmo, é lá que a alma deve permanecer.*

Bion, psicanalista, falava em "*at-one-ment*" e "vir a ser O".

Nas histórias, Freud está presente assim como outros analistas históricos, além de alguns com os quais tenho convivido. Bion também aparece como consequência natural da admiração, sem qualquer reverência escolástica que tenho por sua obra, ponto de passagem fundamental para futuras expansões e recriações. Compartilho com o querido amigo Luís Cláudio Figueiredo a convicção de que a era das escolas psicanalíticas exclusivas ficou no passado, e entramos na "era das trans-escolas". Vindo da Engenharia Civil, aplicação criativa da Matemática e da Física, fui atraído desde o início de minha formação em Psicanálise pela tentativa simultânea de Bion e Matte-Blanco de compreender a lógica do nosso "modo de ser inconsciente", utilizando os desenvolvimentos contemporâneos das matemáticas aleatórias e contraditórias do infinito. Outro aspecto atraente na obra de Bion (1970/1973, p. 35) é a atitude "sem memória, sem desejo, sem compreensão prévia", uma recriação da "atenção flutuante" freudiana, que se aproxima bastante da atitude de desapego do ego proposta pelas ciências contemplativas que derivam da multimilenar filosofia oriental.

Revendo as histórias que escolhi, me dou conta de que elas representam fragmentos de uma autobiografia parcial, um recorte específico de coisas que têm me interessado ao longo da vida e que constituem o que eu chamaria de "minha personalidade psicanalítica". Um conjunto de características pessoais que, de alguma maneira, atrai certas personalidades de analisandos. Por mais diferentes que eles possam ser na aparência de suas vidas exteriores, às vezes imagino que tenham algo em comum que os conduziu ao meu encontro. Já é mais que evidente, hoje em dia, que não existe um analista padrão e muito menos uma análise padrão. Cada dupla produz um processo analítico, um jogo do Inconsciente particular, embora apoiado em certas características comuns.

Não posso negar que fico lisonjeado quando sou procurado por um novo analisando que me escolheu porque quem o encaminhou me definiu como tendo uma "cabeça aberta". Pelo menos eu tento.

Meus públicos

Após minha sutil correção de rumo, de Engenharia Civil - mais especificamente, de Fundações - para a Psicanálise, ambas artes das profundezas e dos mistérios, fui convidado a palestrar sobre Ética, no Instituto de Engenharia, patrocinada pela Associação Brasileira de Mecânica dos Solos, filiada à internacional *International Soil Mechanics Association*. Mantidas as naturais diferenças, as instituições funcionavam para mim, num tempo passado, um pouco como a Sociedade Brasileira de Psicanálise de São Paulo e a *International Psychoanalytic Association* nos dias de hoje.

Para minha satisfação, reencontrei no auditório uma parcela expressiva de meus antigos companheiros de atividade, colegas, colaboradores, professores, alunos, clientes, concorrentes, amigos.

Ao iniciar minha fala, observei a sala e me dei conta de que, durante um longo período de minha vida, aquelas pessoas constituíam para mim um público privilegiado a quem eu deveria prestar satisfações, impressionar e conquistar, seja para meu sucesso profissional e econômico, seja para satisfazer meu orgulho saudável - mas também minha vaidade nada saudável. E, no entanto, naquele meu novo momento, elas não representavam nada para mim.

Essa experiência me marcou e permitiu relativizar a importância de meu atual público de psicanalistas, ou mesmo de qualquer outro público que já participe ou venha a participar em minha vida.

A caravana dos nossos públicos passa, e nós ficamos a contemplar.

***

Uma curiosa semelhança entre meu ofício atual, como psicanalista, e meu ofício anterior, como consultor em Engenharia de Fundações, é que, nesta antiga atividade, um dos desafios que mais me fascinava era atender aos chamados de engenheiros construtores, de proprietários ou moradores sobre os edifícios ou casas que apresentavam sintomas preocupantes – trincas, inclinações excessivas, rupturas estruturais –, que poderiam colocar em risco sua estabilidade. Após percorrer junto com eles o interior da construção ameaçada, eu, às vezes, não resistia à piada:

— Olhe, não me parece tão grave . . . Mas vamos conversar lá fora?

Claro que eu denunciava a brincadeira me antecipando a qualquer risco de infarto. O humor realista invariavelmente os acalmava e preparava para as providências a serem tomadas.

***

Por muitos anos fui professor em uma faculdade de Arquitetura e lecionava mecânica dos solos e fundações, especialidade que eu exercia como consultor em Engenharia. O currículo era o mesmo das escolas de Engenharia, e as exigências de cálculos matemáticos e formulações técnicas muito específicas tornavam a matéria difícil e, como percebo de forma nítida hoje, desestimulante para os futuros arquitetos, embora eu fosse respeitado (sem modéstia) como bom professor. Eu estava preso a uma tradição acadêmica autoritária e vaidosa; pior, não enxergava alternativas óbvias. Pouco importava eu saber que os futuros arquitetos esqueceriam os detalhes esmiuçados já no ano seguinte e jamais necessitariam deles.

Magia

Quando eu era um garotinho, tanto tempo atrás, era costume familiar assistir a um mágico chinês, Chang, que se apresentava de tempos em tempos no então Teatro Santana, em São Paulo. Para mim, era um deslumbramento acreditar que mágica existia e vê-la acontecer diante de meus olhos. À medida que eu crescia, o encantamento foi se transformando em outro: tentar descobrir o truque, o mecanismo, o outro mistério por trás da mágica aparente.

Às vezes me imagino, ainda menino, entrando sorrateiro nos bastidores do palco e, antes do que seria justo, vivendo o desencanto.

Lua no céu

Num momento conturbado de vida, fiz uma viagem aérea intercontinental. Ao me dirigir ao avião em São Paulo – ainda não existiam os *fingers* –, enquanto caminhava pela pista, vi uma enorme Lua Cheia no céu. Ao chegar ao destino no outro continente, olhei para cima e lá estava a mesma Lua, linda, generosa e impassível diante das dificuldades humanas. Nesse momento, senti que os meus problemas se reduziam à sua verdadeira dimensão. Eu me senti pequeno, mas protegido.

Zuza

Muito tempo atrás, eu assistia a um concerto e, no intervalo, enquanto circulava pelo hall, notei que uma mulher me acenava efusiva, chamando-me para o pequeno grupo que a rodeava. Reconheci-a, eu a encontrava às vezes em concertos, mas não tínhamos qualquer intimidade que justificasse a efusão. Fui até ela, que me deu um forte abraço e em seguida me apresentou aos amigos:

— Este é um velho amigo, Zuza Homem de Mello, grande conhecedor da música.

Fiquei perplexo por alguns segundos. Realmente, Zuza e eu temos em comum a careca e a barba branca. Pensei: "se disser que não sou ele, vou ter de explicar quem sou e poderia deixá-la constrangida diante dos amigos". Optei por assumir o papel – afinal, seria apenas um intervalo. Cumprimentei-os e, quando me perguntaram sobre a apresentação, estendi-me em longos comentários, falei o que me deu na telha. Afinal, não era eu, era o Zuza. Modestamente, eles adoraram meu Zuza e me convidaram para jantar. Mas achei que seria demais e recusei alegando outro compromisso. Ao me despedir, veio a tentação de pregar uma peça em Zuza ao beliscar a bunda de uma das mulheres, mas meu superego apitou baixinho.

A experiência dessa "quase" libertação de mim mesmo, de meu nome próprio, ainda me faz pensar.

***

Ouvi esta história nos meus tempos de engenheiro, contada por um colega de ilibada credibilidade: nos anos plúmbeos da ditadura militar no Brasil, procedeu-se uma pintura no saguão do pesado e, na época, sinistro prédio do Ministério da Guerra, na Avenida Presidente Vargas, no Rio de Janeiro.

Pintaram, inclusive, os bancos ao longo das paredes do saguão. Naquela noite foi passada uma ordem ao chefe da guarda e ao corpo de sentinelas para que proibissem a utilização dos bancos, aliás, com justa razão.

O problema é que a ordem foi transmitida dia após dia ao corpo da guarda que assumia o posto. Por décadas, os bancos permaneceram interditados ao uso natural de acolher visitantes cansados. Dentro da ideologia de violenta restrição das liberdades então reinante, criou-se, inadvertidamente, uma regulamentação dogmática desligada de sua causa inicial, prescrita no dia seguinte e de há muito esquecida.

Tantas vezes agimos dirigidos por leis cujas motivações caducaram, mas não nos damos conta. A ditadura do passado, seja na ideologia política de um regime autoritário, seja na ideologia emocional de um ser humano, transcende a distinção entre o certo e o errado, e adentra perigosamente o campo do absurdo e do ridículo.

Gaiola

Em situações em que o analisando questiona relacionamentos amorosos ou profissionais estabelecidos há muito tempo, ocorre-me propor uma ilustração: imaginar dois pássaros presos numa gaiola, em que recebam alimento e água.

Humanizando os pássaros para efeito da história, as divergências entre eles serão vividas com a certeza de que seu destino está traçado, estarão sempre juntos, presos na gaiola, sem separação possível. Se, por alguma razão que nos escapa, algum dia a porta da gaiola for aberta, os pássaros se olharão de maneira nova. Qualquer um dos dois pode optar por sair voando da gaiola ou permanecer nela. Ou, ainda, podem ambos decidirem ficar juntos na gaiola ou partirem juntos para novos caminhos, ou partirem separados por caminhos diversos.

A capacidade de pensar definha quando não se vislumbra alternativas possíveis.

Resistências em análise

"Quando o messias chegar, todos os doentes e sofredores serão salvos, menos os arrogantes, porque esses não vão querer."

O caminho de menor resistência

Certo dia um imperador levou sua corte para visitar as cozinhas do palácio. O cozinheiro-chefe trinchava um boi com sua faca reluzente. Fazia isso com tal habilidade e leveza, que parecia uma dança. O imperador, admirado, quis ver a faca, e o cozinheiro, mostrando-a, disse:

— Essa faca foi de meu avô e depois de meu pai e jamais precisou ser amolada. Outros cozinheiros amolam suas facas toda semana e elas logo se desgastam. O segredo é que, em cada articulação dos ossos ou tendões, há sempre um caminho de menor resistência. Ao buscar esse "caminho de menor resistência", o trabalho fica bem realizado e a faca não se desgasta.

O imperador agradeceu-o por tê-lo ensinado a governar seu império.

Em *The interpretation of dreams* (A Interpretação dos Sonhos) (1900/1965, p. 308), Freud definiu a "resistência" ao processo psicanalítico: "Tudo o que perturba a continuação do trabalho é uma resistência".

Neutralidade ou naturalidade

Em um mosteiro na Idade Média, copiavam-se os textos sagrados para distribuí-los aos demais mosteiros. Certo dia um jovem monge teve um estalo; parou sua faina e foi falar com o abade:

— Senhor, me ocorreu que, como sempre copiamos a partir de cópias anteriores, poderia acontecer de, com o tempo, surgirem erros e distorções em relação aos originais.

O abade concordou e resolveu fazer uma pesquisa nos originais. Desceu ao subterrâneo onde eram guardados e lá ficou por horas. De repente, os monges ouviram gritos, junto com imprecações, choros e ruídos.

Desceram correndo e se depararam com o velho abade gritando, chorando, arrancando os cabelos. Os monges, apavorados, perguntam o que estava acontecendo, e o ancião balbuciou:

— É "caridade", e não "castidade"!

Xícara de chá

Séculos atrás, um renomado professor da Universidade de Kyoto se interessou pelo zen e resolveu procurar um velho mestre que morava numa choupana distante. Foi recebido pelo mestre e se apresentou, contando seus títulos, escritos, realizações. O mestre ofereceu-lhe uma xícara de chá e, enquanto o preparava em silêncio, o professor continuou a discorrer sobre seus conhecimentos, acrescentando que queria aprender sobre o zen.

Quando o chá ficou pronto, o mestre encheu a xícara e continuou a vertê-lo, derramando na mesa e na roupa do professor, que se levantou indignado:

— O que significa isso?

O mestre respondeu:

— Quando a xícara está cheia, não cabe mais chá.

Mantiqueira

Certa vez eu participei de um passeio a cavalo pelos campos de altitude da serra da Mantiqueira; no grupo, alguns amigos meus e alguns amigos desses amigos. Um desses, acho que era o fazendeiro, falava sem parar reclamando – ainda lembro o assunto – do descaso do governo com a agricultura brasileira. A coisa foi ficando insuportável e, a certa altura, ansiando pelo silêncio, não resisti e perguntei: "por que você não se junta a nós e vem passear pelas montanhas?" Ele me olhou surpreso, talvez um pouco irritado, mas se calou.

A magia do puro presente sem passado e sem expectativas para o futuro. Simplesmente ser.

Montaigne

Quando eu danço, eu danço. Quando eu durmo, eu durmo. E quando eu caminho só por um lindo pomar, se em algum momento meus pensamentos divagam por assuntos distantes, no momento seguinte eu os conduzo de volta à caminhada, ao pomar, à doçura dessa solitude, a mim mesmo.

Bach

Quando ouço Bach, revela-se para mim o que tenho de melhor. Sua música me reconcilia comigo e com o mundo. Tem o efeito imediato de me fazer encarar as coisas da vida com mais alegria e otimismo realista.

Por esse seu poderoso efeito psicoativo, sua música não corre o risco de algum dia ser colocada na ilegalidade e seu consumo severamente punido?

HERANÇA ARCAICA – FREUD? / INCONSCIENTE COLETIVO – JUNG?

Johannes Chrysostomus Wolfgangus Theophilus Mozart, apelidado Wolferl, nasceu com 20 anos em 27 de janeiro de 1756, em Salzburg, e morreu com 55 anos em 5 de dezembro de 1791.

Seu pai, Leopold Mozart, considerava-o um milagre divino.

***

Contou-me uma colega: sua filha deixou a netinha de 4 anos para que ela cuidasse. Enquanto a neta brincava, ela preparava um artigo. A certa altura, a garotinha começou a solicitá-la e minha colega, absorvida em seu trabalho, respondeu com certa irritação.

E a menina:

— Vó, fique calma, que eu estou nervosa!

***

Numa entrevista recente, tendo como tema seu último livro sobre amizade, Pontalis assim responde à pergunta "O que é um amigo?":[2]

> *Um amigo de verdade é aquele que nos protege dos tormentos do amor, nos afasta da fúria raivosa, faz recuar a morte. [...] É muito difícil encontrar um amigo verdadeiro, ainda assim estamos sempre à procura de um. A minha busca começou bem cedo, porque sempre tive uma relação conflituosa com meu irmão, e logo me vi obrigado a achar fora de casa um companheiro para brincar e conversar. O fio condutor de minha existência é essa procura por um amigo ideal.*

---

2 Entrevista publicada na *Revista Veja* em 2 de janeiro de 2013, pp. 15-16.

6. De Freud a Bion pelos caminhos de Lao-Tsé – um cenário transdisciplinar[1]

O tao expresso em linguagem já não é o Tao

Lao-Tsé

I too am untranslatable...

Walt Whitman

Psicanálise, transdisciplinaridade e linguagem

Em março de 1986, foi realizado em Veneza, Itália, o I Fórum da UNESCO sobre ciência e cultura, denominado "Ciência e as Fronteiras do Conhecimento: Prólogo de Nosso Passado Cultural", reunindo participantes de todas as partes do mundo e de distintas especialidades, personalidades reconhecidas, inclusive, vários agraciados com Prêmios Nobel. O encontro foi sintetizado num documento que passou a ser conhecido como *Declaração de Veneza*. Transcreveremos os itens 2 e 3 desse documento:

---

1 Publicado em *Revista de Psicoanálisis*, Buenos Aires, v. XXI, n. 3, 1999b.

> *2. O conhecimento científico, através de seu próprio movimento interno, atingiu o ponto em que ele pode começar o diálogo com outras formas de conhecimento. Neste sentido, reconhecendo-se as diferenças fundamentais entre a Ciência e a Tradição, constatamos não sua oposição, mas sua complementaridade. O reencontro inesperado e enriquecedor entre a ciência e as diferentes tradições do mundo, permite pensar o aparecimento de uma visão nova da humanidade, na verdade, de um novo racionalismo, que poderá conduzir a uma nova perspectiva metafísica.*
>
> *3. Recusando-se todo projeto globalizante, todo sistema fechado de pensamento, toda nova utopia, reconhecemos, ao mesmo tempo, a urgência de uma pesquisa verdadeiramente* transdisciplinar *[grifo] numa mudança dinâmica entre as ciências "exatas", as ciências "humanas", a arte e a tradição. Neste sentido, esta abordagem transdisciplinar está inscrita em nosso cérebro pela interação dinâmica entre seus dois hemisférios. O estudo conjunto da natureza e do imaginário, do universo e do homem, poderão assim melhor nos aproximar do real e nos permitir melhor fazer face aos diferentes desafios de nossa época. (UNESCO, 1986, p. 1, grifo nosso).*

O Prof. Ubiratan D'Ambrósio (1994, pp. 5-6), signatário das *Declarações*, esclarece:

> *Claro que a transdisciplinaridade não constitui uma nova filosofia, nem uma nova metafísica, nem uma ciência das ciências e muito menos uma nova postura*

> *religiosa. Nem é, como muitos insistem em mostrá-la, um modismo. O essencial na transdisciplinaridade reside numa postura de reconhecimento que não há espaço e tempo culturais privilegiados que permitam julgar e hierarquizar, como mais correto ou mais certo ou mais verdadeiro, complexos de explicação e convivência com a realidade que nos cerca. A transdisciplinaridade repousa sobre uma atitude aberta, de respeito mútuo e mesmo humildade, com relação a mitos, religiões e sistemas de explicações e conhecimentos. A transdisciplinaridade é na sua essência transcultural.*
>
> *O conhecimento fragmentado dificilmente poderá dar a seus detentores a capacidade de reconhecer e enfrentar os problemas e situações novas que emergem de um mundo a cuja complexidade natural acrescenta-se a complexidade resultante desse próprio conhecimento transformado em ação que incorpora novos fatos à realidade, através da tecnologia.*

A *Declaração de Veneza* ampliou a credibilidade de todo um movimento científico-cultural que, dentro de um absoluto rigor conceitual, vem buscando uma humana-unidade no vasto campo do saber. Como exemplo, Heinz Weinmann, na introdução do livro *La complexité humaine*, do sociólogo Edgar Morin (1994b, p. 10), diz:

> *Edgar Morin questiona a dispersão diaspórica que afeta não somente o homem mas o saber sobre o homem, este arquipélago de ilhas "esplendidamente isoladas" que formam as ciências ditas do homem e as ciências* tout court. *Ele escuta com incredulidade esses "açougueiros*

> *disciplinares" que dizem a quem queira escutá-los, que é preciso seccionar, retalhar, destrinchar, despedaçar o corpo do Saber para explicá-lo; é preciso matar para compreender.*

A partir desse fórum, a ideia expandiu-se por meio de inúmeros encontros, culminando com o "Primeiro Congresso Mundial de Transdisciplinaridade", realizado no Convento da Arrábida, Setúbal, Portugal, de 3 a 6 de novembro de 1994, com o tema geral "A aurora de uma nova Renascença".[2]

As discussões foram sintetizadas na *Carta da Transdisciplinaridade*, a cujos artigos 1, 2 e 3 nos remetemos:

> Artigo 1: *Qualquer tentativa de reduzir o ser humano a uma mera definição e de dissolvê-lo nas estruturas formais, sejam elas quais forem, é incompatível com a visão transdisciplinar.*
>
> Artigo 2: *O reconhecimento da existência de diferentes níveis de realidade, regidos por lógicas diferentes é inerente à atitude transdisciplinar. Qualquer tentativa de reduzir a realidade a um único nível regido por uma única lógica não se situa no campo da transdisciplinaridade.*
>
> Artigo 3: *A transdisciplinaridade é complementar à aproximação disciplinar: faz emergir da confrontação das disciplinas dados novos que as articulam entre si; oferece-nos uma nova visão da natureza e da realidade.*

---

2 Organizado pela Comissão Nacional da UNESCO, pelo Grupo de Estudos da Transdisciplinaridade junto com a UNESCO e a Universidade Internacional de Lisboa, sob o patrocínio do Secretário-Geral do Conselho da Europa e do Centro Internacional de Pesquisas e Estudos Transdisciplinares (CIRET).

> *A transdisciplinaridade não procura o domínio sobre as várias outras disciplinas, mas a abertura de todas elas àquilo que as atravessa e as ultrapassa. (Freitas, Morrin, Nicolescu, 1994, p. 1).*

Complementa D'Ambrósio (1994, p. 7):

> *Eliminar arrogância, inveja, prepotência e adotar respeito, solidariedade, cooperação é a ideia de base na CARTA DA TRANSDISCIPLINARIDADE. Esse documento nada mais é que um pacto moral entre todos os homens definitivamente interessados numa nova perspectiva de futuro para a humanidade, com a identificação de muito que pode ser mudado.*

Penso que a melhor definição de "transdisciplinaridade" é formulada por Basarab Nicolescu (1995), físico-teórico, diretor do Centro Nacional de Pesquisas Científicas da França:

> *O ponto de partida para uma nova* Filosofia da Natureza *só pode ser a ciência moderna; mas uma ciência que, tendo chegado às próprias fronteiras, pede uma abertura ontológica. Essa abertura só pode dar-se por um novo tipo de abordagem científica e cultural: a* transdisciplinaridade. *Sua tarefa prioritária consiste na elaboração de uma nova linguagem, de uma nova lógica e de novos conceitos que permitam o surgimento de um verdadeiro diálogo entre os diversos ramos do conhecimento, um diálogo polifônico entre racional e "irracional", sagrado e profano, unidade e diversidade, natureza e imaginário, homem e Universo; um diálogo entre o passado e o*

> *presente, entre a Ciência, a Arte, a Tradição e todas as outras formas de conhecimento.(grifos nossos)*

Nota-se que a ênfase está na linguagem. Uma nova linguagem, uma nova lógica que possibilite a conversa entre especialistas de diferentes campos; a troca, sem medo de ter sua especificidade invadida e segurança ameaçada.

Por essa definição, quando Freud parte de seu vértice médico visando ao patológico para entender a linguagem da *histeria* e se vê, então, transportado para campos inesperados e tão aparentemente diversos, como Psicologia, Filosofia, Mitologia, Artes, Arqueologia, Etimologia, Teologia, Física, Geometria, Tradição – enfim, tudo que é humano –, está inaugurando um moderno conceito de transdisciplinaridade: a busca de uma linguagem ponte entre Consciente e Inconsciente; um sentido transcendente; ou, como teria dito David Bohm (1998, p. 31), físico e pensador, "a ordem implícita na totalidade aparentemente caótica dos eventos". Com o tempo, a linguagem disruptiva de Freud tornou-se, para nós, familiar (*heimlich*), com o risco de perdermos o estranhamento que a potencializa. Tantos outros têm buscado uma linguagem transformadora em sua própria sintaxe, entre eles, Jung, Lacan, Bion, Matte-Blanco: linguagem do cosmos, da falta, do êxito, da contradição. Linguagem cujo hermetismo só pode ser franqueado por meio da entrega pessoal à atitude clínica que ela busca exprimir.

Por que teria Bion optado – intencional e meticulosamente – por expressões como: "sem memória, sem desejo", praticamente textual no *Tao Te Ching*, de Lao-Tsé; ou o *O* (ó; zero; ou a circunferência), símbolo primordial do infinito absoluto indiferenciado, do sentido primordial, nas mais diversas cosmogonias desde a aurora dos tempos; ou ainda o místico e o *establishment*, o vazio, o infinito, o incognoscível, o não sensorial, a fé etc. As palavras falam por si, significantes polissêmicos que transcendem aos vértices possessivos dos discípulos e seguidores.

E é a partir dessa linguagem em comum que imagino um "*scenario*" transdisciplinar, inspirado pelas palavras de Freud (1921/2011, pp. 91-92):

> *Somos de opinião que a Linguagem realiza um ato de unificação inteiramente justificável ao crear a palavra "AMOR" com seus inúmeros sentidos e não faremos nada melhor do que tomá-la como base para nossas discussões e exposições científicas.*
>
> ...
>
> *Eros – aquilo que une tudo no mundo.*

Cogitations *ou* meditations

> *Imagino o que Kant pensaria se ouvisse Bion, que meditou anos a fio sobre o noumenon incognoscível, falar hoje de maneira que lembra a sabedoria budista, fazendo-nos suspeitar que o incognoscível é incognoscível porque é impensável.*
>
> Ignacio Matte-Blanco

Cogitations (1992) é o título escolhido por Francesca Bion para sua edição póstuma dos fragmentos deixados por Bion. Diz ela no prefácio: "*Cogitations* era o nome que Bion dava a seus pensamentos quando transferidos para o papel" (apud Bion, 1992, p. 7). Talvez algo como meditações transcritas. Quanto a "meditações", emprego o termo em sua acepção mais ampla, incluindo toda e qualquer prática meditativa, desde as que nos são mais próximas até aquelas que nos possam transmitir estranheza e mesmo oposição. Penso que o traço comum às várias práticas meditativas são a crença e a busca – ainda que a busca da crença – de um outro nível de realidade que acrescente sentido ao viver. Este outro nível, prenunciado pelo místico, mais sutil e generalizante (no sentido proposto por Matte-Blanco), é de difícil acesso à consciência de vigília. A meditação é uma prática pessoal que visa a abrir esse acesso pela via da serenidade e do vazio interior.

As diversas práticas meditativas se inscrevem na tradição que abrange inúmeras vertentes orientais e ocidentais numa trama complexa de relações. Quando falo em ocidental e oriental, refiro-me a uma geografia abstrata, não inclusiva nem excludente. Assim, o nome *Tao* ganha aqui um significado genérico e sintético de vertentes que vão do Vedanta ao zen-budismo e a todo o leque atual de suas manifestações.

Já a vertente mística meditativa judaico-cristã se expande do nascente ao poente. Lendariamente ela surge para a História há 3.800 anos com o *Sefer Yetsirá* (*Livro da Formação*) atribuído ao patriarca Abraão, criador dos fundamentos da Cabala. Outros momentos fundantes: o *Zohar*, de Shimon bar Yochai (séc. I), e os *Yechudim* [*Unificações*], do Rabi Isaac Luria, o Ari (séc. XVI).

É provavelmente por meio dos *Essenios*, sejam eles históricos, lendários ou míticos, que se prenuncia a bifurcação que levará de Jesus à mística cristã, fontes essenciais e ainda despojadas do poder burocrático da instituição Igreja. Essa transmissão é retomada ininterruptamente por nomes como San Juan de la Cruz, Tereza de Ávila, Jacob Boehme, Mestre Ekchart e outros.

Séculos depois, outra vertente conduz à mística-meditativa Sufi, de Maomé a Ibn-Arabi, Rumi e outros. Certamente todas essas vertentes foram informadas pela cultura primordial africana, talvez via Etiópia, Núbia e Egito, e podemos encontrar práticas semelhantes nas Américas pré-colombianas e Oceania. A meditação é, pois, um fenômeno transcultural, inerente ao ser humano, que visa a integrar à nossa usual vivência fragmentária do mundo, uma visão transcendente totalizante.

Não me proponho a exercitar articulações intelectuais e muito menos forçar uma integração entre Psicanálise e *Tao*, mas apenas sugerir aproximações possíveis – num outro nível de realidade – e projetar focos que possam iluminar e refletir suas especificidades, pois são absolutamente específicas as circunstâncias de Freud ou Bion, por um lado, e de Lao-Tsé, por outro.

De Lao-Tsé, temos um texto único, deixado como legado nas mãos de um guarda-fronteira ao relegar-se do império pelos caminhos do *Tao* aos 80 anos de idade. Cruza a fronteira e presenteia os homens com o legado de seu caminho, desapegado dele. É uma obra impessoal na sua grandeza; pode ter sido escrita por muitos homens ao longo de gerações e Lao-Tsé nem mesmo ter existido. Penso que é isso, exatamente, o que ele desejaria em relação a seu nome – não existir.

Já Freud escreve ao longo de toda sua vida suas reflexões sobre o homem, o mundo e o cosmos com o idealismo do conquistador. Desbrava territórios e, para isso, pesquisa, justifica, demonstra, prova, convence. A luta corajosa e constante pelo reconhecimento das ideias e da identidade. Nos seus escritos dos 80 anos (ou, mais exatamente, dos anos 30), ele retoma questões que se mantiveram fascinantemente presentes, não fechadas e, por vezes, contraditórias ao longo de sua obra. Seus últimos escritos me parecem essenciais para pensar essas questões, que chamo aqui de "conexões abertas" de sua obra: outras tantas mitologias, como Freud chamara a teoria das pulsões.

Seria lícito assumirmos Bion em algum lugar entre os dois? Bion nasceu na Índia, colônia inglesa. Sua maternagem foi compartilhada pela *ayah* hindu até seus 8 anos, quando deixou esse *velho continente*. Como psicanalistas, sabemos bem como esses anos foram estruturantes; tomando em consideração essa impregnação do homem Bion pelo "pensar oriental", penso que poderíamos compreendê-lo melhor. Nos esboços póstumos de *Cogitations* (1992), aparecem explicitamente citações sobre o *Tao*, o *Yin-Yang*, o ideograma chinês (por meio do estudo clássico de Fenollosa), e também o *Baghavad Gita*. Penso que as ideias bionianas se iluminam a partir de ideias taoístas, mesmo correndo o risco de criar um Bion taoísta ou um *Tao* bioniano, levado até pela proximidade terminológica e sintática entre ambos, mas esse estilo de Bion não será certamente fortuito. Poderíamos situar o momento de síntese de sua obra – numa antecipação dos seus 80 anos – ao redor de *Atenção e Interpretação* (1970/1973).

De maneira semelhante e tão diferente, esses três viajores do tempo transcenderam suas fronteiras na idade da sabedoria: Freud deixa Viena, Lao-Tsé deixa a China e Bion atravessa a "grande água"[3] em busca de um *novo continente*. Proponho percorrermos com Lao-Tsé caminhos que vão de Freud a Bion . . .

De Weltanschauugen *e* Besetzungen

Como se propõem a Psicanálise e o *Tao* nas suas respectivas inserções na cultura? Pensando nisso hoje, surpreende-me como foi forte, em outros tempos, minha convicção no que eu chamo "meu idealismo positivista". Por tanto tempo acreditei firmemente que quando o poder político fosse finalmente oferecido aos cientistas – jamais me ocorreria que eles o tomassem – a razão e a justiça prevaleceriam, e o mundo seria salvo. E eis que me deparo, tanto tempo depois, com a seguinte declaração de Freud, no seu texto "A questão de uma *Weltanschauung*" (ou "*On a Weltanschauung*", em *New Introductory Lectures on Psycho-Analysis*, 1933/1976a, p. 171, tradução livre):

3 Expressão corrente no I-Ching, podendo indicar desde uma viagem, a travessia do oceano, ou a transposição de um limiar essencial.

"Nossa melhor esperança para o futuro é que o intelecto — o espírito científico, a razão — possam no processo do tempo estabelecer uma ditadura na vida mental do homem".

O "espírito científico" norteia essa concepção de mundo, a *Weltanschauung*, que ele assim define:

> *Na minha opinião, então, a* Weltanschauung *é uma construção intelectual que resolve todos os problemas da existência uniformemente com base em uma hipótese dominante, que assim sendo, não deixa qualquer questão sem resposta e na qual tudo que nos interessa encontra seu lugar fixado. (Freud, 1933/1976a, p. 158, tradução livre).*

Freud, esse disruptor imbuído do pensar europeu de seu tempo, ressalva que, no caso da ciência, as respostas às questões ainda sem resposta estão remetidas ao futuro, mas em todo e qualquer tempo, ele alinha a Psicanálise, filha dileta, do lado da ciência: "[A Psicanálise é] uma ciência especializada . . . seria inadequado construir-lhe uma *Weltanschauung* própria: ela deve aceitar a científica" (Freud, 1933/1976a, p. 158, tradução livre).

Já o *Tao*, decididamente, assume-se como uma *Weltanschauung*, mas a define a partir de outro referencial. Uma tradução possível da concepção taoísta incluiria duas expressões: *visão de mundo* e *atitude no mundo*. Parece-me que ambas só perfazem um sentido definidor quando pensadas juntas: uma visão de mundo que conduz a uma atitude no mundo. Uma filosofia prática. Um modo de *ser*.

Percebe-se sobreposições parciais dessas definições, hachurando áreas comuns. Isto instiga à indagação se ainda se mantém, hoje, a convicção freudiana de uma Psicanálise enquadrada na *Weltanschauung* da ciência da virada do século. Como uma pergunta mais direta: não existiria, hoje, uma *Weltanschauung* psicanalítica que nos abrange – talvez pela *aceitação da falta* – como seres psicanalíticos, produtos mutantes de nossas experiências psicanalíticas?

Sabemos todos da pertinente preocupação de Freud em dar respeitabilidade científica à Psicanálise para evitar que ela fosse "mal interpretada" e sumariamente descartada pelo seu público-alvo, a comunidade científica, sua contemporânea. Para tanto, fazia-se necessário demarcar e fortificar as fronteiras com os territórios estranhos das religiões, das filosofias e mesmo das artes (Freud, 1933/1976a, pp. 160-161). Linhas fronteiriças guarnecidas de *Besetzungen*,[4] redutos, estabelecimentos militares que simbolizam posições de apego a um conhecimento científico estabelecido: bastiões avançados ante territórios inexplorados e ameaçadores. *Besetzungen*, nesse sentido estrito, seriam as teorias como posições investidas no limite aceitável pelo *establishment*. Sentimos que os termos se interpenetram – uma possível *Weltanschauung* psicanalítica certamente evolui com o constante reconhecimento e relativização das suas *Besetzungen*.

Em 1924, anos antes do texto de Freud há pouco citado, Ferenczi, em seu constante contraponto – por vezes dissonante – com a palavra de seu mestre, fala do método psicanalítico ao levar este a uma "concepção do mundo" (*Weltanschauung*?):

> *. . . o método psicanalítico . . . tornou-se um vasto sistema científico que não para de se estender progressivamente e parece levar a uma nova concepção de mundo . . . (p. 219).*

Saltando no tempo, reencontramos em Bion essas preocupações pioneiras, pois muitas de suas principais contribuições se referem à postura do analista. Mas Bion expande drasticamente o campo:

4 Freud utiliza o temo alemão de ocupação para designar o investimento da libido numa posição.

a postura do analista evolui para um sentido muito mais amplo de "atitude do analista". Seja como for, parece que nos acercamos de uma possível *Weltanschauung* psicanalítica, negativamente impregnada de "sem memória, sem desejo"; uma imersão no infinito.

E a *Weltanschauung* transdisciplinar?

Possivelmente, ela se define por uma *atitude* de respeito pela alteridade e desapego de si que resulta num absoluto incômodo diante dos preconceitos, das disputas escolásticas de poder e do racismo. Essa *atitude transdisciplinar* se articula com seus três pilares teóricos, quais sejam:

1. Níveis de realidade;
2. a lógica do Terceiro incluído;
3. a complexidade.

Em um texto recente, Nicolescu (2001, pp. 1-4, grifos nossos) expõe com muita clareza o sentido desses pilares teóricos. Transcrevo a seguir alguns trechos:

> *1. Física quântica e níveis de Realidade*
>
> *O maior impacto cultural da revolução quântica certamente levantou questões para o dogma filosófico contemporâneo da existência de um único nível de realidade. Aqui o significado que damos à palavra "Realidade" é pragmático e ontológico ao mesmo tempo. Por realidade pretendo antes de mais nada designar o que resiste a nossas experiências, representações, descrições ou formalizações matemáticas.*
>
> *Por nível de realidade pretendo designar um conjunto de sistemas que permanecem invariáveis sob a ação de certas leis gerais: por exemplo, as entidades quânticas*

estão subordinadas a leis quânticas, que divergem radicalmente das leis do mundo macrofísico. Isso quer dizer que dois níveis de realidade são distintos se, ao passar de um para outro, há uma quebra nas leis e nos conceitos fundamentais (como, por exemplo, o da causalidade). Há também fortes indicações matemáticas de que a passagem do mundo quântico ao mundo macrofísico jamais será possível. Mas nada há de catastrófico nisso. A descontinuidade que é manifestada no mundo quântico é também manifestada na estrutura dos níveis de Realidade. Isso não impede que os dois mundos coexistam. A prova: nossa própria existência. Nossos corpos são ao mesmo tempo uma estrutura microfísica e uma estrutura quântica.

Os níveis de Realidade são radicalmente diferentes dos níveis de organização. Tal como esses têm sido definidos nas abordagens sistêmicas. Níveis de organização não pressupõem uma ruptura com conceitos fundamentais: vários níveis de organização aparecem em um único e mesmo nível de Realidade. Os níveis de organização correspondem a diferentes estruturações das mesmas leis fundamentais. Por exemplo, a economia marxista e a física clássica pertencem a um único e mesmo nível de Realidade. O surgimento de pelo menos *dois níveis de realidade no estudo dos sistemas naturais é o maior acontecimento na história do conhecimento. Ela pode nos levar a reconsiderar nossa vida individual e social, dar novas interpretações ao velho conhecimento, conhecermo-nos de um modo diverso, aqui, agora.*

[...]

2. A lógica do Terceiro Incluído

O conhecimento da coexistência do mundo quântico e do mundo macrofísico e o desenvolvimento da física quântica conduziu, no nível da teoria e do experimento científico, à sublevação do que anteriormente era considerado como pares de contraditórios mutuamente exclusivos (A e não A): onda e corpúsculo; continuidade e descontinuidade; separabilidade e não separabilidade; causalidade local e causalidade global; simetria e ruptura de simetria; reversibilidade e irreversibilidade do tempo etc.

[...]

O escândalo intelectual provocado pela mecânica quântica consiste no fato de que pares de contraditórios que ela gera são atualmente mutuamente contraditórios quando analisados através do filtro interpretativo da lógica clássica. Essa lógica está fundamentada em três axiomas:

1. O axioma da identidade: A *é* A*;*

2. O axioma da não contradição: A *não é* não A*;*

3. O axioma do terceiro excluído: não há um terceiro termo T *que é ao mesmo tempo* A *e* não A.

De acordo com a hipótese de um único nível de Realidade, o segundo e terceiro axiomas são obviamente equivalentes. O dogma de um único nível de realidade, arbitrário como qualquer dogma, está tão instalado em nossas consciências que mesmo lógicos profissionais se esquecem de dizer que esses dois axiomas são, na verdade, distintos e independentes um do outro.

Se aceitarmos essa lógica que, afinal, imperou por dois milênios e continua a dominar o pensamento de hoje

> *(particularmente nas esferas política, social e econômica), chegamos prontamente à conclusão de que os pares de contraditórios sugeridos pela física quântica são mutuamente exclusivos, porque não se pode afirmar a validade de algo e seu oposto ao mesmo tempo: A e não A.*
>
> *[...]*
>
> *Nosso entendimento do axioma do terceiro incluído (há um terceiro termo T que é ao mesmo tempo A e não A), é completamente esclarecida quando a noção de níveis de "Realidade" é introduzida.*
>
> *[...]*
>
> *Se permanecemos em um único nível de Realidade, todas as manifestações aparecem como uma luta entre dois elementos contraditórios (exemplo: onda A e corpúsculo não A). A terceira dinâmica, aquela do estado T, é exercida em um outro nível de realidade, no qual o que aparece como desunido (onda ou corpúsculo) está de fato unido (quanton), e o que aparece como contraditório é percebido como não contraditório.*
>
> *[...]*
>
> *A total diferença entre a tríade do terceiro incluído e a tríade hegeliana é clarificada pela consideração do papel do tempo. Na tríade do terceiro incluído, os três termos coexistem no mesmo momento no tempo. Ao contrário, cada um dos três termos da tríade hegeliana sucede o anterior no tempo. Esse é o motivo pelo qual a tríade hegeliana é incapaz de efetuar a reconciliação dos opostos, enquanto a tríade do terceiro incluído é capaz de fazê-lo. Na lógica do terceiro incluído, a tensão entre*

> *contraditórios constrói uma unidade que inclui e vai além da soma dos dois termos.*
>
> *[...]*
>
> *A lógica do terceiro incluído não abole a lógica do terceiro excluído: ela apenas restringe sua esfera de validade. A lógica do terceiro excluído é certamente válida para situações relativamente simples. Por outro lado, a lógica do terceiro excluído é prejudicial nos casos complexos e transdisciplinares.*

Reitero, então, a contribuição de Freud à história do conhecimento pela postulação do *Inconsciente* como um outro nível de realidade.

Talvez o termo que melhor explicite a intenção freudiana seja *aconsciente*. No caso, o prefixo *a* deriva do prefixo grego *alfa privativo*, que conota um sentido de *além*, de *transcendência*. Portanto não um prefixo *in*, que conota uma negação no mesmo nível de realidade, mas *a*: além do nível de realidade consciente.

Um *aconsciente* no qual o que é contraditório para a lógica aristotélica consciente vive uma conciliação abrangente pela característica fundamental do Inconsciente freudiano: a ausência do princípio de não contradição.

Esse é o ponto de partida da obra inovadora de Ignacio Matte-Blanco: a busca das leis estruturantes dessa outra lógica contraditória e paradoxal que ele denominou "lógica simétrica" e que, associada à nossa lógica habitual consciente, no engendra como seres *bi-lógicos* ou *bi-modais*: diferentes níveis de realidade ou *modos de ser*.

Talvez a *atenção flutuante*, a "sem memória, sem desejo" da Psicanálise e o *desapego* das filosofias tradicionais possam se encontrar numa unidade provisória no *nível de realidade aconsciente*. Lembremos, porém, que uma consequência imediata da visão transdisciplinar de *complexidade* é aceitarmos a inexistência de uma teoria unificada e simplificadora do complexo infinito dos níveis de realidade: o conhecimento será uma obra aberta para todo o sempre.

Freud, Bion e Lao-Tse

O *Tao* enquanto filosofia prática não se esgota na decodificação intelectual do I-Ching e dos textos de Lao-Tsé, Chuang-Tse, entre outros. Muitos dos sentidos dos textos referem-se a experiências vividas na mente-corpo de quem escreve, resultado de uma prática pessoal de meditação. Portanto, para compartilhar da essência do que está escrito é indispensável compartilhar da vivência pessoal da meditação. A compreensão pressupõe uma experiência comum – ou seja, uma iniciação. Reiterando as especificidades penso que se dá o mesmo efeito na Psicanálise. A análise pessoal – qualquer uma desde que reconhecida pelo outro – é a iniciação, a experiência comum, a cumplicidade. Em termos bionianos, o "ser psicanalítico" seria produto do "ato de fé" que o impregna a partir da iniciação.

Falemos então de meditação e, mais particularmente, *meditação taoísta*. A palavra usual para denominar essa volta para dentro, meditação, já nos coloca problemas. Ela se impôs pelo uso, é uma palavra bonita e a estética é indispensável. Meditação desperta, porém reverberações de "pensamento", que é exatamente o que ela não é. Ainda que pensamento mais solto, meditativo, cismarento: "*ensoñación*" (com seu til esvoaçante) ou "*rêverie*" (ah, circunflexo!). Devaneios derivados do sonho. *Rêverie* que estende sobre nós sua penumbra de associações nas quais reverberam vértices tão singulares e plurais como a *rêverie* de Schumann ou a *rêverie* de Bion. Vale lembrar que Meditação e Medicina derivam da raiz latina "*mederi*" (curar e medir). Isto reflete uma visão da saúde (física e mental) como resultado de um estado de "justa medida" interna de todas as partes e processos.

O nome taoísta para essa prática meditativa é "sentar na calma". Penso que ele define bem o que se pretende: alcançar um estado de serenidade. Esta é a condição inicial e básica para que algo mais aconteça. E como aferi-la? *Pelo coração*, privilegiado órgão sensorial de emoções. *Sentir* num nível corporal amplo que o coração está calmo, o peito vazio. Dar-se conta dessa serenidade possível, oposta, por exemplo, a uma sensação de cavalos em galope. A serenidade é a condição propiciadora e o silêncio é o instrumento para se atingir o vazio, finalidade da meditação. Esvaziar a mente da palavra sabida, criando um vácuo que atraia o que não se sabe. É como reinterpreto a *rêverie* de Bion — um acolhimento propiciatório à criação do novo no outro — e em nós — a partir de uma postura vazia de pressupostos. Não nos apresentarmos saturados (sempre nos termos bionianos) ante a palavra do outro, ou da nossa.

Na procura desse vazio experiencia-se a observação dos próprios pensamentos, de fora. Vamos acompanhando-os conforme passam por nós, sem maiores envolvimentos. Repentinamente, estamos vivendo dentro deles; fomos apanhados, perdemo-nos. Tão subitamente como embarcamos, saltamos e nos sentimos novamente espectadores interessados no trem de pensamentos que passa. Um jogo sutil entre o pensador e os pensamentos.

Um analisando me conta: "Assisti àquele filme de terror, *Cape Fear*, você sabe? Puxa, tem momentos que o filme me tomou, que coisa incrível, um pesadelo, mas nas cenas finais o diretor inventa uns movimentos da câmera, girando, que, olha, não me convenceu!"

Desperto do terror, ele enfatiza, pela crítica, sua nova posição de espectador.

Das pequenas pausas, nas passagens entre diferentes pensares, emerge o vazio. Percebemo-lo, registramos essa impressão insólita e nos habituamos devagar. Resta exercitar. Para isso há muitos caminhos. Estilos originais, mas a finalidade é a mesma. Muitos se valem da própria palavra, um mantra, para neutralizar a palavra, mas, como diz Krishnamurti (1995):

> *A mente deve estar completamente vazia para poder receber . . . uma mente ocupada cria aquilo de que se ocupa (p. 56).*
>
> *Sem pensamento não há pensador . . . o pensamento é a continuação do passado e aquilo que continua não pode ser livre (p. 156).*

Bion coloca essa questão de maneira incisiva com sua postulação do "sem memória, sem desejo", expressão textual do *Tao Te Ching*, respeitados os problemas de tradução. Claro que tudo isso remete para a "atenção livremente suspensa" de Freud. Trabalhamos com pedaços de vidas alheias; na visão taoísta, para que possamos captá-los devemos antes nos desapegar de nossos próprios pedaços, mesmo que na intenção – já é o bastante. Algo a ver com o poema poema 13 do *Tao Te Ching* de Lao-Tsé, aqui na versão de Huberto Rohden (2020, p. 34):

> *Favor e desfavor geram angústia.*
> *Honras geram dissabores para o ego.*
> *Por que é que favor e desfavor geram dissabores?*
> *Porque, quem espera favor paira na incerteza.*
> *Sem saber se o receberá.*
> *Quem recebe favor, também paira na incerteza:*
> *Não sabe se o conservará.*
> *Por isto causam dissabor*
> *Tanto o favor como o desfavor.*
> *Por que é que as honras geram dissabor?*
> *Todo dissabor nasce do fato*
> *De alguém ser um ego.*
> *E não é possível contentar o ego.*

Se eu pudesse libertar-me do ego.

Não haveria mais dissabores.

O eixo do poema é o *desapego*. Desapego de honras e tragédias, graça e desgraça. Desapego de si mesmo; do que aparece nessa tradução como ego, mas cuja raiz original poderia ser transcriada para corpo, personalidade, *self*, eu etc. Fatores que individualizam, podendo unir ou separar o indivíduo do todo a que pertence. Para o *Tao*, o desapego propicia uma inserção equilibrada do homem no universo. Se concordamos que equilibrar as próprias energias é uma contribuição ao equilíbrio universal, esse efeito harmonizador se dará ainda mais fortemente no entorno próximo à pessoa – algo como um gradiente energético. Isto nos remete novamente à *rêverie* de Bion, *holding* de Winnicott e outras aproximações. Um equilíbrio – chamemos de energético interior – que o outro capta e sente como acolhimento. Dito de outra maneira, um equilíbrio interior menos instável ante os estímulos dos desequilíbrios exteriores.

A questão suscita inquietações. É viável para um analista assumir o "sem memória, sem desejo", a não seletividade da atenção flutuante, o desapego de compreender (controlar?), apenas dentro do consultório, limitá-lo ao *setting* sem que esta atitude já tenha se originado e permeado antes toda uma atitude de desapego no mundo? Desapego de compreender, de curar, de favores e desfavores . . .

Propomos uma ficção: se fosse possível, teórica e simplisticamente, o desapego total da própria história, ela se reconstruiria como parte de algo universal e mais amplo e, portanto, sem importância maior em si mesma. Desfariam-se traumas passados, ressentimentos, expectativas e compromissos; talvez mesmo repressões, cisões, negações, sintomas. Sintomas pensados como apegos a uma anatomia imaginária.

Ao postular o Inconsciente, Freud relativiza o Consciente, que perde, assim, sua importância totalizante e pode então ser repensado.

De maneira semelhante, ele chega às suas "Construções em análise" (1937/1975) visando a criar alternativas para a "história oficial", que determinou o analisando até então. Não pretende redescobrir a história verídica do outro, mas, sim, relativizar aquela que era julgada única e com isso expandir possibilidades. O que era tido como absoluto – e, portanto, imutável – torna-se relativo e mutável. Desestruturam-se e reconstroem-se as "relações estruturais entre fatos". É a função do *koan* – romper o campo da lógica habitual para que o novo surpreenda. Assim, também, a mudança catastrófica de Bion ocorre não nos conteúdos, mas nas regras de relação, nos vínculos. Talvez dela resultem vínculos mais desapegados.

O vazio mental pode ser pensado como um desapego aos pensamentos. Assim como o Inconsciente rompe a identificação do homem com seu Consciente, o vazio mental aponta uma outra condição que relativiza o fluxo de nossos pensamentos; não nos confundimos mais com este fluxo, que se torna então menos importante e mais vivenciável. Fica a pergunta: Será que essa outra qualidade de consciência gerada na meditação, silenciada de palavras e pensamentos, propiciaria trânsito mais livre entre as virtuais instâncias das tópicas freudianas?

Paradoxos

O TAO que se pode conhecer não é o verdadeiro TAO.[5]

Ou seja, tudo é muito simples. Tão radicalmente simples que se torna complicado tentar explicá-lo. Porque, na verdade, não há o que explicar – é tão abstrato que não se pode concretizá-lo sem perdê-lo. Está no limite da palavra e da não palavra. Ainda assim, *Tao* tem sido aproximado a caminho, pé e cabeça, união céu e terra,

5 Outra versão da epígrafe que abre este texto.

sentido, providência, verdade, divindade, o absoluto, a essência, o infinito, o inefável . . . Compreende-se, então, que só a linguagem poética poderia dar conta da multiplicidade aberta dos sentidos possíveis do *Tao*. Ele se expressa por meio do *Yin-Yang*, uma relação de duas qualidades. Qualidades possivelmente energéticas que não existem separadamente, mas sempre como fatores dessa relação. Uma dualidade unitária: o um representado pelo dois, daí nasce o três (a relação entre um e dois) e as "dez mil coisas", expressão taoista para denominar a totalidade das representações. Lembramos que "três" e "trans" derivam da mesma raiz etimológica.

Em relação ao *Yin*, o *Yang* se apresenta como fogo, ativo, movimento, masculino, branco, luz, calor, céu, criativo etc. Em relação ao *Yang*, o *Yin* se apresenta como água, passivo, imobilidade, feminino, negro, sombra, frio, terra, receptivo etc. Não existe uma valoração comparativa de qualquer dessas qualidades. São todas igualmente boas e importantes – sua relação é o que importa.

Conceitualmente, o *Yin-Yang* é uma formalização matemática do processo infinito de mutações que constituem a totalidade da vida cósmica. Nessa formalização, o *Tao* não corresponde a uma simples soma algébrica de quantidades opostas, mas a uma permanente busca do equilíbrio mutante entre fatores mutantes no espaço-tempo: o "caminho de menor resistência".

Em *Analysis terminable and interminable* (Análise terminável e interminável) (1937/1964, p. 245) Freud diz:

> *Não é uma questão da antítese entre uma teoria otimista ou pessimista da vida. Apenas a ação concernente ou mutuamente oposta das duas pulsões primárias — Eros e pulsão de morte. Nunca através de uma ou outra isoladamente podemos explicar a rica multiplicidade de fenômenos da vida.*

> *Como partes dessas duas classes de pulsões se combinam para cumprir as várias funções vitais, sob que condições estas combinações se afrouxam ou se rompem, a que perturbações essas mudanças correspondem e com que sentimentos a escala perceptiva do princípio do prazer responde a elas — esses são problemas cuja elucidação seria a mais gratificante realização da pesquisa psicológica.*

Freud enfatiza a ação conjunta das duas pulsões, mas, ainda assim, tendemos a pensá-las como entidades separadas com qualidades opostas. Assim, Eros remete a movimento, reprodução, vida, coisa boa, e Thanatos remete à imobilidade, regressão, destrutividade, coisa ruim. Já na aparente dualidade taoísta *Yin-Yang*, temos um modelo de polaridade no qual nenhum dos dois polos se reveste de um "mau caráter". Ambos são amáveis dentro de limites adequados. Vale pensar se na polaridade freudiana existe realmente um polo "mau" ou se é o desequilíbrio entre os polos que conduz a essa "mau-dade". A imagem do *Yin-Yang* está representada no símbolo do *Tai-chi*.

Figura 6.1: Yin-Yang. Fonte: iStock.

A imagem sugere um movimento, lento talvez. O peixe (como é chamado coloquialmente) branco, tem um olho preto: é o *Yang* em cujo centro está a essência do *Yin*, e vice-versa. O *Yang* se inicia na parte inferior da figura, num ponto de tangência entre duas semicircunferências, uma *Yin* e outra *Yang*; cresce em área à medida que se eleva, e na sua máxima extensão transita através de outro ponto de tangência para a gênese do *Yin* no ponto superior do círculo externo. É um processo literalmente circular. É a eterna mutação entre *Yang* e *Yin*. O *Yang* velho se torna *Yin*, o *Yin* velho se torna *Yang*. Tudo que é excessivo regride no seu avesso – esse é o ciclo de todas as coisas, incluindo o homem. A música clássica hindu se propõe como o "fundo musical do momento vivido" (Koellreutter, 1994) e talvez possamos pensar assim também o *Yin-Yang*: a expressão energética do momento vivido, o que nos lembra a visão quântica da interrelação cósmica da energia.

O *Tao* representa, de certo modo, um ideal de equilíbrio nesse campo energético, sugerindo que há um limite bom para todas as coisas. O bom não é nem muito-muito, nem pouco-pouco. Dinheiro demais, progresso demais, movimento demais não é bom. Podem produzir desequilíbrios sentidos em outras áreas, pois tudo se relaciona, e o excesso evolui para seu oposto. As relações são mais amplas e os tempos dos processos também. Assim, a expectativa imediata de resultados se relativiza. Passam a ser considerados processos com duração suficientemente longa para que seus efeitos nos escapem no tempo cotidiano. E o tempo está indissoluvelmente ligado à economia das emoções. Basta lembrar como o gradiente temporal das presenças e ausências maternas modula economicamente a estrutura emocional do homem, pensado psicanaliticamente. A não ação, ou seja, o desapego é talvez a atitude prática fundamental do *Tao*. Construção da singularidade pelo desapego ao sentido individual possibilitado pelo sentimento de pertencer ao todo. É claro que desapego remete a apego: apego às coisas, às paixões. Apego à posse do que se tem e ambição pelo que ainda não se tem. Uma voracidade de posse, bem no sentido psicanalítico do termo.

Narcisismo e cosmicidade

> *A vida pré-natal da criança é pura associação natural, um fluir de um para outro, uma reciprocidade corporal. . . pois o ventre no qual habita não é unicamente aquele da mãe humana . . . no ventre da mãe o Homem conhece o universo e esquece-o ao nascer.*
>
> Martin Buber (*apud* Bion, 1989)

Narcisismo primário, autoerotismo, estado anobjetal, identificação primária, individuação, pré-verbal, princípio do prazer, pulsão de vida, pulsão de morte, inveja primária, pele, pré-natal, intrauterino, o feto, a concepção, herança arcaica, Inconsciente coletivo!

Mas, afinal, o que se passa na cabeça de um bebê? É só Id? Tem Ego? E Super-Ego? Desde quando?

Os dados utilizados por Freud são obtidos, principalmente, nas análises de adultos e processados de maneiras diferentes, ou até opostas, no decorrer de sua construção da teoria psicanalítica. Apesar de sua admirável coerência interna, suas formulações a respeito não deixam de ser "ficções teóricas" viáveis, cujos méritos decorrem, em boa parte, da maior ou menor eficácia explicativa para os fenômenos da clínica. Sob esse viés, é fascinante acompanhar por meio da cronologia dos escritos de Freud e Ferenczi o já citado contraponto entre suas visões pessoais e as respectivas ficções teóricas que elas produziam.

Na procura de novos dados factuais, as análises têm sido estendidas a idades mais precoces. Além do limite onde elas são exequíveis, partiu-se para a observação da relação mãe-bebê e o interesse pelas pesquisas sobre vida intrauterina e comportamento fetal, chegando-se ao mecanismo da concepção e pré-concepção. Apesar das contribuições de tantos estudiosos dedicados, continuamos diante do mistério, e as diferentes teorias defendidas a respeito correm o risco de embutirem um preconceito ideológico, talvez uma *Weltanschauung*, própria de seu autor. Isto parece-nos inevitável, mas, desde que assumida, essa contingência pode ser um mérito, mais que um defeito. Elas retomam a interminável discussão filosófica e teológica: o homem nasce naturalmente bom e é depois corrompido ou já traz em si o gérmen da maldade? Questão recolocada nas várias visões psicanalíticas de pulsão de vida e pulsão de morte, que reproduzem em parte o "olhar" ou o "estilo" de seus autores.

Entre as possíveis "ficções teóricas", alguns imaginam um bebê autorreferente imerso no princípio do prazer propiciado pela ausência de estímulos externos. Gradualmente, de negação em negação, ele aceitaria o desprazer da realidade guiado pela maternagem que o humaniza por meio de uma relação de objeto adequado. Essa concepção implica um bebê solitário, totalizante em si, que é "surpreendido" pelo vínculo materno e com ele desenvolve sua identificação primária. Num outro momento ele se integraria, de maneira frustrada, na cultura por meio da lei paterna. A inadequação desses vínculos primitivos provocaria a exacerbação da pulsão de morte e/ou inveja primária e consequentes regressões. Nesses saltos sobre o desconhecido uma possível rede reasseguradora dos objetos transicionais. Talvez não existam sentimentos "maus" *a priori* – seriam criados pelo acolhimento deficiente dos self-objetos. Essas são apenas amostras, retalhos de teorias de que me sirvo para compor um cenário parcial dessa mitologia narcísica, pois as variações sobre o tema são infindáveis. Mas há mais; onde se encaixa nesse cenário a Herança Arcaica, irmã relutante do Inconsciente coletivo?

Freud incorpora a Herança Arcaica à sua teoria com absoluta convicção, e a partir daí se abre para outras indagações. Como se transmite essa herança? Geneticamente? Ou por experiências vividas durante a pré-concepção, concepção, gestação, cesura, infância etc.? Na Conf. XXXI das *Novas Conferências Introdutórias* (*ou New*

Introductory Lectures on Psycho-Analysis), Freud (1933/1976a, tradução livre) diz: "O super-ego da criança é, de fato, construído sobre o modelo . . . do super-ego dos pais". Ou seja, a filogenia se anuncia nessa sucessão generacional ilimitada de transmissões superegoicas.

Propomos uma ficção: se fosse possível, teórica e simplisticamente, o desapego total da própria história, ela se reconstruiria como parte de algo universal e mais amplo e, portanto, sem importância maior em si mesma. Desfariam-se traumas passados, ressentimentos, expectativas e compromissos; talvez mesmo repressões, cisões, negações, sintomas. Sintomas pensados como apegos a uma anatomia imaginária. Ao postular o Inconsciente, Freud relativiza o Consciente, que perde, assim, sua importância totalizante e pode então ser repensado. De maneira semelhante, ele chega às suas "Construções em análise" (1937/1975) visando a criar alternativas para a "história oficial", que determinou o analisando até então. Não pretende redescobrir a história verídica do outro, mas, sim, relativizar aquela que era julgada única e com isso expandir possibilidades. O que era tido como absoluto – e, portanto, imutável – torna-se relativo e mutável. Desestruturam-se e reconstroem-se as "relações estruturais entre fatos". É a função do *koan* – romper o campo da lógica habitual para que o novo surpreenda. Assim, também, a mudança catastrófica de Bion ocorre não nos conteúdos, mas nas regras de relação, nos vínculos. Talvez dela resultem vínculos mais desapegados.

O vazio mental pode ser pensado como um desapego aos pensamentos. Assim como o Inconsciente rompe a identificação do homem com seu Consciente, o vazio mental aponta uma outra condição que relativiza o fluxo de nossos pensamentos; não nos confundimos mais com esse fluxo, que se torna então menos importante e mais vivenciável. Fica a pergunta: será que essa outra qualidade de consciência gerada na meditação, silenciada de palavras e pensamentos, propiciaria trânsito mais livre entre as virtuais instâncias das tópicas freudianas?

Conteria essa herança conteúdos e/ou estruturas primordiais (pulsionais?) comuns a toda a humanidade acrescidos de conteúdos e/ou estruturas culturais matizadas pelas diferentes comunidades? Seria uma transmissão de Inconsciente para Inconsciente? Note que Freud (1941/1976d) também admite incondicionalmente a telepatia. Ele não pode prescindir dela para explicar experiências vividas com seus pacientes. Formulada como uma função mental ainda a ser investigada, a telepatia ainda cabe nos limites da sua ciência da alma: a comunicação não discursiva entre Inconscientes. A telepatia seria um baluarte (*Besetzung*) psicanalítico nas fronteiras mal demarcadas com a religião, o místico e o mágico. Mas, com isso, ele abre o território psicanalítico irreversivelmente para outras possibilidades, pois, se admitimos possível essa comunicação entre duas almas (*Seele*) próximas por meio do espaço, podemos também considerar a possível captação por uma mente individual das mensagens de uma mente coletiva presente ou passada, na direção da herança arcaica.

Falamos de telepatia, herança arcaica, produção do ego, narcisismo, Inconsciente. Ou seja, exatamente algumas das "conexões abertas" a que me referi anteriormente ao citar Freud (1937/1974, p. 277): ". . . esses são problemas cuja elucidação seria a mais gratificante realização da pesquisa psicológica". Elucidação sabidamente difícil, pois os problemas se referem a questões primordiais do homem em seu meio e seu todo.

O *Tao* tem sua visão sobre algumas dessas questões. Como disse, ele atribui ao homem qualidades de um receptor sensível às configurações mutantes dos padrões de equilíbrio energético cósmico e se vale de treinamentos para aguçar essa sensibilidade. As energias que circulam pelo homem seriam de duas categorias: a pré-natal e a pós-natal. A primeira, congênita, recebida dos pais e da totalidade universal, e a segunda recebida nos contatos com a humanidade e seu mundo, na respiração, na alimentação, nos movimentos musculares etc. A energia pré-natal seria uma forma superior, o bebê integrado ao cosmos, anterior à degradação inevitável. Sentado na calma, procuramos nos religar a esse estado primordial, para regenerar nossos processos vitais, retardando e ressignificando a degradação do corpo. Observa um taoísta que o nenê nasce com o corpo e a mente flexíveis, e o ancião morre enrijecido. A flexibilidade está mais do lado da vida; a rigidez, mais do lado da morte.

Essa colocação precede de milhares de anos à postulação de nossa *segunda lei da termodinâmica*: "A energia tende a se degradar em parcelas menores e menos utilizáveis, as concentrações tendem a se dispersar, a estrutura tende a desaparecer". Ou, numa formulação ecológica: "A desordem do Universo aumenta cada vez mais" (Ehrlich P; Ehrlich A, 1974, p. 74). É importante assinalar que esse destino inescapável em direção ao caos não conduz à anulação, à morte, desde que haja uma recuperação do degradado por meio de uma ressignificação da entropia, ou seja, uma outra concepção do utilizável. Em outras palavras, a aceitação do caos como uma outra forma de organização, o que está acontecendo contemporaneamente na Física e talvez na Epistemologia. O sentar na calma visa, então, a reduzir o ritmo de degradação inevitável por meio do equilíbrio possível, conduzindo à longa vida, requisito indispensável à iluminação. Uma alternativa à opção demoníaca de Fausto diante da "*Ars Longa Vita Brevis*". É claro que esse cuidado consigo mesmo é inseparável do cuidado ecológico com o meio e o todo.

Mas, voltando ao bebê, certas ficções teóricas parecem juntar "acomplamentos taoístas" às "conexões abertas" de Freud. Por exemplo, quando Donald Meltzer, em *Studies in Extended Metapsychology: Clinical Applications of Bion's Ideas* (2011), propõe um bebê com total capacidade de apreensão da beleza do mundo, a ser acolhido como objeto estético por sua mãe. Bachelard (1988, p. 121-122) propõe uma ficção próxima a essa:

Assim, . . . recolocada no cosmos dos grandes arquétipos que estão na base da alma humana, a infância meditada é mais que a soma de nossas recordações. Para compreender nosso apego ao mundo há que agregar a cada arquétipo uma infância, nossa infância. Não podemos amar a água, o fogo ou a árvore sem colocar nisto uma amizade, um amor que remonta à nossa infância. Os amamos desde nossa infância. Todas essas belezas do mundo, quando agora os amamos no canto dos poetas, as estamos amando numa infância reencontrada, em uma infância reanimada a partir dessa infância latente em cada um de nós.

Sem infância não há verdadeira cosmicidade. Sem canto cósmico não há poesia. O poeta desperta em nós a cosmicidade da infância.

. . .

Graças ao poeta nos convertemos em puro e simples sujeito do maravilhar-se.

Muitos nomes próprios vêm ferir, molestar e desviar o bebê anônimo das soledades. Na própria memória, vêem demasiados rostos a impedir-nos de recuperar as recordações das horas em que estávamos sós, muito sós, no profundo fastio de estar sós, também livres para pensar no mundo, livres para ver o sol poente, a fumaça que sobe de um telhado, todos estes grandes fenômenos que vemos mal quando não estamos sós para vê-los.

. . .

Quando somos crianças nos mostram tantas coisas que perdemos o sentido profundo de ver.

. . .

Que ser cósmico é um bebê sonhador!

Nos anos 1950, Federn (apud Eigen, 1992, p. 13) propõe um eu primordial sem fronteiras: "o eu sendo primeiramente cósmico, o sentimento do eu é infinito e está em todo lugar."

Tomando estas teorias ficcionais como modelos, cada um de nós poderá construir sua própria. Por exemplo, o bebê não nasce solitário, mas solidário ao cosmos. Ele está prazeroso não porque se sente completo em si mesmo, mas porque se sente parte de uma estrutura mais ampla, universal, à qual pertence: um sentimento de "pertinência" e acolhimento. Ele conta com isso por já ter a "pré-concepção" da cosmicidade e, dentro dela, da humanidade. Penso que esse "vértice" empresta sentidos possíveis à "pré-concepção" bioniana. Sentidos que brotam em nós evocativamente como "penumbra de associações" ante o significante "pré-concepção".

Mas essa outra ficção produz desdobramentos. O Narcisismo primário deixa de ser uma pura negação da "realidade", um paraíso perdido, cuja busca levaria à alienação dela, mas adquire contornos de um "paraíso recuperável". Isto passa, por um lado, pela desalienação do modelo de "realidade" e, por outro, pela religação a esta outra forma de estar no mundo; sentir-se parte dele no reconhecimento de uma experiência já vivida – uma pré-concepção. Um lugar para se reconhecer e reorganizar no confronto com a hostilidade do desequilíbrio no mundo.

Os pais ficariam relativamente relativizados como instrumentos objetais da dependência primária. Poderíamos até imaginá-los em duas supostas categorias: exclusivos e pertinentes. Pais exclusivos cobram seu papel provedor e exigem a posse. Para tanto, caricaturam as diferenças: "os outros são os estranhos que mobilizam nossas defesas, mas nós somos teus iguais e protetores; em troca, você nos deve teu desejo". Talvez aí se produza a cesura com o paraíso possível, que nos inclui. Pais pertinentes se assumem como instrumentos, partes do todo. Fazem sua parte e, em contrapartida, esperam o que é devido a cada parte. Como no poema de Gibran, entregam os filhos, preservando a pré-concepção narcísica de um mundo "objeto-bom", propiciadora do "sentimento oceânico", em torno do qual debateram Freud e Romain Rolland.

Do inquieto oceano da multidão
Veio a mim uma gota gentilmente
suspirando:
— Eu te amo, há longo tempo
fiz uma extensa caminhada apenas
para te olhar, tocar-te,
pois não podia morrer
sem te olhar uma vez antes,
com o meu temor de perder-te depois.
— Agora nos encontramos e olhamos,
estamos salvos,
retorne em paz ao oceano, meu amor,
também sou parte do oceano, meu amor,
não estamos assim tão separados,
olhe a imensa curvatura,
a coesão de tudo tão perfeito!
Quanto a mim e a você,
Separa-nos o mar irresistível
Levando-nos algum tempo afastados,
Embora possa afastar-nos sempre:
Não fique impaciente — um breve espaço —
E fique certa de que saúdo o ar,

A terra e o oceano,
Todos os dias ao pôr-do-sol
Por sua amada causa, meu amor.

Walt Whitman[6]

6 Tradução de Geir Campos.

7. E depois de Bion? Pensamento complexo e atitude clínica em psicanálise[1]

Em algum canto da mente

Assisti, recentemente, a uma interessante palestra de Elizabeth Bott Spillius, sempre jovial e entusiasta expoente da tradição kleiniana. O tema era "a inveja", conceito fundamental na teorização kleiniana, e ela fez uma exposição bastante didática na qual propôs uma categorização geral de inveja em dois tipos básicos, inveja comum e inveja ressentida, a partir das quais enumerou diversas subcategorias esquemáticas, dependendo da disposição psíquica de quem dá e de quem recebe algo de valor. Vale lembrar que a aproximação kleiniana entre a relação psicanalítica e a relação primordial mãe-bebê atende a um modelo geral de relação assimétrica no qual há alguém que dá e alguém que recebe. A partir desse modelo, aquele que recebe, mesmo dependendo da disposição afetiva de quem dá, estaria inevitavelmente sujeito a uma atitude ambivalente de gratidão e inveja.

1 In *Panorama*. São Paulo: SBPSP, 2003.

Ora, se pensarmos a relação mãe-bebê em termos bionianos de continete contido (Bion, 1962), podemos imaginar uma relação mais simétrica: a mãe como continente da "bebeidade" do bebê, e o bebê como continente da "maternidade" da mãe, ambos pensados como pré-concepções (Bion, 1962) filogenéticas. Também na relação psicanalítica podemos pensar numa simultaneidade recíproca da relação continente-contido englobando a doação de um saber, a disponibilidade para aprender, o tempo investido de parte a parte, o pagamento em dinheiro, a relação afetiva etc. Isso nos conduz a modelos muito mais complexos e provavelmente só possíveis de serem "pensados" a partir de uma visão contemporânea proposta pela teoria da complexidade.

A seguir a conferencista apresentou dois casos clínicos nos quais a inveja aparecia em suas diversas categorias como um fio condutor explicativo das reações emocionais dos analisandos na experiência psicanalítica vivida. Nesse momento ela ressalvou, com ênfase, que procurava deixar seus pressupostos teóricos num "canto da sua mente", pois, se os deixasse na "frente da mente", poderia distorcer os fatos observados para encaixá-los na sua visão teórica. É exatamente esse momento de sua fala que me interessou particularmente, e estou usando como introdução a este meu ensaio. O problema não é novo e tem sido amplamente discutido em praticamente todos os ramos do conhecimento desde a Filosofia, Sociologia, Antropologia – antes de dedicar-se à Psicanálise, Spillius construiu uma reconhecida carreira na antropologia – até as anteriormente chamadas "ciências exatas".

Surge imediatamente a questão: que "canto da mente" é esse ao qual ela se refere? Parece-me que não pertence ao território consciente ou pré-consciente, pois ambos compartilham da mesma lógica simbólica e, portanto, ainda que o analista mobilizasse uma disciplina ativa, não conseguiria impedir que sua escuta estivesse contaminada pelas suas posições teóricas; ou seja, o risco de atribuir à inveja primária a motivação de todas as manifestações do analisando, ou melhor dizendo, da dupla. Penso que o problema se agrava quando existe, da parte do analista, uma adesão assumida por uma corrente teórica, principalmente quando essa se contrapõe ideologicamente a outras con-correntes, tornando-se bandeira a ser defendida e difundida. É extremamente tentador encontrar um caminho de certezas que norteie a prática de qualquer disciplina, mormente a desnorteante prática psicanalítica. E a Psicanálise tem se constituído um pensamento pioneiro a questionar a causalidade determinista, a divisão dos saberes, a lógica clássica não contraditória que nos legou Aristóteles, enfim, as certezas, ainda que provisórias do pensamento tradicional dedutivo-indutivo. Cito David Bohm (1998, p. 25), renomado físico colaborador de Einstein:

> *Ora, se não estivermos conscientes de que nossas teorias são formas de* insight *sempre em transformação, proporcionando molde e forma à experiência em geral, teremos uma visão limitada. Isso pode ser expresso assim: a experiência com a natureza assemelha-se muito à experiência com seres humanos. Se alguém se aproxima de um outro homem com uma "teoria" fixa a respeito dele, como um "inimigo" contra o qual é preciso se defender, esse homem responderá da mesma maneira e, portanto, a "teoria" será, aparentemente, confirmada pela experiência.*
>
> *De maneira semelhante, a natureza responderá de acordo com a teoria com a qual foi abordada.*

Para procurar em que canto da casa guardamos algo, temos que ter uma ideia, ainda que esquemática e aproximada, da planta da casa, da disposição e das potencialidades dos espaços. É claro que, no caso da "mente," o problema é muito mais complicado, pois trata-se de espaços simbólicos com diferentes códigos lógicos ou níveis de realidade. Simplificando novamente, uma casa com vários andares não comunicáveis diretamente entre si; ou seja, para localizar esse "canto da mente", teremos de imaginar um modelo topológico-funcional.

Bem, utilizei as expressões – complexidade, diferentes lógicas, níveis de realidade – tentando uma aproximação com uma situação paradoxal que escapa a explicações simples. Emprestei esses termos da atual mudança de paradigmas, ou melhor dizendo, de *fluxos paradigmáticos*, que envolve todas as áreas do conhecimento: *o pensamento complexo.*

Pensamento complexo

O pensamento complexo é uma característica essencialmente humana. Basta pensar na complexidade de um pensamento espontâneo ou de uma cadeia de livres associações.

> *A computação mais vertiginosa é menos complexa que a mínima ternura (Morin, 1994b, p. 339, tradução livre).*[2]

Freud aceitou, corajosamente, o desafio das contradições. Ao postular o Inconsciente, postulou também uma outra maneira de nos pensarmos. Um exemplo flagrante é a multideterminação do sintoma, na qual causas pontuais se expandem numa rede de inter-relações complexas. Outro exemplo são as instâncias mentais – ego, id e superego – que, no início do seu texto a respeito, intitulado *O Ego e o Id* (1976b), são postuladas didaticamente como territórios

2 No original: ". . . et la computation la plus vertigineuse est moins complexe que la moindre tendresse . . . "

separados. Ao longo do texto, ele descreve sobreposições, conexões e ramificações, ou seja, uma complexa rede de relações. Talvez o exemplo mais exuberante de condensação complexa seja o título de seu artigo "The Uncanny" ("Das Unheimliche" ou, em português, "O Estranho") (1919/1976c) – termo que engloba o familiar e o não familiar, a ordem e a desordem, criando uma organização mutante. Esses modelos freudianos transcendem nossa simplificadora tendência ao dualismo, já que a complexidade abrange, num mesmo movimento indiferenciado, o unitarismo, o dualismo e todas as multirrelações até o infinito. Claro que nossa capacidade de apreensão de fenômenos complexos ainda é bastante limitada, mas, desde o início do século passado, o problema deixou de ser evitado ou oculto, apesar de sua aparente agressão ao pensamento científico tradicional.

> *Nós nos servimos de nossa estrutura de pensamento para pensar. Será necessário nos servirmos de nosso pensamento para repensar nossa estrutura de pensamento (Morin, 1994b, p. 321, tradução livre).*

Parece-me que, assim como na fábula da lebre e da tartaruga, a psicanálise-lebre disparou tão rapidamente que quase perdeu de vista a tartaruga-filosofia-ciências exatas, mas esta, após uma partida lenta e tímida, ganhou aceleração inesperada de tartaruga-ninja a partir de um corte epistemológico radical que passa pela relatividade, mecânica quântica, teorema de Gödel, princípio de Heisenberg, princípio de complementaridade de Niels Bohr,[3] para citar apenas algumas contribuições decisivas nas até então

---

3 Exposições sobre as teorias citadas podem ser encontradas em: Rothman, T. *Instant Physics*; Einstein, A. *O ano miraculoso de Einstein: cinco artigos que mudaram a face da física*; Gödel, K. *O teorema de Gödel e a hipótese do contínuo*; Heisenberg, W. *A parte e o todo*.

chamadas ciências exatas. Grandes avanços se produziram nesse século XX, embora estes tenham ampliado consideravelmente nosso campo de desconhecimento. O que importa é que estamos ampliando nossas possibilidades.

Sobre o princípio da complementaridade de Bohr, venho trazer uma nova visão sobre a discutida questão da dualidade onda, partícula: ondas e partículas representam aspectos complementares do mesmo fenômeno. Ou, como ele também enunciava, "Contraria sunt complementa" (Contrários são complementares). Ora, essa afirmação a que Bohr chegou por meio da microfísica e da Matemática contemporânea nos lembra Heráclito de Éfeso, esse grego tão oriental, alcunhado "o obscuro", que, no século VI a.C., afirmou a "Coincidentia oppositorum", a co-incidência dos opostos (lembro sua frase mais citada: "viver de morrer, morrer de viver"). Para o pensamento aristotélico simplificador, os opostos se relacionam exclusivamente pela oposição, e, com isso, tentava-se evitar o risco de contradições. Já a coincidência ou complementaridade dos opostos são aspectos da complexidade que aceita o desafio das contradições, o que demanda uma lógica mais complexa, mais que dialética, dialógica, como veremos adiante. A milenar filosofia oriental taoísta exprime a complementaridade dos opostos por meio do *Yin-Yang*; são configurações inseparáveis e só podem ser compreendidos na sua relação complexa um com o outro.

Vemos que as origens da tentativa humana de captar, na prática ou na teoria, seu próprio pensamento complexo se perdem no tempo. Na atualidade, Edgar Morin se destaca entre tantos pensadores e divulgadores da ideia de complexidade. Sua grande obra, o *Méthode*, em três volumes, trata extensamente dessa questão, que ele desenvolve depois em *Introduction à la pensée complexe* (*Introdução ao pensamento complexo*) (2015) e em *La complexité humaine* (*A complexidade humana*) (1994b). Lembrando que "complexidade" deriva do latim "complectere" – entrelaçar, tecer junto. Morin (1994b, p. 12) diz:

> *A complexidade é um tecido . . . de constituintes heterogêneos inseparavelmente associados.*

O grego "methodos", assim como o chinês *Tao*, pode ser traduzido também por caminho – caminhos para o conhecimento. É de um poema do *Tao Te Ching* de Lao-Tse que Bohr empresta o título da introdução do primeiro volume do livro *Méthode*. Intitulada "O espírito do vale": aquele que se coloca abaixo e acolhe as águas que para ele fluem; a essência da humildade.

Como explicar pensamento complexo de uma maneira simples? Vamos tentar: a ciência clássica (ou tradicional) sempre recorreu, com sucesso, a aproximações eficientes e soluções simplificadoras pragmáticas; a geometria, por exemplo, lida com linhas retas e formas definidas. Isto tem atendido perfeitamente a nossas necessidades materiais práticas, mas, a partir dos avanços citados, constatou-se também que, para sistemas suficientemente complexos – ou seja, a imensa maioria dos sistemas naturais, incluindo o cosmológico, o infinitesimal e, entre eles, o ser humano, seu corpo-mente e seus processos mentais –, as aproximações nas condições iniciais ou ao longo do seu processamento não conduzem a aproximações proporcionais nos resultados. Mas, de acordo com a teoria do caos, processos deterministas por natureza podem conduzir, com grande rapidez, a estados imprevisíveis e aparentemente desordenados. Aproximações, racionalizações e mesmo racionalismos não dão conta da complexidade das relações sistêmicas.

Por outro lado, a ciência clássica colocava fora de seu âmbito de interesse tudo aquilo que não podia abarcar com seu instrumental dedutivo-indutivo, matematizável e compreensível. Ora, basta contemplar a natureza para constatar a incontrolável complexidade das formas e processos. Não há linhas retas na natureza, tanto que, ao sobrevoarmos aquele magnífico retão de areia branca da restinga de Marambaia, logo nos ocorre: "Não, isto não pode ter sido assim, foi feito por alguma civilização humana! É algo que pertence à *artificialeza*!" Na atualidade, mesmo com nossos instrumentos aparentemente inadequados, estamos nos aventurando nesse complexo território multidimensional; após entender os fenômenos lineares nos dispomos a desafiar os processos turbulentos, caóticos, fractais:

> *Entre todas as imagens possíveis do mundo, qual é a posição que ocupa a do teórico da física? Essa imagem comporta as maiores exigências a respeito do rigor e da exatidão de representação das relações, como só o emprego da linguagem matemática pode proporcionar. Mas, em contrapartida, o físico deve materialmente limitar-se e contentar-se em apresentar os fenômenos mais simples, tanto quanto possa torná-los acessíveis à nossa experiência, enquanto todos os fenômenos mais complexos não possam ser reconstituídos pelo espírito humano com essa precisão sutil e esse espírito de continuação que o teórico da física exige. A extrema nitidez, a clareza e a certeza não se obtêm senão a expensas da integralidade. Mas que atrativo pode haver no fato de apanhar com exatidão uma porção tão pequena da natureza, deixando de lado, com timidez e sem coragem, tudo que é mais delicado e complexo? O resultado de um esforço tão resignado merecerá esse nome altivo de imagem do mundo? (Einstein, 1934/1981, p. 139).*

> *A complexidade é um progresso do conhecimento que traz consigo o desconhecido e o mistério . . . e ela nos traz, sob a forma de poesia, a mensagem do inconcebível (Morin, 1994b, pp. 97-98).*

Apesar de minha bem-intencionada tentativa de explicar o conceito, penso que a melhor maneira (talvez a única) de incorporar o pensamento complexo é por impregnação. Para tanto, selecionei citações de alguns autores que me pareceram propícias, mas ressalvando que, hoje em dia, o pensamento complexo permeia, de maneira mais ou menos explícita, uma parte significativa dos textos científicos e outros. Um exemplo expressivo é o alerta de Bion a seus leitores na introdução do livro *Learning from experience* (O aprender com a experiência) (1962). Aliás, aprender com a experiência já é pensar complexamente:

> *Este livro foi concebido para ser lido de uma vez, do princípio ao fim, sem se deter em partes que possam parecer obscuras. Algumas obscuridades são devidas à impossibilidade de escrever sem pressupor familiaridade com algum aspecto de um problema que apenas será trabalhado depois... Infelizmente obscuridades também existem devido a minha inabilidade para torná-las mais claras (Bion, 1962, pp. 7-8).*

Imagino que a dificuldade básica com que Bion se defrontou seja expor um pensamento complexo numa narrativa linear – algo como tornar o Inconsciente consciente. Freud era admirador do dramaturgo vienense Arthur Schnitzler e citava a fala repetitiva do mordomo em uma de suas peças teatrais de trama intrincada: "Tenham paciência que ao final tudo ficará esclarecido" (Schnitzler, 1893/1986). Talvez, numa montagem contemporânea da peça de Schnitzler, o mordomo diria ironicamente: "Fiquem frios, que, ao fim e ao cabo, tudo ficará muito mais complicado!" Sugiro, então, que o leitor siga a sugestão de Bion para percorrer as citações que se seguem:

Nós vimos despontar a ideia de complexidade como essencial aos fenômenos elementares da microfísica contemporânea.

Enquanto a ciência de inspiração cartesiana construía, muito logicamente, do complexo ao simples, o pensamento científico contemporâneo tenta ler o complexo real sob a aparência simples, fornecida pelos fenômenos compensados . . .

Quanto menor o grão da matéria mais realidade substancial existe: diminuindo o volume, a matéria se aprofunda . . .

O simples é sempre o simplificado . . ., mas tão grande é a tentação da clareza rápida . . . [que esquecemos] que não existem fenômenos simples; o fenômeno é um tecido de relações. Não há natureza simples, substância simples; a substância é uma contextura de atributos. Não existe uma ideia simples, porque uma ideia simples deve estar inserida, para ser compreendida, num sistema complexo de pensamentos e experiências. (Bachelard, 1934 apud *Morin & Le Moigne, 2000, p. 67).*

A dificuldade do pensamento complexo é que ele deve afrontar a trama da solidariedade dos fenômenos entre si, a bruma da incerteza, a contradição. Mas nós podemos elaborar alguns instrumentos conceituais, alguns dos princípios para essa aventura e podemos entrever aspectos do novo paradigma de complexidade que deverá emergir . . . . A complexidade nos convoca para uma verdadeira reforma do pensamento, semelhante à produzida no passado pelo paradigma copernicano. Mas essa nova abordagem e compreensão do mundo, de um mundo que se "autoproduz", confere também um novo sentido à ação (Morin, 2015, p. 32).

A ciência clássica se apoia nos três pilares da certeza, que são a ordem, a separabilidade e a lógica. Para ela, esses eram os fundamentos absolutos:

Ordem – *A ideia de determinismo absoluto tornou-se objeto de uma crença quase religiosa entre os cientistas, que por isso se esqueceram de que ela não pode, de modo algum, ser demonstrada.*

Separabilidade – *Conhecer é separar. Face a um problema complicado, dizia Descartes, é preciso dividi-lo em pequenos fragmentos e trabalhá-los um após o outro . . . Nas ciências, a separação entre o observador e sua observação, ou seja, entre nós humanos, que consideramos os fenômenos, e estes (os objetos de conhecimento), tinha o valor da certeza absoluta.*

Lógica – *Pela indução, com base em um número importante e variado de observações, podia-se tirar delas leis gerais. Quanto à dedução, era um meio implacável de conduzir à verdade. Os princípios aristotélicos de identidade, da não contradição e do terceiro excluído permitiam eliminar toda confusão, equívoco e contradição.*

Foi a ordem, *isto é o determinismo — tudo que escapa ao acaso, às perturbações e à imprevisão — que entrou primeiro em crise. A presença da desordem universal se revela em todos os níveis: microscópico, cosmofísico e também histórico, humano. Em relação a este, lembramos que a história não se reduz a processos determinísticos: é também feita de bifurcações, acasos, crises.* É no encontro da ordem e da desordem que se produz a organização.

A separabilidade *perdeu seu valor absoluto. Uma das peculiaridades de um conjunto organizado em sistema decorre do fato de que, ao existir, essa organização produz qualidades novas, chamadas "emergências", que retroagem sobre o todo e não podem ser identificadas quando se tomam os elementos isoladamente.*

A lógica – *O teorema de Gödel: nenhum sistema tem a capacidade de dar a si próprio a prova de sua consistência, atribuir-se uma certeza suficiente a partir de suas próprias fontes . . . (criou) uma abertura reveladora da inconclusibilidade do conhecimento — e da lógica.*

O Pensamento Complexo: Desses três desafios — a relação entre a ordem, a desordem e a organização; a questão da separabilidade ou a distinção entre separabilidade e não separação; e o problema da lógica, podem se tirar as três vertentes do pensamento complexo.

1. Discutir sem dividir: a palavra "complexus" retira daí seu primeiro sentido, ou seja, "o que é tecido junto". Pensar a complexidade é respeitar a tessitura comum, o complexo que ela forma para além de suas partes.

2. A imprevisibilidade. Um pensamento complexo deve ser capaz de não apenas religar, mas de ter uma postura em relação à incerteza . . .

3. A oposição da racionalização fechada à racionalidade aberta . . . Vivemos sob o império de ideias racionalizadoras, que não conseguem se dar conta do que acontece e privilegiam os sistemas fechados, coerentes e consistentes (Morin, 1997, pp. 13-14).

Mas a ciência de hoje não é mais a ciência "clássica". Os conceitos básicos que fundamentavam a "concepção clássica do mundo" encontraram hoje seus limites num progresso teórico que não hesitamos em chamar de metamorfose.

A própria ambição de reduzir o conjunto de processos naturais a um pequeno número de leis foi abandonada. As ciências da natureza descrevem, de ora em diante, um universo fragmentado, rico de diversidades qualitativas e de surpresas potenciais (Prigogine & Stengers, 1984, p. 5).

Queremos mostrar que as ciências matemáticas da natureza, no momento em que descobrem os problemas da complexidade e do devenir, se tornam igualmente capazes de compreender algo do significado de certas questões expressas pelos mitos, religiões e filosofias (Prigogine & Stengers, 1984, p. 25).

Assim a ciência se afirma hoje como ciência humana, ciência feita por homens e para homens. No seio de uma população rica e diversa em práticas cognitivas, nossa ciência ocupa a posição singular de escuta poética da natureza (Prigogine & Stengers, 1984, p. 215).

Devemos aprender a não mais julgar os saberes, as práticas, as culturas produzidas pelas sociedades humanas, mas a cruzá-los, a estabelecer entre eles comunicações inéditas que nos coloquem em condições de fazer frente às exigências sem precedentes da nossa época (Prigogine & Stengers, 1984, p. 225).

A nova forma de insight talvez possa ser melhor chamada de Totalidade Indivisa em Movimento Fluente. Esta visão implica que esse fluxo, em certo sentido, é anterior às "coisas" que podem ser vistas formando-se e dissolvendo-se nesse fluxo. Pode-se talvez ilustrar o que se quer dizer com isso considerando-se o "fluxo da consciência". Esta fluidez da consciência não é definível de maneira precisa, sendo, porém, evidentemente anterior às formas definíveis dos pensamentos e das ideias que podem ser vistos formando-se e dissolvendo-se no fluxo, como pequenos encrespamentos ou ondulações, ondas e vórtices num curso fluente (Bohm, 1998, p. 31).

Não seria possível mudar a forma sintática e gramatical da linguagem, de modo a dar ao verbo, e não ao substantivo, um papel fundamental? Isto ajudaria a acabar com aquele tipo de fragmentação acima indicado, pois o verbo descreve ações e movimentos, que fluem uns nos outros, fundindo-se, sem separações ou rupturas bem-definidas (Bohm, 1998, p. 54).

Qualquer evento, objeto, entidade etc. descritível é uma abstração de uma totalidade desconhecida e indefinível de movimento fluente (Bohm, 1998, p. 78).

Segundo a nova física, sonhamos o mundo. Nós o sonhamos como algo durável, misterioso, visível, onipresente no espaço e estável no tempo. Além dessa ilusão, todas as categorias do real e do irreal se esvaem (Guitton et al., 1991, p. 143).

O surgimento de pelo menos dois níveis de Realidade no estudo dos sistemas naturais é o maior acontecimento na história do conhecimento. Ela pode nos levar a reconsiderar nossa vida individual e social, dar novas

> *interpretações ao velho conhecimento, conhecermo-nos de um modo diverso, aqui, agora . . . nenhum nível de Realidade constitui um lugar privilegiado a partir do qual possamos compreender todos os outros níveis de Realidade. Um nível de realidade é o que ele é porque todos os outros níveis existem ao mesmo tempo. Esse Princípio de Relatividade suscita um novo olhar sobre a religião, a política, as artes, a educação e a vida social. E quando nosso olhar sobre o mundo muda, o mundo muda (Nicolescu, 2001, pp. 1-3).*

Tenho procurado observar o quanto o pensamento complexo impregna o senso comum, o modo de pensar do "homem da rua". No seu livro *As cosmicômicas*, Italo Calvino, já em 1981 (1992, p. 115), profetizava:

> *As equações do campo gravitacional que relacionam a curvatura do espaço à distribuição da matéria já estão começando a fazer parte do raciocínio comum.*

Matte-Blanco – bi-modalidade e complexidade

E onde ficará nosso "canto da mente"? Talvez outros modelos de "mente" e "pensamento" – utilizo ambos os termos em sua acepção mais coloquial e abrangente – possam sugerir novos recantos possíveis. Exemplifico, a seguir, com a proposta de Matte-Blanco – sem dúvida informado, assim como Bion, dos desenvolvimentos do pensamento complexo. Descobri Matte-Blanco no livro memorial em homenagem a Bion, *Do I dare disturb the Universe?* (1981). No seu texto, composto de curtos aforismos, chamou-me a atenção o seguinte:

> *Imagino o que Kant pensaria se ouvisse Bion, que meditou anos a fio sobre o* noumenon *incognoscível, falar hoje de maneira que lembra a sabedoria budista, fazendo-nos suspeitar que o incognoscível é incognoscível porque é impensável (Matte-Blanco, 1981, p. 521).*

Convergência semelhante tem sido apontada entre alguns conceitos da Física contemporânea e a milenar tradição do pensamento oriental que passa pelos vedas, pelo *Tao*, pelo budismo, pelo zen e por uma rede complexa de manifestações meditativas em diversas culturas. Penso que os possíveis pontos de contato passam exatamente pela aceitação e prática do pensamento complexo.

Uma bonita confirmação da continuidade do pensamento de Bion por meio de Matte-Blanco é que sua filha, Parthenope Bion, escolheu como tema de sua tese de doutoramento, de1979, a teoria bi-lógica de Matte-Blanco. Embora minha formação anterior na Engenharia tenha me atraído e facilitado a leitura, a escrita de Matte-Blanco é clara e didática, ao alcance de todo psicanalista ou especialistas de outras áreas. Lembro-me de uma palestra realizada em São Paulo por Gregory Chaitin, emblemático prodígio matemático criador de uma nova teoria de aleatoriedade, na qual ele afirmava existir, na Matemática (e em toda disciplina), as concepções criativas e os detalhes. Detalhes seriam a parte operacional que demanda aprofundamento de especialistas e que produz suas aplicações práticas; esses desenvolvimentos são específicos, mas as concepções criativas podem e devem ser compartilhadas com outras áreas do conhecimento, fertilizando-as e mudando, prospectivamente, nossa maneira de pensar. Elas formam a essência de um pensamento transdisciplinar complexo. Ou seja, apesar de resistências puristas, a Psicanálise tem pertinência no atual fluxo paradigmático, e não faz sentido isolar-se ou recusar ideias compartilhadas além de suas evanescentes fronteiras.

Na sua busca de um modelo mais compreensivo do "aparelho psíquico" e de uma teoria do pensamento mais abrangente, Matte-Blanco troca com filósofos, lógicos, matemáticos, físicos e outros, e incorpora suas contribuições à Psicanálise. Tentarei apresentar, tão resumidamente quanto possível, algumas de suas ideias principais a seguir.

Na sua tentativa de compreender como se constitui o homem e seu mundo, Matte-Blanco parte das características do Inconsciente conforme postuladas por Freud e investiga, então, quais seriam os princípios lógicos desse código enigmático para que, como consequência natural, dele resultem as manifestações do Inconsciente freudiano: substituição da realidade externa pela psíquica; deslocamento; condensação; ausência de temporalidade; e, talvez, como característica abrangente, a *ausência de contradição*. Ou seja, vai em busca das leis estruturantes da lógica inconsciente.

Desde as origens, os escritos de Matte-Blanco voltam-se para a linguagem, a fala. Seu primeiro objeto de estudo é a esquizofrenia, por meio do enigma da sua linguagem ou antilinguagem. Esta é por ele pensada como efeito da invasão da articulação consciente por outra lógica com características próprias, irredutíveis ao pensar consciente. Esta outra lógica, privativa do Inconsciente, é responsável também pelos sonhos, atos falhos e efeitos expressivos, estruturais, estéticos e estilísticos do discurso. Matte-Blanco denominou-a *lógica simétrica*.

Apoiando-se num instrumental psicanalítico-lógico-linguístico-matemático, ele chega à sua proposição do homem e seu mundo como constituídos por dois *modos de ser*: o *indivisível* e o *divisor*. Cada um deles impregnado por um código linguístico próprio e irredutível ao outro: a lógica assimétrica, inerente ao modo de ser divisor, determinante do pensar consciente, e a lógica simétrica, inerente ao modo indivisível, determinante do "pensar" inconsciente.

> *O conceito de "modo de ser" é mais amplo que o de "lógica". . . . A lógica lida com a estrutura onde se desenvolve o pensar. Um modo de ser se refere a todos os aspectos do "ser", um dos quais, mas somente um, é o pensar (Matte-Blanco, 1988, p. 77).*

O modo de ser divisor nos é familiar: atém-se à lógica clássica, aristotélica, predominante em nossa lógica usual consciente, ou naquilo que podemos aprender por meio dela. Está solidamente ancorada numa tetra-dimensionalidade espaço-tempo que determina nossos limites de apreensão imaginária, de visualização de eventos. O mundo assimétrico é analítico, dividido em partes que se relacionam segundo uma lógica que se propõe conhecida.

Já o modo de ser indivisível refere-se a uma outra lógica – lógica simétrica – na qual não vigora o princípio da não contradição; como consequência, não há ordenação de tempo ou espaço nem relação entre partes distintas: a lógica do Inconsciente. O mundo simétrico é sintético: nele estamos imersos na totalidade indivisível, infinita, além do nosso pensar habitual; ele nos será eternamente estranho e familiar – essência do *Unheimlich* (não familiar). Matte-Blanco sugere a possibilidade de o Inconsciente simétrico ser fruto de uma lógica multidimensional que escapa ao nosso limite de visualização tridimensional.

Matte-Blanco propõe e demonstra a existência de dois princípios, duas leis estruturantes da lógica simétrica inconsciente: o princípio da generalização e o princípio da simetria.

Pelo princípio de generalização:

> *O sistema inconsciente trata a coisa individual (pessoa, objeto, conceito) como se fora um membro ou um*

> *elemento de um conjunto ou classe que contém outros membros; trata essa classe como subclasse de uma classe mais geral e esta como subclasse de outra ainda mais geral e assim por diante (Matte-Blanco, 1975, p. 38).*

> *. . . sem nos darmos conta, sentimos de uma maneira obscura que a mulher amada é não só uma mulher, mas também nossa mãe, e num estrato mais profundo, todas as mulheres "amáveis", e em nível ainda mais profundo, ela é uma Deusa. Mais fundo ainda, ela é nós mesmos até finalmente atingirmos a pura expressão do modo indivisível onde tudo tende a ser tudo o mais (Matte-Blanco, 1988, p. 115).*

Pelo princípio da simetria, o sistema inconsciente trata o inverso de qualquer relação como idêntico a esta. A frase "João é irmão de Pedro" é simétrica porque seu inverso é "Pedro é irmão de João". Já a frase "João é pai de Pedro" é assimétrica porque seu inverso não é idêntico ("Pedro é filho de João"). Ora, se a lógica simétrica trata o inverso de uma relação como idêntico a ela, se João é pai de Pedro e Pedro é filho de João, para esta lógica, João é também filho de Pedro, Pedro é pai de João e todas as relações possíveis são válidas sem contradição. Da mesma maneira, se o evento A antecede o evento B, B também antecede A, excluindo-se, assim, sequências temporais. As localizações espaciais também se tornam intercambiáveis sem contradição, o que resulta no deslocamento, condensação e outras características do Inconsciente freudiano. Parece-me mais adequado, para facilitar o entendimento do leitor deste texto, incluir o princípio de simetria no princípio mais geral de não validade do princípio de não contradição da lógica clássica. Ou seja, a lógica simétrica é inerentemente contraditória.

Matte-Blanco propõe, então, o processo Consciente-Inconsciente (o aparelho psíquico?) como um *continuum* de estratos formados por diferentes proporções desses dois códigos: o Consciente divisor, com predominância de assimetria, e o Inconsciente indivisível, com proporção significativamente maior de simetria.

> *Todas as manifestações mentais se situam entre os extremos de alta simetria e de alta assimetria (Matte-Blanco, 1975, p. 164).*

Essa antinomia seria, então, o elemento constitutivo dos dois modos de ser do homem e seu mundo. Dois códigos irredutíveis de apreensão e manifestação do mundo – o homem trágico, dividido constitucionalmente em duas diferentes dimensionalidades, exercitando sua convivência com esses dois modos de ser, numa permanente tentativa de conciliação.

Seguem-se citações de Matte-Blanco:

> *Há, na própria estrutura do ser humano, uma antinomia fundamental que resulta da co-presença de dois modos de ser que são incompatíveis e apesar disso existem e aparecem juntos no mesmo motivo. Há uma antinomia fundamental nos seres humanos e no seu mundo (1988, pp. 70-71).*
>
> *O processo pode ser descrito como extração pelo pensar assimétrico das infinitas possibilidades do modo de ser simétrico (1975, p. 290).*
>
> *. . . está se tornando cada vez mais evidente para nós que emoção e o inconsciente são basicamente a mesma coisa (1975, p. 274).*

> *As potencialidades do inconsciente são realmente infinitas. E assim também são as possibilidades teóricas da arte (1975, p. 300).*
>
> *Quanto maior o grau de simetria, maior a magnitude dos afetos (1975, p. 174).*
>
> *Em qualquer emoção há sempre uma generalização, uma maximização e uma irradiação não justificadas em termos da lógica clássica, mas compreensíveis em termos da lógica simétrica. Além do objeto concreto, a emoção sempre vê um número infinito de outros objetos dotados no seu máximo grau das características que definem a classe — o grau infinito (1975, p. 371).*
>
> *Sinto que este é o significado real do conceito de infinito: uma tentativa de entender o que está além do entendimento (1981, p. 506).*
>
> *Emoção enquanto seja simetria não pode ter uma linguagem . . . , mas assim como o imensurável é a mãe do mensurável, a emoção é a mãe da linguagem (1975, p. 273).*
>
> *A emoção é a mãe do pensar (1988, p. 98).*

A lógica assimétrica consciente "pura", isto é, no seu limite virtual máximo, estabelece relações entre objetos singulares, determinados. Já a lógica simétrica inconsciente (também imaginada "pura") generaliza todo objeto singular incorporando todas suas infinitas cadeias significantes. Daí o título do livro: *The unconscious as infinite sets* (O Inconsciente como conjuntos infinitos) (1975).

Quais as consequências mais marcantes que podemos tirar das ideias de Matte-Blanco, às quais o resumo anterior não faz justiça? Ao propor uma lógica consistente (ou paraconsistente, para ser preciso) para o sistema inconsciente, este deixa de ser definido a partir do Consciente como uma negatividade – o prefixo *in* denota um não consciente. Ou seja, ele afirma uma positividade do Inconsciente e, como consequência, uma aceitação efetiva deste como parte de nossa maneira de pensar e ser no mundo, o que conduz a uma incorporação consentida de nossos processos contraditórios e paradoxais, e relativiza a racionalidade, tantas vezes equacionada à essência da humanidade. Podemos, então, transitar, com a coragem que resulta do reconhecimento e aceitação de nossos medos, pelo território indefinido da *barreira de contato* (Bion, 1962) entre Consciente e Inconsciente. Confiar em nosso Inconsciente e sua aparente estranheza oculta, abrindo mão de preconceitos racionalistas.

Outra consequência é pensarmos as instâncias psíquicas não apenas como topos polarizados mas também como um contínuo, um gradiente de proporções várias Consciente-Inconsciente, ou seja, uma configuração própria do pensamento complexo.

Imagino que a proposta freudiana de tornar consciente o Inconsciente: "onde estava o id estará o ego",[4] embora datada e contextual, ainda ressoa de maneira excessivamente literal em nosso Inconsciente psicanalítico coletivo. Lembremos que Freud viveu num contexto cultural eurocêntrico, no auge do positivismo racionalista, onde um inconsciente ilógico e contraditório era tomado, de início, como um inimigo da razão consciente. Freud se descrevia como um conquistador de regiões intelectuais desconhecidas, numa metáfora à descoberta da África e América pelos audazes navegadores europeus. África e América pensadas por eles como o negativo da ordem civilizatória mediterrânea, como

---

4 No original: "Where id was, there ego shall be." Freud, S. *The dissection of the psychical personality* (1932). Traduzido e editado por James Strachey. W.W. Norton & Company, 1989, p. 80.

In-continentes a serem domados. Uma possível consequência seria imaginar o Inconsciente, este nosso outro modo de ser, como não confiável, malandro, esquivo, negativo. Mas penso também que Freud o via como um amigo rebelde, maroto e irônico, mas certamente bem-intencionado. Penso que, ao longo de sua obra, Freud expandiu o nível de abrangência de sua frase magistral para algo como "Harmonizar Consciente e Inconsciente, aceitando suas dissonâncias lógicas".

Ocorrem outras questões que escapam ao âmbito deste texto, como a relação entre códigos morais (Édipo, entre outros) e códigos lógicos nos processos de recalcamento, rejeição, negação etc. Ou então, em que medida o princípio de generalização nos aproxima, via *pré-concepções* bionianas, de um *Inconsciente coletivo*, ao estilo de Jung?

Atenção flutuante – associação livre

Conta-se um episódio na visita de Einstein ao Brasil: ao observar Austregésilo de Athayde fazendo anotações num bloquinho, perguntou-lhe de que se tratava, e este respondeu que eram ideias boas que iam lhe ocorrendo, ao que Einstein comentou: "Eu só tive uma boa ideia na vida". Claro que era uma frase de efeito que se referia à teoria da relatividade, mas me fez pensar em Freud falando de *The interpretation of dreams* (A interpretação dos sonhos) (1900/1965). Se eu tivesse que escolher "uma única grande ideia" de Freud (tarefa complicada!), acho que optaria por uma ideia-tríptico: *Inconsciente – atenção flutuante – associação livre.*

Parece-me ser a ideia fundamental de toda a Psicanálise e do suporte da transferência. O Inconsciente abrindo caminho para outros níveis de realidade do ser humano e seu mundo, e a dupla dinâmica, *atenção flutuante* e *associação livre*, franqueando um atalho vígil como alternativa pensável à via régia que nos leva ao mundo encantado do sonho inconsciente.

É claro que reconheço a importância do complexo de Édipo, sexualidade infantil, mecanismos de defesa etc., porém considero esses conceitos mais contingentes; eles até recebem interpretações muito diferentes e até opostas na literatura psicanalítica. Já a dupla *atenção flutuante* e *associação livre* funda uma teoria, uma metodologia, uma técnica, uma atitude. Dispor-se a uma não seletividade na escuta implica um *desapego de si*. E também desapego de privilegiar aspectos separados e pontuais, de ordenar deterministicamente, de pensar dualisticamente. Ou seja, exercer o pensamento complexo: "tudo tem a ver com tudo".

Este mesmo sentido encontro na atitude de "Sem Memória, Sem Desejo, Sem Compreensão" proposta por Bion e tão próxima da linguagem do *Tao Te Ching* de Lao-Tsé, um dos livros clássicos da filosofia oriental. Desapegar-se de si próprio e de sua memória emocional, sementeira do desejo. Em outros termos: *sem preconceitos, sem expectativas, sem racionalizações.*

Vejo nessas postulações um exemplo de pensamento complexo que aceita o impermanente, o contraditório, o *arracional*. Quase um *koan* que nos ajude a pensar o impensável. Pensar o *fato selecionado* (Bion, 1962), proposto por Poincaré e retomado por Bion, como uma cintilação fugaz numa bruma de aleatoriedade quântica: quando nos aparece já se transformou; e nós também. Voltando ao início, será que essa atitude radical de desapego não propiciará a instauração do tal "canto da mente", tornando assim possível a um pensamento racional estabelecido franquear a barreira de contato, generalizando-se em direção a um aconsciente coletivo, impregnando-se do *outro*, do *social-ismo* (Bion, 1965), e desconstruindo o narcisismo?

Atitudes clínicas

Como a impregnação pelo pensamento complexo pode informar a atitude, o modo de ser do analista diante do analisando? Se acompanharmos a trajetória de qualquer conceito psicanalítico ao longo da obra de Freud e de tantos outros até a atualidade, podemos perceber que, após uma postulação inaugural de cunho fortemente polarizado e determinista, tal conceito se expande ou até se dilui numa teia complexa de sentidos possíveis. Tomando a *transferência* como exemplo, ao se dar conta dela nas vivências com seus pacientes, jamais escapou a Freud seu caráter fluente em constante mutação. Ainda assim, ele procurou esquematizá-la dentro dos padrões científicos positivistas da época, privilegiando vínculos específicos do tipo: o paciente revive com o analista uma situação traumática (real ou imaginária) do seu passado com seu pai (ou mãe, irmãos etc.). Freud buscava, então, a compreensão e cura do sintoma por meio de uma causalidade determinista e a recuperação da história pregressa.

O conceito de *situação total* desenvolvida por Betty Joseph (1985) e sua geração abriu-se para uma rede complexa de possibilidades. Assim como na mecânica quântica, a partícula é "particularizada" (pontualizada) pelo observador a partir de uma função de onda probabilística; na Psicanálise, um determinado sentido pode se formar a partir do encontro de tramas transferenciais probabilísticas do analisando e analista. Tramas fluentes e mutantes, mas absolutamente características de cada um de nós. Tudo o que acontece na sessão se apoia nessa trama transferencial conjunta, na qual se materializa o momento vivido ao ser observado pela dupla; esses momentos de mútua compreensão são essencialmente mutativos e terapêuticos.

A aproximação que faço entre a Física e a Psicanálise contemporâneas não é uma mera metáfora. Acredito em sentidos comuns transdisciplinares que vão sendo desvelados em todas as disciplinas de maneira mais ou menos sincrônica.

Por outro lado, a relação analítica tradicional pressupõe um *setting* assimétrico como condição inicial do processo: a poltrona e o divã, o analista vê o analisando e este não o vê, o analisando que não sabe de si e o analista que sabe do outro etc. Essa assimetria incrementa a idealização, cacife indispensável ao início do *jogo do Inconsciente*. As próprias regras do jogo vão sendo gradativamente compartilhadas com o analisando. Parece-me que o momento terapêutico é exatamente quando se produz uma fugaz relação simétrica, na qual analista e analisando se encontram como seres humanos iguais, acima das diferenças contingentes, na compreensão de uma configuração emocional que interessa a ambos, mas é mais geral – interessa a todos nós. O processo psicanalítico se dá a partir de sucessivos e tenuemente demarcados momentos de encontro que, assim como na experiência do êxtase artístico, inserem a dupla na *humanidade*. Momentos em que nos desapegamos de nós mesmos e nos sentimos partes holográficas de um todo maior. Com isso, constitui-se no analisando (claro, no analista também) um processo de desidealização não só da imagem do analista, mas também da dupla e, principalmente, de sua própria autoimagem narcísica.

Na prática, um momento transferencial terapêutico pode se dar mesmo quando analista e analisando falam de algo aparentemente distante: a geografia da China ou o jogo de futebol de ontem. A rede de suporte transferencial está sempre lá constituindo sentidos independentemente de o analista manter silêncios expectantes ou fazer perguntas (houve tempos em que elas eram consideradas indesejáveis), ou conversar sobre aparentes amenidades (como visto por um terceiro que desconheça os códigos já estabelecidos pela dupla), ou mesmo contar teorias psicanalíticas. Se a escuta psicanalítica estiver atuante, tudo isso são apenas meios de acesso ao que realmente interessa: a experiência emocional vivida. Assim como Paulo, quando analista e analisando falam de Pedro, estão falando deles mesmos. Ou seja, a percepção da complexidade permite ao analista uma liberdade, uma essencialidade que pode dispensar detalhes formais dogmáticos. Não se assustem com esse prazeroso sentimento de liberdade: "tudo tem a ver com tudo" não se confunde com "vale-tudo".

Gostaria de compartilhar minha experiência pessoal por meio de algumas atitudes clínicas que tenho percebido em mim. Nada de realmente novo, pois, certamente, elas fazem parte, algumas mais outras menos, de nosso repertório comum, mas talvez possamos acrescentar um toque de originalidade ao associá-las com o pensamento complexo:

1. Entrego-me por meio da atenção livremente suspensa (algo como uma levitação meditativa) a uma colheita aleatória de impressões, conexões frouxas, repetições ou quase sentimentos íntimos, configurações evocativas, como convergências, divergências, paralelismos, circularidades . . . Deixo que elas transitem pela minha atenção consciente sem qualquer esforço racional para dar-lhes uma coerência interpretativa. Espero com paciência para que essa tarefa seja desempenhada pelo meu "Inconsciente". Confio nele e aguardo dele uma revelação inesperada, um *insight* pleno de emoção. Ou seja, os dados assimétricos conscientes captados pela atenção flutuante são processados contraditoriamente (generalizados e simetrizados) pela nossa lógica inconsciente, via régia preferencial ao Inconsciente do analisando. A transmissão de Inconsciente para Inconsciente se dá pela inserção de ambos numa classe mais geral que os contém. Se pensarmos o sistema a-(in)consciente-consciente como um contínuo multidimensional, um gradiente de diferentes proporções de dois modos de ser, podemos imaginá-lo por meio de um modelo no qual uma peça teatral, com um tema emocional pregnante, é montada em inúmeros palcos simultâneos por diretores com diferentes tendências, tempos, estilos e teorias próprias: tragédias gregas, dramas românticos, nô e kabuki, instalações conceituais, óperas, mímicas, circos, pornôs, pulp fiction . . . Qualquer

que seja o palco momentaneamente selecionado, todos os demais serão acessados como legítimos tradutores (ou transcriadores) da experiência emocional vivida. Isto talvez nos ajude a pensar como tantas teorias psicanalíticas, muitas vezes opostas e até contraditórias, podem produzir efeitos terapêuticos igualmente benévolos.

2. O mais das vezes sou surpreendido pela minha própria fala. Começo a falar para assinalar um pequeno detalhe que me pareceu útil ou interessante e, de maneira sutil, minha fala se apossa de mim e me leva a desenvolvimentos e conexões explicativas que eu não tinha sequer cogitado quando comecei a falar. A sensação é de como se o Inconsciente me tomasse a palavra e a devolvesse na forma de uma sensação do além. E cada vez mais me entrego ao desconhecido de minha fala, confiando no meu inconsciente. Nesses momentos sinto quase corporalmente o meu Inconsciente antropomorfizado num *modo de ser humano* que me constitui. Um anjo da guarda gozador mas confiável. Lembro-me de uma confissão de Bion ao iniciar uma palestra: "Estou muito curioso para ouvir o que eu vou falar hoje!"

3. Vou compartilhando com o analisando coisas que me ocorrem ou me intrigam a partir de nossa conversa em curso e me ofereço para construirmos juntos um sentido que possa ser compartilhado. Um momento realmente mágico é quando a "interpretação" é dada pelo analisando e ela ecoa em nós. Um fato selecionado com mútua generosidade é um momento especial de *simetria terapêutica.* Analista e analisando se sentem parte de um processo que os espelha, fundamental para a desidealização mutativa. Uma construção compartilhada desracionalizadora.

4. Em certos momentos da sessão, ocorre-me o que eu chamaria de uma "interpretação pronta", que pode ser expressa claramente numa narrativa linear, organizada *a priori.* Começo a falar sabendo aonde quero chegar, e chego lá. Como se processos vertiginosos de generalização fossem contidos num vórtice des-generalizador

e reduzidos a um fato selecionado – inteligido, fantasiado, revelado, psicofonado . . . Ainda assim, ao expor tal interpretação ao analisando, preocupo-me em contar como cheguei a ela a partir do que aconteceu entre nós; dos suportes que extraí da sua fala. Compartilho os passos dados para formulá-la e, com isso, revelo a ele como eu penso. Deixo claro que não sou onisciente (ainda que nosso Inconsciente possa ser). Em outros momentos desfecho um golpe virtuosístico. Uma interpretação inesperada e cortante que tenha, no analisando, um efeito catártico de *insight* repentino. Penso perceber quando a situação é propícia para isso e se confirma rapidamente sua possível eficácia na resposta do outro. Não me escapa, porém, o prazer narcísico que vivo nesse instante de virtuosismo digno de aplausos, ainda que de um público tão reduzido. Mesmo assim, espero que o analisando possa reconstituir aproximadamente como chegamos lá. Em ocasiões especiais ele até assinala pontos de passagem que nem percebi em meu pujante salto interpretativo.

5. Entre meus analisandos existem os freudianos, kleinianos, lacanianos, winnicottianos, bionianos, ferenczianos etc. No encontro com cada um deles parecem manifestar-se uma ou mais teorias apropriadas à dupla que formamos, o que invariavelmente me surpreende. Parece vir como consequência, e não como causa determinante. Como se a personalidade do analisando nos canalizasse por uma certa visão teórica. Deixo-me conduzir por eles. E Matte-Blanco, a que classe pertence? Como classificá-lo? A partir de sua trajetória pessoal, certamente um pós-bioniano, mas, simultaneamente, sinto-o como essencialmente freudiano. Outra volta a Freud na espiral psicanalítica.

6. Cada vez mais utilizo histórias e parábolas para me exprimir: parábolas bíblicas ou zen-budistas, *koans* paradoxais, letras de música, poesias, piadas, principalmente judaicas, que riem de si mesmos, ou piadas de português, nas quais rimos do outro (politicamente incorretas, mas bem-intencionadas), histórias pessoais, imagens e

devaneios. Talvez porque as parábolas permanecem sempre insaturadas. Elas sugerem inumeráveis possibilidades de associações plenas de nuances. À medida que ouço as narrativas que os analisandos me contam, vou encenando-as em imagens. Às vezes peço detalhes dos personagens envolvidos para completar minha encenação cinematográfica interna. Um de meus ouvidos – apenas um – se interessa particularmente pelo roteiro, pelo suspense e pelo desfecho.

7. Tenho também meus pressupostos, por mais impermanentes e mutáveis que sejam. São muito mais conjecturas do que teorias. Aliás, numa linguagem rigorosa todas as teorias psicanalíticas são conjecturas.

Dou uma ênfase especial ao *medo*. Claro que ele tem um papel preponderante na teorização psicanalítica, tanto que é conceituado em suas mais variadas nuances: pânico, paranoia, fobia, angústia, ansiedade, terror, horror, receio, expectativa, preocupação, hesitação, paralisação, coragem, defesa . . . Acho que a indispensável vantagem de precisar as sutilezas terminológicas implica o risco paradoxal de ocultar o próprio medo. Poder dizer: "Eu estou com medo!" Para dizer isto, é preciso contar com um ouvinte generoso e confiável, que não lhe diga como resposta: "Filho meu não tem medo!" Enfim, mantenho naquele "canto da mente" uma atenção benévola para os medos que nos envolvem.

A ideia de uma inveja primária constitucional esteticamente não me agrada. Um pouco como Roger Penrose, eminente pensador físico-matemático, que, em seu livro *The large, the small and the human mind* (*O grande, o pequeno e a mente humana*) (1997), compara os três modelos atuais sobre o futuro do universo, entre expansão e contração. Ele faz uma análise rigorosa dos dados e expõe sua razão para optar por um dos modelos. A seguir, ele acrescenta o argumento final: "A outra razão é porque este modelo é o que eu mais gosto".

Prefiro pensar os sentimentos destrutivos em geral como terciários. Penso o *amor*, na sua acepção mais ampla – incluindo fundamentalmente a amizade –, como emoção primária. O amor pressupõe uma relação interpessoal que acredito estar contida numa pré-concepção de humanidade, e a mente do bebê se engendra como parte dela. Existindo o amor, cria-se secundariamente o medo. Medo da perda do outro e de si. Aí sim, como consequência do medo, surge o ódio, a inveja, a destruição, a culpa. Uma ficção? Talvez, mas exprime uma visão mais esperançosa do ser humano, sem perda de realismo. Por que não?

8. O inconsciente infinito segundo Bion e Matte-Blanco[1]

O fator diferencial que eu quero introduzir não é entre consciente e inconsciente, mas entre finito e infinito.

W. R. Bion

. . . a lógica do inconsciente permeia todas as manifestações psíquicas humanas . . . . Indo mais longe, esta lógica está presente no infinito matemático que tem obviamente uma relação fundamental com a estrutura do Mundo.

Ignacio Matte-Blanco

Parafraseando uma conhecida parábola zen: quando Bion e Matte-Blanco apontam para o infinito, não é para o dedo que devemos olhar. Salta à vista a proximidade entre suas ideias, e foi exatamente no livro memorial em homenagem a Bion, *Do I dare disturb the Universe?* (1981), que fui descobrir Ignacio Matte-Blanco. Um dos

1 Publicado na *Revista Brasileira de Psicanálise*, São Paulo, v. 38, n. 1, 2004.

textos desse livro, "Reflecting with Bion", compõe-se de uma série de aforismos fascinantes e misteriosos, e, entre eles, atraiu-me o seguinte:

> *Imagino o que Kant pensaria se ouvisse Bion, que meditou anos a fio sobre o Noumenon Incognoscível, falar hoje de maneira que lembra a sabedoria budista fazendo-nos suspeitar que o incognoscível é incognoscível porque é impensável. (Tradução livre).*

Claro, há muito tempo eu e tantos outros intuíamos a ligação profunda entre ideias de Bion e os fundamentos da filosofia pragmática milenar que se desenvolve desde os Vedas, passando pelo *Tao* e pelo Zen. Como exemplo, um fragmento de *Transformations* (Transformações) (1965, p. 47), que passaria perfeitamente por um comentário sobre o *Tao Te Ching* de Lao-Tsé:

> *. . . me despirei de pré-concepções, me aproximando do estado de inocência* (naivety)*: não saber para dar espaço ao surgimento de uma pré-concepção que venha iluminar o problema que excita minha curiosidade.*

Por outro lado, poderíamos atribuir a Bion esse fragmento de Tarthang Tulku, lama tibetano, em seu livro *Gestos de equilíbrio* (1977, p. 52):

> *Temos de limitarmo-nos apenas a "ser" . . . viver no presente sem ficar pré-ocupados [hífen nosso] com memórias passadas ou expectativas futuras. Mas precisamos também tomar cuidado para não agarrar o presente; temos de deixar que se vá toda e qualquer posição, até mesmo a atual.*

Outro ponto de intersecção: a tese de doutoramento de Parthenope, filha de Bion, publicada em 1978 quando Bion era vivo, tem como tema justamente a teoria bi-lógica de Matte-Blanco.

Como tantos outros pensadores criativos (matemáticos, físicos, filósofos etc.) que percorreram corajosamente os caminhos da lógica racional até seus limites extremos, esses autores também afrontaram as fronteiras evanescentes da ciência no limiar da mística: as barreiras de contato entre racionalidade e emocionalidade, entre técnica e arte, entre consciente e inconsciente, entre finito e infinito. Escrevo este ensaio imaginando um leitor com certa familiaridade com a obra de Bion, mas nenhuma com a obra de Matte-Blanco, em vista do que farei adiante uma sucinta exposição sobre vida e obra deste último. Vida e obra enriquecidas pela estreita colaboração intelectual e afetiva com renomados filósofos, matemáticos, linguistas, lógicos etc. Apesar disso, a linguagem de Matte-Blanco é cuidadosamente clara e didática, e as ideias são expostas com simplicidade e profundidade – qualidades que funcionam bem quando associadas.

Bion e o inconsciente infinito

> *O analista tem de se tornar infinito pela suspensão da memória, desejo e compreensão.*
>
> W. R. Bion

Os modelos de "aparelho psíquico" imaginados tanto por Bion quanto por Matte-Blanco tomam como modelo básico a primeira tópica freudiana: Consciente-Inconsciente. O modelo bioniano está descrito nos capítulos iniciais (capítulo 8, por exemplo) do seu livro *Learning from experience* (O aprender com a experiência) (1962). Numa simplificação esquemática, podemos descrevê-lo como um sistema (ou território virtual) consciente, separado de um sistema inconsciente por uma barreira tênue, mutante, auto--poiética: a *barreira de contato* (expressão emprestada de *Projeto para uma psicologia científica* de Freud, 1895/1996). Ou seja, o "bom funcionamento" do aparelho depende de uma transiência harmoniosa entre os dois sistemas, o dos "sonhos" e o dos pensamentos racionais, para que estes se comuniquem e se gradualizem sem invasões maciças de um pelo outro. Mas deixemos que o próprio Bion (1962) nos esclareça:

> *. . . uma barreira de contato que deve sua existência à proliferação de elementos — alfa pela função — alfa exercendo a função de uma membrana que pela natureza de sua composição e permeabilidade separa fenômenos mentais em dois grupos, um dos quais exerce a função de Consciente e o outro a função de Inconsciente. . . . Essa barreira de contato em permanente processo de formação, marca o ponto de contato e separação entre elementos conscientes e inconscientes e origina a distinção entre eles . . . (p. 17).*
>
> *. . . o termo barreira de contato enfatiza o estabelecimento de contato entre consciente e inconsciente e a passagem seletiva de elementos de um para o outro (p. 22).*

Em seu livro *Transformations* (Transformações) (1965, pp. 45-46), Bion prossegue:

> *O fator diferencial que eu quero introduzir não está entre Consciente e Inconsciente, mas entre* Finito e Infinito *. . . a situação do analista ao lidar com transformações psicóticas é similar à do físico nuclear. Ele tem de lidar com relações num domínio que não tem*

> *limitações finitas . . . suas interpretações têm características relacionais que são aplicáveis ao seu universo discursivo, mas não aos fenômenos que elas representam uma vez que esses fenômenos possuem características relacionais,* se é que elas existem, *apropriadas a um* universo infinito. *(grifos nossos).*

Mas é em *Atenção e interpretação* (1970/1973) que Bion vai fazer uma síntese transcendente de seus escritos anteriores com a postulação de *O*, o infinito informe, que novamente nos remete a uma tradição filosófica milenar, já que *O* pode ser associado tanto ao zero como à circunferência, símbolo da totalidade infinita, sem começo e sem fim, em tantas culturas tradicionais. Citemos novamente Bion (1970/1973) em trechos da última obra citada:

> *Usarei o signo O para denotar aquilo que é representado por termos como realidade última, verdade absoluta, natureza divina,* o infinito, *a coisa-em-si. O não cai no domínio do conhecimento ou do aprendizado a não ser incidentalmente; ele pode vir-a-ser (*become*), mas não pode ser conhecido. Ele é a escuridão informe . . . (p. 29).*
>
> *O analista não pode ser identificado com O; ele tem de* sê-lo *(p. 36).*
>
> *"O" representa a verdade absoluta em e de qualquer objeto. Assume-se que não pode ser conhecido por nenhum ser humano . . . Os místicos religiosos possivelmente têm se aproximado mais da expressão dessa experiência.*
>
> *O ponto principal para o analista é impor-se uma disciplina positiva de evitar a memória e o desejo . . . Pode-se então perguntar qual estado de mente é desejável se*

> *desejos e memórias não o são. Um termo que expressa aproximadamente o que eu quero expressar é* fé *— fé na existência de uma realidade última ou verdade absoluta, o desconhecido desconhecível, o* infinito informe *(pp. 33-34, grifos nossos).*

Podemos equacionar esse estado de mente propiciado pela suspensão da memória, do desejo e da compreensão com o *desapego do ego*, desapego de si propiciado pelas práticas meditativas de origem oriental, mas hoje difundidas em todas as culturas ocidentais.

Ou seja, para Bion, o sistema inconsciente é o território do infinito incognoscível e inefável que sempre nos escapará; podemos apenas *intuí-lo* por meio de suas invasões controladas do sistema consciente: sonhos, atos falhos, emoções e outras manifestações expressivas e estéticas. Mas o mais importante para o processo psicanalítico, segundo Bion, é que esse Inconsciente - a "verdadeira realidade psíquica", a matriz das pré-concepções emocionais, nosso sonho perene quer no sono quer na vigília e de onde são extraídos, num processo reducionista, nossos pensamentos finitos passíveis de serem captados pelo consciente que os organiza numa ordem discursiva - não pode ser conhecido pelo analista. A única possibilidade de acesso é tornar-se ele também infinito. Penso que é esse o estado de atenção livremente suspensa, atitude fundante da psicanálise freudiana e que Bion denominou ser *O* (ser infinito) por meio da postura "sem memória, sem desejo, sem compreensão". Tanto quanto retas paralelas, analista e analisando se encontram no infinito.

Vejamos como os desenvolvimentos posteriores de Matte-Blanco nos ajudam a "pensar" o infinito impensável, e fortalecem nossa *fé* na possibilidade de nos transmutarmos nele.

Por que Matte-Blanco?[2]

O nome de Ignacio Matte-Blanco, que até recentemente era conhecido apenas por um restrito círculo de psicanalistas fascinados por suas ideias inovadoras, vem sendo citado com frequência crescente nas bibliografias de textos nas revistas especializadas bem como por vários livros de outros autores, que falam de sua obra e criam desdobramentos.

Mas, afinal, o que propõe Matte-Blanco com sua "bi-lógica" que constitui o eixo de sua obra? Em poucas palavras: ele propõe uma nova visão sobre o Inconsciente freudiano que nos ajuda a compreender seu funcionamento lógico e suas relações com a lógica consciente. Produto imediato dessa nova visão é a sensibilização de nossa escuta no campo da clínica.

Matte-Blanco nasceu no Chile, onde se formou em Medicina. Foi professor de Fisiologia e Psiquiatria, mas logo seu interesse voltou-se para a Psicanálise. Fez sua formação nos anos 1930 em Londres. Em 1940 mudou-se para Nova Iorque, onde despertou seu interesse pela lógica matemática ao assistir, por vários anos, aos seminários de Richard Courant, grande filósofo matemático. Retornou ao Chile para assumir a cadeira de Psiquiatria na Universidade de Santiago e fundar a Sociedad Chilena de Psicoanálisis. Nos anos 1960 mudou-se para Roma, onde desenvolveu sua obra psicanalítica até sua morte em 1995.

A linguagem do esquizofrênico foi o ponto de partida para a questão básica que ele procurou compreender ao longo de todos os seus escritos. Tentaremos resumi-la: sabemos que existe uma

2 Este preâmbulo é uma versão modificada de minha introdução ao artigo "Expressão em lógica simbólica das características do sistema inconsciente ou a lógica do sistema inconsciente", de Ignacio Matte-Blanco, publicado na *Revista Fepal*, em setembro de 2002.

predominância de elementos emanados de processos inconscientes tanto na comunicação do esquizofrênico quanto nos sonhos, atos falhos *e reações emocionais diversas*; lembrando ainda que Freud postulou as características fenomênicas, os efeitos dessa lógica inconsciente, como: *deslocamento, condensação, realidade interna × externa, ausência de temporalidade, ausência de negação e, como característica abrangente, a não validade do princípio de não contradição*; Matte-Blanco pergunta-se, então, quais seriam as leis estruturantes dessa outra lógica, tão estranha ao nosso senso comum consciente, organizado pela lógica clássica aristotélica cujo fundamento é o princípio da não contradição.

Ou seja, a partir de seus efeitos apreensíveis, Matte-Blanco vai em busca das causas, das leis estruturantes dessa lógica inconsciente, leis que produzem as características freudianas citadas como sua consequência lógica.

Se tivéssemos que situar Matte-Blanco numa genealogia filosófica, eu arriscaria algo como: Lao-Tsé, Pitágoras, Heráclito, Parmênides, Platão, Jesus, Maimônides, Espinosa, Kant, Hegel, Schopenhauer, Nietzsche, Frege, Russel, Lupasco . . . Freud! Se algum dia se cunhar a expressão pós-bioniano, talvez Matte-Blanco se encaixe.

O inconsciente infinito segundo Matte-Blanco

Como dito anteriormente, tentarei transmitir concisamente as ideias básicas de Matte-Blanco, imaginando um leitor que não as conheça. Para tanto, procurarei ordená-las usando, sempre que possível, citações do próprio Matte-Blanco, extraídas de seus dois livros principais: *The unconscious as infinite sets* (O inconsciente como conjuntos infinitos), de 1975, e *Thinking, feeling and being: clinical reflections on the fundamental antinomy of human beings and world* (Pensar, sentir e ser), de 1988. Espero que a captação evocativa de sua própria escritura possa aproximar o leitor do homem Matte-Blanco e facilitar sua compreensão.

Usarei as abreviações M.B. para Matte-Blanco, U.I.S. para *The Unconscious as Infinite Sets* e T.F.B. para *Thinking, feeling and being.*

Sem descartar os desenvolvimentos da segunda tópica freudiana – Id, Ego e Superego – M.B. retoma e problematiza a primeira tópica, Consciente-Inconsciente, lembrando que Freud jamais a abandonou, mesmo em seus escritos finais, mas continuou se referindo ao Inconsciente não apenas como uma qualidade mas como uma instância, um sistema com sua lógica própria, lógica esta que determina sua qualidade de ser inconsciente. Ou seja, esse outro modo de ser, o sistema inconsciente, pelas suas próprias características, só poderia estar fora da consciência, pois sua lógica interna é outra, inapreensível diretamente pela lógica consciente:

> *Aí, pela primeira vez na história da ciência, Freud fez duas descobertas fundamentais: primeiro que o inconsciente não se conforma às regras lógicas, entre elas o princípio de contradição; segundo, descobriu e descreveu claramente os vários tipos de comportamentos do inconsciente, que ele chamou de características especiais do sistema inconsciente (T.F.B., 1988, p. 63, tradução livre).*
>
> ...
>
> *Por outro lado, aproximadamente ao mesmo tempo que Freud pensava sobre o inconsciente, eminentes matemáticos refletiam sobre a natureza do seu próprio objeto de estudo. O conhecimento do infinito e o conceito de conjunto eram submetidos a um minucioso escrutínio assim como os fundamentos da matemática. Resultou disso a noção de formalização. Entre outros, Cantor,*

> *Frege, Russel, Whitehead, Hilbert aplicavam suas brilhantes mentes a esse trabalho.*
>
> *O fato é que nem Freud nem os matemáticos conheciam o trabalho um do outro (T.F.B., 1988, p. 64, tradução livre).*
>
> *. . . psicanalistas trabalham de modo muito semelhante a algebristas abstratos e nenhum dos dois grupos parece se dar conta disso (U.I.S., 1975, p. 26, tradução livre).*

Nessa última frase, M.B. parece sugerir que ambos trabalhem imersos no Inconsciente, num estado de atenção livremente suspensa. Propondo-se, então, a utilizar os aportes desses dois campos, M.B. apresenta a proposta geral do seu livro *The Unconscious as Infinite Sets* (1975):

> *A vida psíquica pode ser visualizada como a perpétua interação dinâmica — em termos de tensão, cooperação e mesmo união — entre dois tipos fundamentais de ser que existem dentro da unidade de cada homem: o modo ID estrutural (ou inconsciente não reprimido, ou sistema inconsciente) e o modo visível do pensamento consciente, que pode ser aproximadamente compreendido na lógica Aristotélica.*[3]

Para deduzir os princípios dessa outra lógica, o Id inconsciente, M.B. se debruça sobre as características especiais do Inconsciente

---

3 Por longo tempo a lógica consciente foi julgada única pela ciência tradicional. Essa lógica clássica ou bi-valente se baseia nos três postulados de Aristóteles:

1. Postulado de identidade: a = a.

2. Postulado de não contradição: não é o caso de a = b e a ≠ b simultaneamente.

3. Postulado do terceiro excluído: não existe um terceiro termo T que atenda às duas relações acima.

freudiano e propõe princípios lógicos que possam justificá-las. Em outras palavras, ele deduz as leis estruturantes da lógica inconsciente a partir dos seus efeitos observados. Partindo da postulação freudiana de processos primário e secundário, M.B. enfatiza a presença de dois modos de manifestação psíquica, com diferentes princípios lógicos:

> *O primeiro representando a "normalidade consciente" ou o tipo de pensar idêntico ao científico . . . o segundo correspondente ao modo de pensar do sistema inconsciente (U.I.S., 1975, p. 37).*
>
> *Se as leis do Inconsciente existem e elas não se conformam aos princípios da lógica científica, elas devem se conformar a um sistema lógico diferente (U.I.S, 1975, pp. 36-37).*

M.B. formula, então, os dois princípios que determinariam essa outra lógica ou, como ele concluirá mais adiante, este outro modo de ser: o *princípio de generalização* (P.G.) e o *princípio de simetria* (P.S.), e ele os formula assim:

> *1. Princípio de Generalização*
>
> *O sistema inconsciente trata a coisa individual (pessoa, objeto, conceito) como se fora um membro ou elemento de um conjunto ou classe que contém outros membros; trata essa classe como subclasse de uma classe mais geral e esta como subclasse de outra ainda mais geral e assim por diante (U.I.S., 1975, p. 38).*

Exemplo: João é um elemento da classe dos homens; esta é uma subclasse da classe dos seres humanos, que, por sua vez, é subclasse da classe dos animais, dos seres vivos etc., ou seja, a lógica inconsciente generaliza João para todos os conjuntos associativos que podem contê-lo.

> *1ª. Na procura de classes cada vez mais amplas, o sistema Inconsciente dá preferência a funções proposicionais que por um lado representam generalidade crescente e por outro preservam a individualidade da coisa de origem (U.I.S., p. 38).*

Função proposicional é a característica que identifica uma classe (um conjunto) e determina a equivalência de seus elementos. Por exemplo, humanidade é a função proposicional da classe dos seres humanos. Reparem que o termo "humanidade" representa tanto o conjunto generalizado de todos os seres humanos como a individualidade do elemento de origem: a humanidade que define um ser humano. As operações de abstração e generalização do princípio descrito ainda podem ser contidas numa lógica clássica. Já o princípio de simetria vem constituir uma ruptura radical dessa lógica:

> *II. Princípio de Simetria*
>
> *O sistema inconsciente trata o inverso de qualquer relação como idêntico à relação. Em outras palavras, trata relações assimétricas como se fossem simétricas (U.I.S., 1975, p. 38).*

Como exemplo: a frase "João é irmão de Pedro" é simétrica porque sua inversão é "Pedro é irmão de João". É simétrica porque no seu inverso a relação (a conexão) se mantém. Já a frase "João é pai de Pedro" expressa uma relação assimétrica porque seu inverso é "Pedro é filho de João". O que o segundo princípio afirma é que o sistema inconsciente tende a tratar qualquer relação como simétrica:

se João é pai de Pedro, então Pedro é pai de João (e também é filho de Pedro, Pedro é filho de João etc.). Basta pensar nos sonhos para que essa simetrização não nos pareça tão estranha.

A simetrização inconsciente das relações assimétricas produz consequências importantes; como exemplo, quando se aplica o princípio de simetria não pode haver sucessão ordenada de eventos, sejam temporais ou espaciais, pois, se o evento A vem depois de B, também B vem depois de A. Ou seja, com o P.S. não pode haver tempo cronológico: o Inconsciente é atemporal.

Se revermos agora outras características do Inconsciente freudiano à luz desses dois princípios, veremos que elas podem decorrer "logicamente" deles. Assim:

Deslocamento

Quando se aplica o P.G., todos os elementos de uma classe são equacionados, igualados entre si e toda classe. Qualquer elemento – João, por exemplo – representa um outro e também a totalidade da classe. Se tomamos como exemplo o caso do pequeno Hans, o deslocamento da figura do pai para a figura dos cavalos se dá pela inclusão de ambos numa classe mais geral que as contém: provavelmente a classe dos animais poderosos e perigosos que também podem cair e morrer. Em outras palavras, a lógica inconsciente funciona por metáforas (identidade a partir de um ou mais elementos equivalentes) e metonímias (identidade da parte com o todo).

> *Pois, se o deslocamento for considerado do ponto de vista da lógica simétrica, nada foi deslocado. O aspecto original e o deslocado são tratados como seres idênticos. Só podemos falar de deslocamento se olharmos a ação*

> *da "lógica simétrica" por um vértice assimétrico (U.I.S., 1975, p. 43).*

Tomando os sonhos como exemplo, sua lógica é considerada absurda, ilógica, contraditória apenas quando ele é transposto narrativamente para nossa lógica consciente. Do "ponto de vista" da lógica intrínseca dos sonhos, não há qualquer contradição.

Substituição da realidade externa pela psíquica

Numa formulação rigorosa, temos de considerar essa característica como um caso particular de deslocamento, conforme visto anteriormente. As duas realidades são tratadas como subclasses de uma classe maior, de uma realidade maior que as abrange.

Ausência de contradição mútua e condensação

Aspectos opostos ou contraditórios pela lógica bivalente podem ser sintetizados numa classe mais ampla em que as contradições não existam. Utilizando uma linguagem contemporânea própria do pensamento complexo, o Inconsciente se propõe como um outro nível de realidade, onde é possível um "terceiro incluído" que sintetiza dialogicamente as contradições do nível de realidade consciente. *A síntese, que na dialética se dá num segundo tempo, na dialógica se dá simultaneamente, mas em outro nível de realidade lógica.*

> *Em meio à estrutura lógica bivalente simples ou aristotélica, o princípio de simetria faz sua aparição em certos pontos e, como um ácido poderoso, dissolve toda lógica a seu alcance, isto é, nos territórios onde é aplicado. Mas*

> *o resto da estrutura lógica mantém-se intacta . . . . O princípio de simetria como um princípio único e totalizante de lógica dissolve completamente toda a lógica (U.I.S., 1975, p. 53-54).*

Ou seja, a lógica simétrica só tem acesso ao Consciente nas rupturas da estrutura lógica, predominantemente bivalente, que o consciente usa e compreende: o processo secundário. De outro modo, ela é absolutamente alheia, inefável, impensável por nossa lógica habitual consciente. É importante ter em mente que tentamos imaginar, pensar e descrever o modo de ser simétrico por meio do nosso instrumental mais assimétrico – o ego consciente sempre em permanente alerta contra as transgressões à lei da contradição. A ação conjunta dos dois sistemas lógicos, a lógica assimétrica do sistema consciente e a lógica simétrica do sistema inconsciente, resulta numa lógica anaclítica que M.B. denominou bi-lógica:

> *O sistema bi-lógico é o sistema formado por dois sistemas lógicos . . . nos confrontamos com algo que só pode ser contido num sistema regido simultaneamente por dois tipos de regras . . . . Resumindo, parece-nos cabível falar de um sistema lógico anaclítico . . . (U.I.S., 1975, p. 150).*

As duas lógicas são irreconciliáveis, mas associam-se em proporções varáveis, formando sistemas bi-lógicos com eventuais predominâncias simétricas ou assimétricas. Usando uma analogia química, elas se misturam, mas não se combinam. É importante frisar que as duas lógicas são complementares. Não existem em estado puro, mas sempre associadas. A assimetria tende a "organizar", a seu modo, a simetria:

> *A lógica bivalente é a mais pura e elevada forma de defesa, e ajuda o homem a conquistar a natureza (U.I.S., 1975, pp. 58-59).*

Ou seja, dentro do seu pragmatismo vital, o próprio ego consciente seria um mecanismo de defesa fundamental. A partir daí, M.B. amplia a noção de bi-lógica para bi-modalidade: o ser humano constituído por dois modos de ser, cada um com sua lógica própria:

> *A natureza do homem parece constituída de uma parte generalizadora que leva aos símbolos e uma parte restritiva que leva ao pensamento preciso, assimétrico. É pela interação das duas que podemos entender o fenômeno humano (U.I.S., 1975, p. 106).*
>
> *Haveria então o "modo de ser" revelado nas assim chamadas características do sistema inconsciente e o "modo de ser" revelado no pensar consciente (U.I.S., 1975, p. 94).*
>
> *[Vemos o inconsciente] não apenas como uma qualidade, mas um "modo de ser" caracterizado por vários outros traços essenciais à parte do traço de ter a qualidade de ser inconsciente. Esta é uma consequência necessária tanto da sua própria estrutura como da estrutura do outro modo de ser, descrito por Freud como "consciente ou consciência", mas não é sua única característica distintiva (U.I.S., 1975, p. 69).*
>
> *A qualidade de ser inconsciente não é inerente ou essencialmente inevitável ao modo de ser simétrico. Em vez, é consequência da natureza do consciente que não pode conter dentro de si o modo de ser simétrico (U.I.S., 1975, p. 97).*

> *O modo de ser simétrico não é observável isoladamente no homem (U.I.S., 1975, p. 104).*

Em outras palavras, o nosso Consciente, adequado à captação de relações finitas, não tem meios apropriados para a captação das infinitas relações do Inconsciente.

M.B. desenvolve, em paralelo com Bion, a ideia de um Inconsciente Infinito. A teia de infinitas relações do sistema inconsciente reduz-se pragmaticamente a uma narrativa linear consciente:

> *Pensar é um processo, algo onde uma coisa segue a outra. Nada nos impede, porém, de conceber uma forma de consciência que pode apreender um infinito número de coisas simultaneamente. Se isso fosse possível, o modo de ser simétrico seria capaz de adentrar a consciência* in toto *e ser por ela apreendido (U.I.S., 1975, p. 98).*

Usualmente tentamos captar, imaginariamente, o conceito de infinito, transformando o indiviso em um número "infinito" de elementos discretos. Assim, uma linha contínua pode ser imaginada como constituída por infinitos pontos ou segmentos. É um conceito limite da Matemática. Uma circunferência indivisa pode ser imaginada como o limite dos polígonos regulares quando o número de lados é infinito. O que explica a escolha, por Bion, do *O* (circunferência) como signo da realidade última infinita. A diferença entre um infinito essencialmente indivisível e a tentativa de representá-lo metaforicamente por um número infinito de elementos discretos foi formulada por Espinosa em carta dirigida a seu interlocutor Lodewijik Meijer (1663), conhecida como *Carta sobre o Infinito*:

> *A questão do infinito sempre me pareceu dificílima para todos, até mesmo inextrincável porque não distinguiram*

> *entre aquilo que é infinito por sua natureza, ou pela força de sua definição, e aquilo que não tem fim, não pela força de sua essência, mas pela sua causa. E também porque não distinguiram entre aquilo que é dito infinito porque não tem fim e aquilo cujas partes, embora conheçamos o máximo e o mínimo, não podem ser explicadas ou representadas apenas por um número. Enfim, porque não distinguiram entre aquilo que só pode ser inteligido, mas não imaginado, e aquilo que também podemos imaginar. Se tivessem prestado atenção nisso, jamais teriam sido esmagados ao peso de tantas dificuldades. Com efeito, teriam claramente compreendido qual infinito não se divide em partes (ou que não tem partes) e qual, ao contrário, pode ser dividido em partes sem contradição. Também teriam compreendido qual infinito pode ser concebido como maior do que outro sem qualquer contradição, e qual não pode ser concebido assim. (Espinosa, 1983, p. 373).*

Séculos depois, M.B. reelabora a questão do Infinito relacionando-o com o sistema inconsciente:

> *A classe que, para o modo simétrico de ser é um todo indivisível, para o modo assimétrico de ser é um conjunto infinito formado por elementos discretos (U.I.S., 1975, p. 130).*
>
> *Pode-se dizer que é no infinito que se encontram as duas naturezas do homem, a simétrica e a assimétrica (U.I.S., 1975, p. 219).*

Contemplando o fenômeno de a parte ser igual ao todo, M.B. pergunta: em Matemática, quando um subconjunto próprio é equivalente, ou seja, tem o mesmo número de elementos que o conjunto todo? A resposta reconhecida matematicamente há muitos anos é: "tão somente quando o conjunto é infinito" (Eric Rayner e David Tuckett apud T.F.B., 1988, p. 39).

Uma das formulações dessa resposta matemática a que Rayner e Tuckett se referem é a definição de Dedekind (1888/1963, p. 63): "Um conjunto é infinito quando, e somente quando, ele pode ser posto em correspondência bi-unívoca com uma parte própria de si".

Sintetizamos a seguir a engenhosa demonstração de Dedekind citada por M.B (1988): a série de todos os números inteiros 1, 2, 3, 4, . . . constitui um conjunto. Este conjunto pode ser decomposto em duas partes próprias constituídas, respectivamente, pelos números pares e números ímpares. Se multiplicarmos cada número da série total de números inteiros por 2, teremos uma correspondência biunívoca entre duas séries:

1 < > 2

2 < > 4

3 < > 6

4 < > 8

. .

. .

. .

Ora, essa correspondência bi-unívoca se dá entre a série de números inteiros e a série de números pares, ou seja, uma parte própria (a metade) da série de números inteiros. Esta é a condição para considerarmos estes conjuntos como infinitos. Conceito que pode remeter à metonímia: a parte representa o todo.

> *Podemos interpretar o princípio de simetria como a expressão do fato da parte ter a mesma potência ou cardinalidade que o todo. Se aplicarmos a definição de Dedekind, isso significaria que sempre que nos defrontamos com esse princípio onde há equipotencialidade entre a parte e o todo, nós estamos de fato confrontados com um conjunto infinito (U.I.S., p. 147).*

Ou seja, *aplicando a definição de Dedekind ao sistema inconsciente, M.B. infere que o Inconsciente é infinito*, pois iguala a parte ao todo.

> *O processo pode ser descrito como extração pelo pensar assimétrico das infinitas possibilidades do modo de ser simétrico (U.I.S., p. 272).*
>
> *A visão assimétrica é "cegada" pelo excesso de relações do modo simétrico (U.I.S., p. 290).*
>
> *Para um consciente capaz de captar um número infinito de relações, o inconsciente seria consciente (U.I.S., p. 377).*
>
> *As potencialidades do inconsciente são realmente infinitas. E assim também são as possibilidades teóricas da arte (U.I.S., p. 300).*

Matte-Blanco, então, amplia a ideia de duas lógicas para dois modos de ser, cada qual com sua lógica específica, irredutível à outra, e propõe uma nova formulação, mais abrangente, para a antinomia do ser humano: *modo de ser indivisível* (ou homogeneizador) e *modo de ser divisor* (ou heterogeneizador).

> *O conceito de "modo de ser" é mais amplo que o de "lógica"... A lógica lida com a estrutura onde se desenvolve*

> *o pensar. Um modo de ser se refere a todos os aspectos do "ser", um dos quais, mas somente um, é o pensar (T.B.F., p. 77).*

E ele descreve, então, as características dos dois modos de ser:

> I. Modo indivisível
>
> *1. Há um modo de ser psíquico que aparece como — ou pode ser descrito ou caracterizado dizendo-se que é — uma totalidade indivisível.*
>
> *1a. Nessa totalidade indivisível,* sentir e ser são uma e a mesma coisa.
>
> *1b. Nessa totalidade indivisível, visualização, intelecção e conhecimento são necessariamente indivisos, diretos, e sem intermediários; são idênticos entre si e à totalidade indivisível desse próprio modo de ser.*
>
> *1c. Essa totalidade indivisível não faz distinção entre self e não self.*
>
> *1d. Essa totalidade indivisível é intrinsecamente alheia a qualquer noção de espaço físico ou simbólico, tempo e consequentemente movimento físico ou simbólico (p. 349).*
>
> *A "totalidade indivisível" é anterior à divisão dessa totalidade em fatos. Acredito poder ir mais longe e afirmar que essa totalidade indivisível é a coisa básica.*
>
> *Talvez equivalente à afirmação de Freud que* o inconsciente é a verdadeira realidade psíquica *(U.I.S., p. 364, grifos nossos).*
>
> II. Modo divisor
>
> *2. Há um modo de ser psíquico no homem que pode ser descrito ou caracterizado dizendo que ele trata ou*

> *concebe ou "visualiza" ou "vive" toda realidade (inclusive a sua) como se fosse divisível e formada por partes – é o modo divisor.*
>
> *Como consequência, neste segundo modo de ser o self e o não self são nitidamente diferenciados. Esse modo só pode ver o outro como um conjunto infinito de partes separadas e portanto o modo indivisível de ser é necessariamente inconsciente porque o consciente humano que trabalha com número finito de elementos discretos não pode contê-lo (U.I.S., pp. 349-352).*

As reflexões que se seguem nos ajudam a pensar as relações entre esses dois modos de ser, ou seja, as características desses sistema bi-lógico:

> *Todas as manifestações psíquicas humanas são resultado da interação cooperação e/ou outro tipo de relação entre os dois modos de ser (U.I.S., p. 352).*
>
> *Há na própria estrutura do ser humano uma antinomia fundamental que resulta da copresença de dois modos de ser que são incompatíveis e apesar disso existem e aparecem juntos no mesmo motivo. Há uma antinomia fundamental nos seres humanos e no seu mundo (T.B.F., pp. 70-71).*
>
> *Esta nova formulação parece ir além do princípio de simetria, chegar mais perto da realidade do homem formada por dois aspectos: uma realidade homogênea, sem espaço nem tempo nem partes; e outra realidade concebida como formada ou dividida em partes (U.I.S., p. 375).*

> *A lógica não pode existir se não refletir de alguma maneira a totalidade do mundo, esse mesmo mundo com o qual o modo simétrico estabelece um "contato" inteiramente diferente . . . (U.I.S., p. 339).*

Um outro modelo de aparelho psíquico

Já sabemos que os dois modos de ser associam-se numa lógica anaclítica, uma bi-lógica, com toda gama de proporções. Podemos pensá-lo como:

> *. . . um* continuum *formado por casos de variáveis proporções simetria-assimetria (U.I.S., p. 152).*
>
> *. . . o* continuum *seria formado pelos conjuntos ordenados de todos os possíveis casos de proporções (U.I.S., p. 151).*

Resulta disso um modelo de aparelho psíquico no qual não existem territórios definidos de Consciente e Inconsciente, mas um território contínuo onde estes se mesclam em diferentes proporções, desde um polo virtual totalmente inconsciente até um polo virtual totalmente consciente. Esses polos são virtualidades não observáveis em nós, já que nossos dois modos de ser sempre atuam em conjunto, mesmo onde parece haver predominância total de um deles. Portanto a distinção entre Consciente e Inconsciente não coincide com a distinção entre simétrico e assimétrico, porque os dois contêm proporções variadas de simetria e assimetria.

> *A mente é estruturada de tal modo que em cada uma de suas manifestações diretas podemos, se prestarmos atenção, detectar a atividade de seus vários níveis, desde a assimetria vista no pensar consciente à grande proporção*

> *de simetria nos níveis profundos. Podemos definir a noção de "nível" como referido à proporção entre relações simétricas e assimétricas (U.I.S., p. 161).*
>
> *Toda manifestação mental situa-se entre extremos de alta simetria e alta assimetria (U.I.S., p. 164).*
>
> *... na estrutura normal estratificada bilógica, descobrimos que "sob" o aspecto apresentativo, a superfície de cada indivíduo, há normalmente uma sequência de estratos mais e mais profundos com amplitude e simetrização crescentes. Sem nos darmos conta, sentimos de uma maneira obscura que a mulher amada é não só nossa mulher, mas também nossa mãe e num estrato mais profundo, todas as mulheres "amáveis", e em nível ainda mais profundo ela é uma Deusa. Mais fundo ainda, ela é nós mesmos até finalmente atingirmos a pura expressão do modo indivisível onde tudo tende a ser tudo o mais (T.B.F., p. 115).*

As infinitas possibilidades de interação proporcional dos modos simétrico e assimétrico levam a um *continuum*. Se compararmos os modelos de aparelho psíquico de Bion e Matte-Blanco, veremos que o modelo de Bion pode perfeitamente ser imaginado em três dimensões ou mesmo projetado num plano bidimensional (desenhado numa página de livro). Já o modelo de Matte-Blanco propõe um contínuo multidimensional envolto numa barreira de contato, uma nuvem de cintilações quânticas.

Espaços multidimensionais

M.B. propõe, ainda, uma terceira formulação para a antinomia fundamental do ser humano e seu mundo, partindo agora de espaços multidimensionais. Note-se que as três formulações da bi-polaridade convivem simultaneamente. São diferentes abordagens, inter-penetrações aproximativas que se somam na tentativa de cercar aquilo que é, para nós, essencialmente esquivo.

Nossa relação com o mundo se dá em um espaço tri-dimensional sobre o qual se apoia nosso imaginário. Com um pequeno esforço, podemos imaginar um espaço uni-dimensional, uma linha reta, ou bi-dimensional, um plano. Na verdade, o que imaginamos é um cilindro comprido e "bem fininho" ou uma folha delgada de papel, sempre tri-dimensionais, mas que ainda servem para nossos propósitos imaginativos. E os espaços com mais de quatro dimensões espaciais? (Não estamos ainda falando do tempo). Ainda não podemos imaginá-los, visualizá-los, mas podemos pensá-los e deduzir matematicamente suas possíveis características. Como exemplo, M.B. utiliza a dedução de Courant e Robbins (1941). Ela permite concluir que, num espaço de quatro dimensões, os volumes tridimensionais se interpenetram ou, dito de outra maneira, corpos sólidos ocupam o mesmo lugar no espaço ao mesmo tempo (sempre a partir da nossa visão tridimensional). Por mais estranha que se afigure essa conclusão, ela é matematicamente coerente e de compreensão relativamente fácil.[4] Estamos como Cantor comentando suas conclusões sobre conjuntos infinitos: "Eu vejo, mas não acredito!"

> *O aspecto simétrico das estruturas bilógicas de nosso inconsciente opera ou pensa num espaço com maior número de dimensões que aquele de nossas percepções e pensar consciente. Esta é a razão por que não podemos estar cônscios dele ou, dito de outra maneira, a razão por que ele nos é inconsciente. Nosso pensar em menor dimensão não pode captá-lo, assim como uma bandeja*

4 Veja-se U.I.S., pp. 409-414 e T.F.B., pp. 87-92 e 307-310.

> *pintada na tela não pode ser recipiente de maçãs reais. Se tivéssemos uma consciência capaz de conter processos de pensamento de dimensões mais elevadas que as requeridas para pensar em termos de lógica clássica, aí poderíamos estar cônscios não apenas de nosso pensar lógico-clássico, mas também de nosso pensar simétrico. Neste caso estaríamos diretamente cientes ou conscientes do que chamamos atualmente de nosso inconsciente. Isto leva à compreensão que nosso inconsciente simétrico é em si um consciente potencial com um número maior de dimensões que a nossa consciência (T.F.B., pp. 91-92).*

> *Podemos descrever o modo simétrico como um tipo de "condensação" de um número infinito de relações. Se em vez de usarmos termos lógicos representarmos o P.S. em termos de espaço multidimensional, podemos dizer que pensar (modo assimétrico) é uma parte constitutiva do modo simétrico infinito-dimensional: pensar corresponde a um espaço de menor dimensão (U.I.S., p. 387).*

Para serem inscritos no sistema consciente, os infinitos sentidos do sistema inconsciente têm de passar obrigatoriamente pelo "desfiladeiro do significante", feliz achado de Lacan (1999). Sugiro a imagem de um inumerável exército deslocando-se livremente na planície e que tem de se dispor em fila indiana para transpor uma passagem estreita, reduzindo-se (numa aproximação esquemática) da planície de duas dimensões para a passagem de uma dimensão (do plano para a reta). Em sonhos nos aventuramos por um mundo multidimensional, tentando captá-lo com nossa limitada apreensão tri-dimensional.

> *O sonhador "vê" um mundo multidimensional com olhos feitos para ver apenas o mundo tridimensional (U.I.S., p. 418).*

A emoção e o inconsciente

A partir das colocações que se seguem, podemos, junto com M.B., imaginar o sistema inconsciente como um "órgão" privilegiado para captação emocional e o sistema consciente para captação racional.

> *Ambos os conceitos inconsciente e emoção coincidem em serem estruturas bilógicas. Essas estruturas podem ser encontradas em outras manifestações que não o inconsciente. Um exemplo disso é o conceito matemático de* infinito *que está na base de nossa compreensão do mundo (T.F.B., p. 85).*
>
> *Em qualquer emoção há sempre uma generalização, uma maximização e uma irradiação não justificadas em termos da lógica bi-valente, mas compreensíveis em termos da lógica simétrica. Além do objeto concreto, a emoção sempre vê (em termos de lógica bivalente) um número infinito de outros objetos dotados no seu máximo grau das características que definem a classe — o grau infinito (U.I.S., p. 372).*
>
> *Quanto maior o grau de simetria maior a magnitude dos afetos (U.I.S., p. 174).*
>
> *. . . os afetos ocupam simultaneamente todo espaço mental (U.I.S., p. 418).*
>
> *Emoção enquanto seja simetria não pode ter uma linguagem . . . , mas assim como o imensurável é a mãe do mensurável, a emoção é a mãe da linguagem (U.I.S., p. 273).*
>
> *A emoção é a mãe do pensar (T.F.B., p. 98; U.I.S., p. 303).*

Assim como Bion (e Freud), Matte-Blanco ressalta a experiência emocional como fundante e o aprender com ela como estruturante. Um aprender que demanda um mergulho arriscado no mar das emoções, pois, assim como os humores oceânicos, elas são potencialmente infinitas, radicalmente desproporcionais[5] aos limites finitos da razão.

Processo psicanalítico

Quais as consequências mais marcantes que podemos tirar das ideias de Matte-Blanco? Ao propor uma lógica consistente (ou paraconsistente, para ser preciso) para o sistema inconsciente, este deixa de ser definido a partir do consciente como uma negatividade – o prefixo *in* denota um não-consciente. Ou seja, ele afirma uma positividade do Inconsciente e como consequência uma aceitação efetiva deste como parte de nossa maneira de pensar e ser no mundo, o que conduz a uma incorporação consentida de nossos processos contraditórios e paradoxais, e relativiza a racionalidade, tantas vezes equacionada à essência da humanidade.

Num ensaio anterior, aventei a alternativa do nome *aconsciente*, no qual o prefixo *in*, que denota negação num mesmo nível de realidade, é substituído por *a*, do prefixo grego alfa privativo, que conota um sentido de "além de", de transcendência para um outro nível de realidade, uma outra dimensão lógica. Se aceitarmos como hipótese de trabalho que as estruturas bi-lógicas são onipresentes mas apresentam-se com diferentes condições de equilíbrio harmônico, a proposta freudiana "onde estava o ID estará o EGO" se transmuta exatamente na busca de um equilíbrio harmônico e vital entre nossos dois modos de ser.

---

5 O termo "desproporção" me foi sugerido por Luís Cláudio Figueiredo.

> *Se as potencialidades do modo simétrico de ser pudessem ser expressas, seria necessário encontrar um número infinito de relações assimétricas. Mas o estranho é que em cada uma dessas relações, o conjunto infinito ainda estaria presente no que concerne à experiência do paciente. É como se no homem os conjuntos finitos e infinitos não pudessem jamais ser separados. O fato do homem ser também os seus semelhantes é uma consequência disso (U.I.S., p. 300).*
>
> *O que é sentido ao nível assimétrico como co-operação entre indivíduos ou compartilhar ou estar juntos é ao nível simétrico uma real unidade na qual indivíduos não são separáveis ou distinguíveis um do outro.*
>
> *Nesse sentido o modo simétrico é o aspecto unificador e o assimétrico, o aspecto divisor do homem (U.I.S., p. 318).*
>
> *O processo psicanalítico aumentaria o número de relações disponíveis no consciente (U.I.S., p. 377).*
>
> *Desse ponto de vista, podemos classificar estruturas bilógicas como vitais e não-vitais (T.F.B., p. 58).*

Nos seus últimos escritos, Freud define Eros como aquilo que une e Thanatos como aquilo que separa. A partir das ideias de Bion e M.B., imagino que Eros estaria mais próximo desse Inconsciente que tende a ligar tudo, seja na sobrevivência da espécie, seja no sentimento de união solidária com os outros seres humanos. Já Thanatos estaria mais próximo de um Consciente que separa e reduz pragmaticamente, visando à sobrevivência individual e à própria individuação. O encontro harmonioso – ou amoroso – entre estas tendências torna-as vitais e o desencontro conflituoso as desvitaliza. O encontro psicanalítico propicia esse encontro amoroso dentro de nós.

Como exemplo poético da convivência dentro do ser humano de variadas proporções de Inconsciente-emoção e Consciente-razão, penso nos heterônimos de Fernando Pessoa, particularmente Caeiro e Álvaro de Campos, e transcrevo uma conversa entre eles contada por Álvaro:

> *'Mas V. concebe isso?' deixei cair por fim.*
>
> *«Se concebo o quê? Uma coisa ter limites? Pudera! O que não tem limites não existe. Existir é haver outra coisa qualquer e portanto cada coisa ser limitada. O que é que custa conceber que uma coisa é uma coisa, e não está sempre a ser uma outra coisa que está mais adiante?»*
>
> *Nessa altura senti carnalmente que estava discutindo, não com outro homem, mas com outro universo. Fiz uma última tentativa, um desvio que me obriguei a sentir legítimo.*
>
> *'Olhe, Caeiro... Considere os números... Onde é que acabam os números? Tomemos qualquer número — 34, por exemplo. Para além dele temos 35, 36, 37, 38, e assim sem poder parar. Não há número grande que não haja um número maior. . .'*
>
> *'Mas isso são só números', protestou o meu mestre Caeiro.*
>
> *E depois acrescentou, olhando-me com uma formidável infância:*
>
> *'O que é o 34 na realidade?'*
>
> *(Pessoa, 1931/1980, p. 267)*

Assim, Pessoa (1986, p.124) explica os personagens do diálogo:

> *. . . pus no Caeiro todo o meu poder de despersonalização dramática . . . pus em Álvaro de Campos toda a emoção*

> *que não dou nem a mim nem à vida . . . Fernando Pessoa seria um pagão, se não fosse um novelo embrulhado para o lado de dentro.*

A Psicanálise é uma busca de infinito.

9. Sobre o preconceito: utopias pragmáticas[1]

A partir de sua postulação fundante da Psicanálise, o *dualismo Consciente-Inconsciente*, Freud procurou entender a mente humana e suas relações por meio de dualismos cujas antíteses pudessem conduzir a sínteses explicativas abrangentes. A criação da Psicanálise se constituiu em uma disrupção radical no seio da ciência iluminista, positivista e eurocêntrica predominante em Viena e nos demais centros culturais da Europa do final do século XIX e início do XX. No entanto Freud não deixava de ser um homem de seu tempo e lugar, ancorado na tradição lógica racional que remonta a Aristóteles (384 a.C. – 322 a.C.) e seu *princípio do terceiro excluído:*

> *Se* a *é diferente de* b, *não pode existir um terceiro termo* T *que seja idêntico tanto a* a *quanto a* b.

De acordo com os princípios dessa lógica clássica bivalente, se alguém alegasse que estava simultaneamente dormindo e acordado,

---

1 In Levitt, C. (2015). *Hostile and Malignant Prejudice: Psychoanalytic Approaches.* Londres: Karnac Books.

apontaríamos de imediato uma contradição nessa afirmação, e é esse o princípio subjacente ao *terceiro excluído*: a lógica racional não admite contradição, ou seja, pauta-se pelo *princípio de não contradição.*

Vale lembrar que a ciência contemporânea – em particular a Física e a Matemática –rompeu decididamente com o *princípio do terceiro excluído*. Vivemos a era do *terceiro incluído*; o *campo da não contradição* expandiu-se, inflacionariamente, para o *campo da contradição consentida*. Como exemplo, as matemáticas contraditórias ou paraconsistentes constituem, hoje, a linha de frente de pesquisa teórica nas mais importantes universidades.

Ora, o que chamamos de lógica racional clássica é – ao menos em grande parte – a lógica de nosso *modo de ser consciente.* É dessa maneira que o brilhante psicanalista Ignacio Matte-Blanco (1975) – autor que considero um enclave da Psicanálise do futuro em nosso tempo presente – concebe o *sistema consciente* e o *sistema inconsciente* como *modos de ser* do ser humano; opostos complementares constituindo simultaneamente um dualismo-monismo.

Outro dualismo fundamental que foi desenvolvido ao longo de toda a obra freudiana é o que contrapõe *instintos de vida* × *instintos de morte.* Partindo da conceituação inicial em termos instintos eróticos × instintos de sobrevivência, este foi se desdobrando até culminar em sua postulação final, presente nos textos da década de 1930, época em que esse dualismo ganhou um sentido mais abrangente e abstrato: *instinto de unir (Eros)* x *instinto de separar (Thanatos)* ou *integrar-desintegrar.* Nesta última forma de conceber o dualismo instintual, o *instinto de unir* engloba o instinto amoroso, erótico, de vida; já o *instinto de morte* perde seu caráter apenas destrutivo e passa a desempenhar um papel complementar ao *instinto de vida*, na eterna busca de um equilíbrio saudável entre *unir* e *separar.*

Quando se rompe esse equilíbrio e a tendência a separar predomina, afloram os preconceitos; seja na negação das diferenças – o que me parece menos grave – seja na radicalização destas. Penso que aí reside o mal maior, já que seu produto imediato é o raciocínio racista: "estes outros são diferentes de mim, pertencem a uma outra espécie, que não merece ser tratada como trato meus iguais." No limite, como tantas vezes ocorreu na história, "estes outros não têm alma" e podem ser legal e eticamente escravizados, violentados, exterminados. Felizmente, a ciência contemporânea vem a nosso favor; as pesquisas atuais sobre DNA já comprovam que, a rigor, só existe uma raça: a *raça humana*. Todos os seres humanos unidos "eroticamente" por uma única raça constitutiva, cujas diferenças contingentes e circunstanciais nos ajudam a compreender essa totalidade.

Se imaginarmos uma amostragem de seres humanos ao longo de um eixo unir-separar, teremos, em um extremo, seres tomados pela aversão ao diferente; em outro extremo, seres acolhedores das diferenças. Essa gradação de posicionamentos, que reconhecemos no cotidiano das relações humanas, determina, também, nossa atitude diante dos fatos, muito além de nossa pretendida neutralidade científica.

É extremamente tentador encontrar um caminho de certezas que norteie a prática de qualquer disciplina, mormente a desnorteante prática psicanalítica. A Psicanálise tem se constituído num pensamento pioneiro no questionamento da causalidade determinista, a divisão de saberes, a lógica clássica não contraditória que nos foi legada por Aristóteles, enfim, as certezas, ainda que provisórias, do pensamento tradicional dedutivo-indutivo. Cito David Bohm (1998, p. 25), renomado físico e colaborador de Einstein:

> *Ora, se não estivermos conscientes de que nossas teorias são formas de* insight *sempre em transformação, proporcionando molde e forma à experiência em geral,*

> *teremos uma visão limitada. Isso pode ser expresso assim: a experiência com a natureza assemelha-se muito à experiência com seres humanos. Se alguém se aproxima de um outro homem com uma "teoria" fixa a respeito dele, como um "inimigo" contra o qual é preciso se defender, esse homem responderá da mesma maneira e, portanto, a "teoria" será, aparentemente, confirmada pela experiência.*

Como exemplo dos equívocos a que o uso preconceituoso do método científico pode conduzir, lembremos dos inúmeros textos sociológicos, pretensamente científicos, surgidos na Europa após a derrota dos ideais libertários de 1848, que tentaram demonstrar uma suposta desigualdade entre as "raças humanas", mais explicitamente falando, a dita superioridade das "raças europeias" sobre as "raças inferiores" dos judeus, dos africanos, dos orientais etc. Citemos algumas "teorias científicas" divulgadas nesse período:

- Em 1850, do escocês Robert Knox, *The Races of Men*;
- em 1852, do americano James W. Redfield, *Comparative Physiognomy or Resemblances between Men and Animals*;
- em 1853, do francês Joseph Arthur Gobineau, *Essai sur l'Inégalité des Races Humaines*.

As consequências racistas dessas publicações que tentaram validar velhos preconceitos por meio de explicações científicas atingiram diretamente Freud e sua comunidade judaica, e ainda persistem até hoje na forma de antissemitismo, antiafricanismo, antiorientalismo etc.; retomaremos a questão racial mais adiante.

Voltando à questão dos instintos. Isso nos remete a uma polêmica permanente no movimento psicanalítico: existiria um instinto de destrutividade, uma maldade congênita, inerente ao ser humano ou incrustrada na nossa *herança arcaica*, como diria Freud, no nosso *Inconsciente coletivo*, como diria Jung?

Pensando a respeito, ocorre-me uma outra controvérsia, quase um *koan* relacionado: o que veio primeiro, a violência ou o medo? Não me parece absolutamente uma pergunta bizantina, tipo sexo dos anjos, pelo contrário, ela desperta em nós (e acho que, nesse caso, posso falar por nós) uma inquietude ansiosa diante do que é irrespondível dentro dos parâmetros de uma lógica tradicional dualista e não contraditória.

Essa pergunta me lembra uma outra provocante pergunta popular: "o que veio primeiro, o ovo ou a galinha?" Parece-me que tanto esta quanto a anterior podem ser encaradas como um *koan*. O *koan* da tradição zen é uma questão que o mestre propõe ao discípulo e que escapa a essa lógica não contraditória, predominante em nosso sistema consciente em grande parte pragmático.

Sabemos que esse pragmatismo é necessário à sobrevivência do indivíduo; para sobreviver, ele tem de reagir diante de uma ameaça com uma ação determinada, não contraditória. Talvez surja daí a aversão que temos – ou, melhor dizendo, que nosso sistema consciente tem – de situações contraditórias; em geral, queremos uma resposta do tipo: "diante dessa situação devo fazer isto" ou, então, "isto é o certo e isto é o errado". Dessa maneira, o pensamento consciente planeja a ação, apoiando-se nas experiências anteriores e, assim, limitando as infinitas possibilidades de reação existentes frente àquela situação de perigo.

Já nosso Inconsciente é o campo das emoções, e essas são essencialmente contraditórias; obedecem a outro campo lógico, este não limitado pelo princípio da não contradição: tudo ali se associa de alguma maneira, ou seja, a *lógica inconsciente expande possibilidades até o impensável infinito*.

Assim, a função do *koan* é justamente despertar uma essência humana que escapa da lógica racional a que nos habituamos, *a lógica do consciente*. Esvaziar a cabeça dessa lógica usual e nos entregar pensamentos saturados pela memória, que propicie uma aproximação menos defendida a esse nosso outro modo de ser. Algo como acolher (ou ser acolhido por) esse *Inconsciente* que só se manifesta nas ausências e nos silêncios lógico-racionais. O *koan,* ao propor questões que desconcertam nossa lógica usual conhecida, propicia aberturas para o desconhecido impensável, um mergulho no infinito. Como exemplo, um *koan* clássico: qual é o ruído produzido por uma única mão batendo palma?

***

Esse problema não é só da alçada de psicanalistas e terapeutas em geral; a ciência contemporânea ousa defrontar-se com questões que transcendem a lógica clássica, aristotélica. As teorias e práticas do *pensamento complexo* (Gerber, 2003) inauguram uma outra maneira de o ser humano pensar a si mesmo e a seu cosmos; porém, a Psicanálise foi pioneira ao propor um outro modo de ser com outra lógica simbólica, *um outro nível de realidade:*[2] o *Inconsciente* que nos constitui tanto ou mais que nosso *habitual Consciente.*

O pensamento complexo é uma característica essencialmente humana, basta pensar na complexidade de um pensamento espontâneo ou de uma cadeia de livres associações. Citemos o pensador francês, nascido em 1921, Edgar Morin (2015, p. 157), um dos fundadores da abordagem contemporânea da transdisciplinaridade: "A computação mais vertiginosa é menos complexa que a mínima ternura".

Uma tendência contemporânea da ciência, incorporando as contribuições da Psicanálise e da tradição filosófica oriental, entre

---

2 Para ler sobre lógica inconsciente como outro nível de realidade, cf. Gerber (2003, 2004).

outras, é pensar que uma síntese possível de uma contradição se dá em um outro nível de realidade que admite o que, em um nível menos complexo, parece contraditório: uma *visão dialógica transcendente*. A *dialógica* é uma expansão da *dialética*; isto porque se, nesta última, a síntese se dá em um segundo tempo, ainda que próximo; na dialógica, a síntese se dá em um tempo simultâneo, mas em outro nível de realidade, em outro campo lógico. A própria postulação da mecânica quântica implica um outro nível de realidade, com regras físicas, lógicas e matemáticas próprias, irreconciliáveis, ao menos no momento, com a Física do nosso senso comum. A aproximação que faço entre os dois níveis constituintes do universo físico – representados pela Física clássica e pela Física quântica – e entre os dois níveis constituintes do universo psíquico – representados pelo Consciente e pelo Inconsciente – vai além da metáfora poética; penso essa aproximação em termos de um raciocínio analógico habitual na ciência contemporânea.

Voltando à questão do medo e da violência, mais além das conceituações lógicas, ela certamente resvala em conteúdos ideológicos, *preconceitos* dentro de cada um de nós. Por exemplo, a eterna questão: o homem nasce violento ou se torna violento premido pelas circunstâncias da vida? Eu, pessoalmente, prefiro a ideia de um ser humano que se desenvolve desde o embrião na expectativa (*pré-concepção*, diria Bion) de uma humanidade da qual ele, *a priori*, faz parte. Ou seja, ele já espera o acolhimento amoroso de seus iguais, e o corpo da mãe representa *Gaia*, isto é, a Terra e o cosmos que nos contêm. Em outras palavras, existe no bebê a *esperança de amor*, amor como a qualidade primordial que nos constitui, e é exatamente o medo da perda de amor, o medo da exclusão, o medo de perder o vínculo com o próximo, com a colmeia humana, que vai significar o desamparo e a morte.

Proponho, então, que na essência do *medo da morte* está o *medo da exclusão*. A eventualidade de um choque meteórico que destruísse toda vida na Terra seria mais bem-aceita do que a exclusão pela morte individual de qualquer um de nós. No primeiro caso, a "festa" acabaria para todos; no segundo, a festa continuaria, e só nós seríamos postos para fora. Quem se acostumou a buscar filhos adolescentes na saída de uma "balada" sabe que eles aceitam muito melhor ir embora quando a festa acabou do que ter de sair ao som da música ainda "bombando".

Proponho, também, que *o ódio e a violência decorrem do medo*. Assim, essa cadeia genética "*amor → medo → ódio → violência*" tenderia a se repetir nas mais diversas experiências emocionais vividas. É claro que, a partir das colocações básicas da *teoria da complexidade*, não cabem mais pensamentos lineares e simplificações unidimensionais; as relações entre essas emoções básicas – amor, medo, ódio, violência – são complexas, algo como as configurações mutantes do nível de realidade quântico. Assim, o módulo dessas emoções vai se manifestar em infinitas variações fractais, desde uma cintilação quase instantânea de experiência emocional durante uma sessão psicanalítica até um padrão permanente e enrijecido a neurotizar ou psicotizar toda uma vida. Em *Atenção e interpretação*, Bion (1970/1973, p. 66) escreve: ". . . essas características fundamentais – amor, ódio, medo – são aguçadas a tal ponto que . . . podemos senti-las como quase insuportáveis".[3]

Como determinantes dessas diversas configurações subjetivas possíveis que tornam os afetos fundamentais suportáveis ou insuportáveis, estão a ação de *Eros*, o instinto que liga, une, e a ação de *Thanatos*, o instinto que cinde, separa.

Quero, porém, ressaltar a atitude ideológica implícita no meu modelo proposto; este pressupõe que uma emoção de medo excessivo, desproporcional, *terror sem nome* – diria Bion –, transmuta-se

3 Tradução livre do trecho: "[...] these fundamental characteristics, love, hate, dread, are sharpened to a point that . . . [we] may feel them to be almost unbearable".

defensivamente em ódio, antecipando o ato violento. Essa visão toma em consideração o contexto mais específico do ato violento como atenuante e nos permite ver o autor da violência com olhos mais tolerantes – mas não menos preocupados e ativos. Um olhar mais generoso sobre nossa imperfeita humanidade.

Coloca-se, nesse ponto, uma questão genética: considerando que nossos instintos básicos são produtos de uma cadeia filogenética – *herança arcaica*, diria Freud, *inconsciente coletivo*, diria Jung –, é possível imaginar que medos históricos, surgidos ao longo da evolução do *homo sapiens*, venham a se transformar em ódios congênitos, instintivos nas gerações posteriores?

Penso ainda que podemos entrever nessa violência que resulta do medo uma certa funcionalidade utilitária que, de algum modo, nos faz sentido. Isso porque, por mais que nos repugne a desmedida emocional de um crime passional, de uma tortura política, de um ato terrorista ou de um genocídio, estes são atos de poder que visam a um ganho prático, por mais abjetos que sejam. Todavia existe um tipo de violência mais intolerável, a violência fria, psicopática, não funcional, sem qualquer sentido; estamos falando do ódio pelo ódio, da violência pela violência, próprios de um ser que cortou – ou que encontrou cortados – todos seus vínculos afetivos com a humanidade, e é esta *a mais terrível e absoluta solidão; radicalmente só em um planeta sentido como hostil.*

No polo oposto a esse sentimento de solidão absoluta está o sentimento de pertinência; no limite, sentir-se parte de um todo absoluto, sentir-se parte da humanidade, em termos bionianos, uma *pré-concepção de humanidade*. Humanidade pensada como uma única raça de seres humanos planetários.

Proponho, então, como recomendação prática, considerarmos o *medo como causa primeira da violência* que, por sua vez, torna-se causa imediata do medo, e assim por diante, em uma progressão geométrica enlouquecida. Tomar em consideração o amor e o medo presentes na origem do ódio e da violência pode nos ajudar a compreender melhor as razões e desrazões emocionais do ser violento.

Claro que não desconheço a importância que o medo tem nos textos psicanalíticos já a partir de Freud. Vale dizer que, em busca de precisão terminológica, o termo aparece em suas mais variadas nuances: terror, pavor, susto, receio, ansiedade, angústia, fobia, paranoia, defesa maníaca etc.; criam-se, assim, os necessários jargões científicos discriminativos, rapidamente absorvidos pelas gírias da língua coloquial. Por isso mesmo acho importante não perder de vista *o medo* – assim, único, total, sem nuances nem álibis.

Arrisquemos uma conclusão provisória, uma primeira *utopia pragmática* tão simples que até parece ingênua: se pudermos reduzir as ameaças que pairam sobre um ser humano, haverá uma redução – provavelmente desproporcional e imprecisa – no seu índice de violência.

***

Como podem ver, tenho me dedicado a engendrar *utopias pragmáticas*. Estas podem ser definidas como *utopias viáveis*, ainda que em um prazo incerto, pois provocarão resistências tenazes dos que temem a mudança, seja ela qual for. Porém, assim como na Psicanálise, podemos utilizar essas resistências para nos ajudar a compreender e elaborar melhor as próprias utopias, repensá-las constantemente, porque pensamentos estabelecidos se desgastam. Por outro lado, se a utopia proposta for absorvida com facilidade e sem maiores resistências, devemos nos preocupar, porque essa absorção poderá esterilizá-la, minimizando seu efeito disruptivo. Uma ideia nova, realmente nova, obriga-nos a pensar, a reavaliar, a olhar nossos pressupostos de maneira crítica, a enfrentar incertezas e possíveis mudanças radicais em um esquema confortavelmente estabelecido.

Tememos aquilo que não conhecemos ou não compreendemos, e apenas o desconhecido é verdadeiramente novo e, para enfrentar uma nova verdade – incluindo aqui as pequenas verdades cotidianas de cada nova experiência emocional –, faz-se necessária a tolerância à frustração de ter nossas verdades pessoais contestadas.

Quero propor, então, uma segunda *utopia pragmática* que está – paradoxalmente para uma utopia – ancorada, de maneira rigorosa, em dados estatísticos absolutamente concretos, factuais e confiáveis. Do que se trata? Basta olhar as páginas policiais de qualquer jornal para constatar que, antes mesmo de compilar estatísticas científicas, a porcentagem de atos de violência física, assassinatos, tortura etc. cometidos por mulheres não chega a 10% dos praticados por homens; não estou computando aqui os atos de guerra ("violência oficializada"), nos quais o predomínio masculino é quase total, mas apenas os crimes "civis". O argumento da menor força física feminina como explicação não se mantém diante da facilidade atual de manipular armas leves de grande poder mortal, tanto que há um uso corrente delas por crianças ou adolescentes franzinos, e estes, diga-se de passagem, também quase na sua totalidade meninos. Enfim, é consenso que mulheres são menos afeitas à violência física; embora seja importante mencionar que, quando se trata de violência verbal ou psicológica, esta diferença entre os sexos se relativiza.

Posto isso, nossa segunda *utopia pragmática* parece evidente: *a busca de um novo contrato social humano no qual prevaleça o espírito feminino*; falo de um espírito feminino essencial, em grande parte, inconsciente, e não de "homens de saia", como Margaret Thatcher[4] ou Condoleezza Rice,[5] por exemplo. O que realmente se propõe aqui

4 Margaret Thatcher (nascida em 1925): política britânica e primeira-ministra de 1979-1990.

5 Condoleezza Rice (nascida em 1954): secretária de Estado dos Estados Unidos durante o governo George W. Bush, de 2005-2009.

é um incremento da parcela feminina no desejável equilíbrio dos gêneros psicológicos e éticos do ser humano. O que eu chamo de "espírito feminino" ficará mais claro no próximo parágrafo.

Penso que essa proposta é, de certo modo, equivalente àquela de nos aproximarmos mais de nossos processos emocionais inconscientes. As mulheres estão mais próximas do Inconsciente; admitem melhor a contradição, incorporam-na ao seu raciocínio habitual, lidam com os paradoxos com uma tranquilidade que exaspera seus interlocutores masculinos. Em uma discussão prática, o homem tenta direcionar os argumentos visando a uma ação determinada não contraditória, mas esta, possivelmente, reducionista; a mulher, por sua vez, expande as associações inerentes à questão, com maior ou menor pertinência, mas é inegável que ampliam continuamente o campo da discussão em direção a soluções mais amplas, mesmo que menos imediatas. Claro, estou fazendo uma generalização média de características masculinas e femininas, mas penso que reconhecíveis em nosso cotidiano.

A capacidade feminina de acolher situações contraditórias corre em paralelo com sua biologia preparada para a contenção maternal da cria ou, antes disso, daquela que se abre e acolhe o homem que a penetra.

É importante ressaltar que não cabem juízos de valores hierárquicos entre o masculino e o feminino, mesmo porque eles só existem como opostos complementares, assim como o *Yin* e o *Yang*. Na filosofia chinesa, *Yin* e *Yang* são forças complementares que compõem tudo o que existe, e é do equilíbrio dinâmico entre elas que surge todo movimento e toda mutação. *Yin* poderia ser tomado como o princípio mais feminino, passivo, noturno e escuro; já *Yang* seria o princípio mais masculino, ativo, diurno e luminoso. O conhecido símbolo *diagrama Taiji* representa a integração entre *Yin* (preto) e *Yang* (branco). Porém vale lembrar que *Yang* é tão somente mais

Yang do que o *Yin*, e, por sua vez, o *Yin* também somente mais *Yin* do que o *Yang*; nenhum dos dois existe por si só.

De certa maneira, estou propondo um *Ego* mais próximo do masculino racional não contraditório, em oposição complementar – sim, opostos são complementares, como propuseram Heráclito e o físico dinamarquês Niels Bohr – a um *Id* mais próximo do feminino emocional e contraditório, que pode lidar melhor com as contradições inerentes à "realidade vivida" sem apelar para a violência física. Uma ressalva: quando falo de um *Ego* mais masculino e de um *Id* mais feminino, estou me referindo a configurações com predominância de um ou de outro de nossos dois modos de ser, combinações com diferentes proporções das lógicas consciente e inconsciente, um estranho, mas criativo casamento.

Às vezes cogito, jocosamente (ou não), se seria interessante pensar em duas raças humanas, mulheres e homens, o feminino somado ao masculino, em uma complementaridade indispensável, alheia às disputas hierárquicas.

Prosseguindo nesta linha, entre tantas publicações, escritos e imagens que me surpreendem e me ajudam a pensar, há um volume recente da revista *International Journal of Psychoanalysis* produzido pela International Psychoanalytical Association (IPA) na comemoração de seu primeiro século de existência (1910-2010), cuja última capa é composta pelas fotos de todos seus presidentes ao longo de seus 100 anos. Chamou-me imediatamente a atenção o fato de todos eles, sem exceção, serem homens, isso em uma associação de psicanalistas na qual o número de mulheres é igual ou, atualmente, até maior que o número de homens. Seria puro acaso? Difícil de aceitar sob a lente investigativa da Psicanálise.

Diante de uma constatação factual inegável como esta, imagino duas reações possíveis: a primeira seria considerar este fato como algo natural ou como pura coincidência, de qualquer modo, não merecedor de ser pensado; a segunda seria um sentimento de estranheza que nos instigaria a pensar e tentar compreender o que acontece. Parece-me um bom exemplo de como podemos reagir diante de um "sintoma" que pode revelar um possível preconceito. Um preconceito que se assume como tal deixa de ser um preconceito, pois já pode ser pensado. Encerro com uma velha fábula judaica:

> *Um velho e sábio rabi, tendo ao lado seu discípulo, recebe um casal briguento. Primeiro o homem apresenta sua versão do desentendimento e, ao término, o rabi lhe diz: "Você tem razão". A seguir, a mulher apresenta sua versão, totalmente diferente daquela que foi contada pelo marido, e o rabi lhe diz: "Você tem razão". Quando o casal sai, o discípulo perplexo pergunta: "Mas rabi, como é possível que, diante de relatos tão contraditórios, o senhor diga que ambos tenham razão?", ao que o rabi tranquilamente responde: "Sabe, você também tem razão!".*

10. O medo da perda do amor[1]

Provisoriamente não cantaremos o amor, que
se refugiou mais abaixo dos subterrâneos.
Cantaremos o medo, que esteriliza os abraços, não cantaremos o ódio porque este não existe, existe
apenas o medo, nosso pai e nosso companheiro, o medo
grande dos sertões, dos mares, dos desertos, o medo dos
soldados, o medo das mães, o medo das igrejas,
cantaremos o medo dos ditadores, o medo dos
democratas, cantaremos o medo da morte e o medo de
depois da morte, depois morreremos de medo e sobre
nossos túmulos nascerão flores amarelas e medrosas

"Congresso internacional do medo", Carlos Drummond de Andrade, 2001, p. 27.

1 Publicado em *Revista Brasileira de Psicanálise*, São Paulo, v. 47, n. 1, jan./mar. 2013.

O medo entre o amor e o ódio

Tese: o medo é um afeto primordial intermediário entre o amor e o ódio. A experiência emocional de medo entre os humanos é perene, uma velha conhecida de todos nós; entretanto, se pensarmos na literatura psicanalítica de modo geral, parece que o lugar dado ao medo para a compreensão de fenômenos psíquicos não é tão grande quanto a ênfase que, a meu ver, esse afeto mereceria. Fala-se muito no dualismo amor-ódio e em como todos os outros afetos seriam apenas derivações desses dois polos afetivos opostos e primordiais.

Em grande parte dos textos psicanalíticos, em especial nos textos metapsicológicos de Freud e nos de seus seguidores, existe por princípio – e quase invariavelmente – um dualismo. Basta lembrar o debate entre Jung e Freud sobre a existência de um instinto básico, uma libido, uma energia vital única, ou de dois instintos básicos, distintos um do outro. Essa é uma discussão antiga e bastante complexa. No entanto me parece que pautar-se por uma lógica puramente dualista contraria a coisa essencial da Psicanálise: a postulação do Inconsciente. O princípio básico de funcionamento deste é, em última instância, exatamente assumir e admitir a contradição, aceitar a *simultaneidade contraditória de processos monistas e dualistas*. E, indo um pouco além, *ser capaz de lidar com o medo* tem a ver com a nossa capacidade de suportar a existência de dados contraditórios e tolerar situações das quais nós não temos *controle* – e, provavelmente, jamais teremos.

Prosseguindo com a questão do dualismo, não é novidade para ninguém que Freud, no decorrer de sua obra, pensou toda uma série de formulações dualísticas conflitantes – Consciente *versus* Inconsciente, instinto de autopreservação *versus* instinto erótico, princípio do prazer *versus* princípio da realidade etc. – até chegar à sua formulação final: o dualismo pulsão de vida *versus* pulsão de morte. Nos escritos finais de Freud – em *An outline of psychoanalisys*

(Esboço de psicanálise) (1938/1964), por exemplo – essa formulação ganha um sentido muito claro: nesse ponto da obra, é possível reconhecer, sem qualquer dificuldade, a divisão entre *pulsão de união* (correspondente à chamada *pulsão de vida*) e *pulsão de separação* (correspondente à chamada *pulsão de morte*). Eros, amor, pulsão de vida, é o que une as coisas, e Thanatos, ódio, pulsão de morte, é o que as separa. A existência concomitante e articulada de uma força que busca a união e de outra que busca a separação nos remete a uma velha frase que vem de Heráclito – filósofo pré-socrático grego – e chega a Niels Bohr, físico quântico: *os opostos são complementares.* Assim, pulsão de vida e pulsão de morte são apenas duas visões de um mesmo conjunto de coisas: unir e separar. É preciso separar para compreender a união e é preciso unir para compreender a separação. Todavia proponho que a pulsão de unir é, de alguma maneira, anterior à pulsão de separar.

Freud falava em herança arcaica, em fantasias primárias, ou seja, conteúdos filogeneticamente herdados que se expressariam na constituição de cada ser humano, na ontogênese. Bion, mais adiante na história da Psicanálise, postulou as preconcepções – aquilo com o que qualquer bebê já nasce, a expectativa que ele tem do que vai encontrar após seu nascimento, e mesmo antes disso, já na vida uterina. Como exemplo, Bion enfatizou uma preconcepção básica, a *preconcepção do seio*: a criança já nasce esperando encontrar um seio, o seio da mãe.

Freud afirmava que, ao sugar o polegar, o bebê estaria alucinando o seio na ausência deste. No entanto isso, em tese, só poderia ocorrer após uma experiência concreta com o seio, e não antes disso. Algumas evoluções tecnológicas – como ultrassonografias, visões das crianças dentro do útero etc. – levaram-nos a repensar essa hipótese freudiana. Por meio das imagens intrauterinas é possível observar que o bebê já chupa o dedo e faz o movimento de sucção dentro do útero materno, ou seja, ele já está exercitando uma atividade futura que, portanto, já está inscrita de alguma maneira nele. Então, a ideia de uma preconcepção do seio é absolutamente pertinente.

É possível ir além e pensar a preconcepção do seio como uma expectativa inata do bebê em ser aceito no *seio da humanidade*, isto é, o seio deixa de ser apenas um objeto concreto e passa a ser também uma experiência simbólica. Isso nos remete a Melanie Klein e sua ideia de que o seio não é só o seio que dá leite: é o seio que dá amor, é o seio que dá calor, é o seio que dá proximidade e é o seio que dá *pertinência* ao grupo humano.

Em outro salto na mesma direção, podemos pensar na ideia freudiana de horda primeva. Sim, o homem é um animal gregário. Existe uma *preconcepção de humanidade* porque o ser humano simplesmente não subsiste sozinho – não só por uma questão de sobrevivência física, mas por uma questão de sobrevivência psíquica e afetiva. O ser humano precisa do amor de seus pares; sem o amor destes, ele não sobrevive. *O bebê já nasce imerso numa totalidade, ele já espera por isso, ele não está isolado do mundo.*

Minha hipótese é que *o amor é o afeto primordial*, que toda criança já nasce com um potencial de amar e com uma expectativa de ser amada. E essa expectativa de amor está presente nas duas gestações pelas quais o ser humano passa, diferentemente dos animais, que passam apenas pela gestação intrauterina. Provavelmente, muitos de nós já tivemos a experiência de observar um cavalinho nascer – é uma coisa espantosa! Ele nasce, fica junto da mãe e, rapidamente, lá está ele sobre as quatro patas; logo está andando por ali. Já com o ser humano, as coisas são um pouco mais complexas: há uma segunda gestação fora do útero, que é a *gestação simbólica de inserção na humanidade*. Então, seja na primeira gestação, seja na segunda, é claro que o que a criança capta não são apenas os traços maternos; em última instância, o que ela capta é o *acolhimento da mãe, representante contingente do acolhimento da humanidade.*

Seguindo essa linha de pensamento, o bebê nasce com potencial de amor, e quando este, por alguma razão, é frustrado, não é correspondido, *o primeiro afeto que surge é o medo, e não o ódio*. Antes que se instale a relação de ódio, o que se instala é uma relação de medo. O medo é a segunda emoção e o ódio deriva do medo. O que estou propondo é a ideia de amor como afeto básico que, quando não se desenvolve, cria o medo da perda do amor, do acolhimento, e esse é o medo básico que vai criar todos os outros medos aos quais nós estamos submetidos. O medo da perda de amor, do acolhimento, é que vai levar ao ódio e, consequentemente, à violência. Gosto dessa linha de raciocínio,que me parece mais generosa em relação ao ser humano.

O renomado físico atômico Roger Penrose, que colaborou com Stephen Hawking em vários trabalhos, em seu livro muito interessante chamado *The large, the small and the human mind* (O grande, o pequeno e a mente humana) (1997), relaciona conceitos da física quântica, da cosmologia e da mente humana. Em um dos capítulos, ele analisa as teorias sobre a origem e o destino do cosmos; basicamente, três teorias: uma postula o fim do universo a partir de uma expansão constante iniciada pelo Big Bang; outra prevê uma reversão do movimento de expansão do universo para uma contração que o levaria ao fim (Big Crunch); e uma terceira propõe ciclos alternados de expansão e contração, levando a um equilíbrio. Penrose expõe um detalhado e minucioso raciocínio teórico que defende essa última hipótese e, após essa demonstração rigorosa, apresenta seu argumento decisivo e final em favor da sua hipótese preferida: "Essa é a que eu mais gosto" (Penrose, 1997). Uma afirmação como essa, que, em tempos passados, poderia ser desprezada como um simples "achismo", passa a ser considerada, hoje, um fator científico respeitável na tentativa de comprovação de uma hipótese.

Utilizo duas citações de Freud, do livro *An outline of psychoanalysis* (1938/1964), que, em meu modo de ver, comprovam a ideia de amor e de medo da perda do amor e acolhimento como afetos primordiais:

> *As crianças estão protegidas tanto dos perigos quanto das ameaças do mundo externo pela solicitude dos pais. Elas pagam por essa segurança com o medo da perda do amor, que as deixaria desamparadas ante os perigos do mundo externo (p. 200).*

Algumas páginas adiante:

> *Na medida em que o ego funciona em completa harmonia com o superego, não é fácil distinguir entre essas duas manifestações; mas as tensões e os confrontos entre eles tornam as diferenças claramente visíveis. Os tormentos causados pelas reprovações, pelas cobranças da consciência, correspondem, precisamente, ao medo da criança da perda do amor (p. 206).*

Parece-me, então, que a virulência do superego seria um produto do medo da perda do amor. O medo da perda de acolhimento e reconhecimento pelo outro (inicialmente, pelas figuras parentais) seria, no decorrer do desenvolvimento psíquico, depositado nessa agência moral. A partir da conceituação do superego, Freud formulou o chamado ideal de ego, ou seja, paralelamente a uma instância que diria o que *não devemos* fazer, haveria também uma instância que diria o que *devemos fazer para sermos amados, acolhidos e reconhecidos*. Assim, em última instância, o superego e o ideal de ego são mecanismos de defesa contra o medo de perder todas essas coisas que nos são tão essenciais para nos sentirmos parte da humanidade.

A partir desse reconhecimento da necessidade veemente do humano de se sentir incluído em um todo, podemos seguir adiante e reconhecer que *o medo da morte é fruto do medo da exclusão*. Todos nós sabemos, com base em nossa experiência, seja como analistas, seja como analisandos, que, *no final das contas, o medo fundamental é o medo da morte*; mais cedo ou mais tarde, essa questão acaba surgindo em qualquer processo de análise. Começa-se com os medos mais diversos, localizados, pontuais e, por fim, de alguma maneira, chega-se lá.

Todavia, será que o medo maior que está em jogo é o medo da morte? Pensemos assim: se um cometa ou um grande meteoro se chocasse contra o planeta Terra e, de repente, tudo se acabasse, como nós nos sentiríamos? Claro, se soubéssemos de antemão que isso iria ocorrer, cada um tentaria elaborar o inevitável destino dentro de si e à sua maneira. Sim, seria uma tragédia, mas talvez não fosse sentida como uma tragédia tão grande quanto a ideia de nossa morte individual. É mais ou menos assim: se o planeta inteiro for destruído, a festa acabou para todos. Seria uma pena, a festa estava tão boa . . . Mas, pior que isso, seria ir embora da festa que continua – quem tem filho adolescente e já foi buscá-lo na balada sabe exatamente do que eu estou falando.

Em termos de medo da exclusão, há uma situação ainda pior: é o medo de ficar sozinho no meio das pessoas, *situação em que a exclusão fica explícita*. Para exemplificar, é só pensarmos na solidão do homem contemporâneo em nossas grandes cidades, a absoluta solidão no meio de uma multidão de pessoas. Outro exemplo dessa solidão no meio de um grupo é a brincadeira entre três crianças. O pior número de crianças para brincar é três – claro, uma referência explícita à questão edípica: a essência do Édipo é a existência de três partes –, isso porque basta que duas delas façam uma aliança para que a outra fique radicalmente excluída e solitária. Diante disso, é inevitável – sempre alguém termina chorando. Se são quatro crianças, já existe a possibilidade de se formarem dois partidos.

O que quero ressaltar com tudo isso é o *sentimento de exclusão como o mais terrorífico para o ser humano, talvez até mais do que o medo da morte em si*. É possível pensar, por exemplo, na questão dos chamados "homens-bomba". A esses homens, tomados por sua intensa convicção religiosa, é prometido que, após a morte, irão encontrar muitas mulheres e muitos homens justos no paraíso, ou seja, estarão no meio de pessoas e serão profundamente admirados e amados por elas. Se considerarmos algumas ideias de continuidade da vida após a morte a partir de uma dissolução da identidade própria, veremos que elas satisfazem muito menos do que a ideia de um pós-vida no meio de outras pessoas, ou seja, *precisamos ter certeza da inclusão no meio dos pares*. A exclusão remete ao desamparo, *Hilflosigkeit* – a terrível experiência de se sentir absolutamente sozinho, desconectado, sem o acolhimento e a compreensão do *grande outro*.

Lembro-me de uma passagem recente com um analisando em que ele disse estar muito ansioso. Naquela circunstância, perguntei: "você está com medo?" Ele respondeu: "não, eu não estou com medo, estou ansioso". Às vezes, a coisa mais difícil é dizer: "estou com medo". Sim, claro, compreendo e respeito a necessidade de uma precisão terminológica maior para distinguir diferentes vivências afetivas; todavia, às vezes, isso nos faz esquecer que todas, em última instância, são variações da manifestação do medo. Fobia é medo, paranoia é medo, depressão é medo, angústia evidentemente é uma manifestação do medo, e isso vale para tantos outros termos habituais em nosso vocabulário Psi.

Gostaria, também, de expor brevemente algumas contribuições feitas por Zygmunt Bauman, sociólogo polonês de nascimento, que iniciou sua carreira na Universidade de Varsóvia, mas que emigrou de lá para lugares como Canadá, Estados Unidos e Grã-Bretanha;

deu aulas na Universidade de Leeds por mais de 20 anos. Até 2013 – ano da primeira publicação deste artigo –, com 84 anos, publicava um ou mais livros por ano, todos traduzidos para o português, com enorme aceitação seja da comunidade acadêmica, seja do grande público. Ele criou o termo "*modernidade líquida*" para definir a pós-modernidade, isto é, este momento histórico em que vivemos, em que todas as coisas são fluentes, são líquidas, e não há mais coisas sólidas, estáveis, permanentes. Um de seus livros chama-se *Medo líquido* (2008), e o autor o inicia com uma analogia muito interessante – uma análise sobre o *reality show* Big Brother.

Segundo Bauman (2008), o que mais atrai os telespectadores no programa não é exatamente quem vai ser o ganhador ou os jogos eróticos entre os participantes, mas o ritual de exclusão, ou seja, são as mortes simbólicas que cada participante sofre no decorrer do programa. No Brasil, usa-se o termo "paredão" para se referir à situação em que alguns participantes, de tempos em tempos, encontram-se correndo o risco de ser eliminados do programa. A palavra faz uma clara alusão ao paredão de fuzilamento. A cada tanto, um participante é radicalmente excluído do grupo, ou seja, ele pode estar no meio da festa e sentir a ameaça permanente de ser posto para fora. Imaginemos que os próprios participantes do programa pudessem chegar a algum tipo de acordo, uma aliança que, utopicamente, os preservasse da exclusão – mas não, os próprios pares são cúmplices do ritual de "fuzilamento", planejam, em geral por baixo do pano, quem será excluído. E por que fazem isso? Porque o medo comanda as ações.

Cabe lembrar que, mesmo após várias edições repetitivas do programa, sem muitas variações entre elas, a audiência não cai, os telespectadores não se cansam. Isso porque a representação da morte pela exclusão atrai o público, que se identifica com os personagens na própria vivência vicária de exclusão e de morte: "Que alívio, não fui eu . . ."

Um pensador francês chamado Jean Delumeau inicia seu livro *La peur en Occident* (O medo no Ocidente) (1978) com uma passagem em que Montaigne relata uma de suas viagens pela Europa, mais precisamente sua chegada a Augsburgo, na época a maior e mais rica cidade do então Sacro Império Romano. Montaigne chega de noite ao local, convidado por cidadãos de prestígio. A cidade era completamente cercada por altas muralhas e, ao chegar, ele precisa passar por uma ponte levadiça que atravessa um fosso; encontra um portão com um orifício por onde deve dizer quem é e por quem foi convidado, e depois fica esperando num cômodo isolado e sem iluminação por bastante tempo. De repente, a porta à sua frente se abre mediante um mecanismo oculto. Passando aquela porta, Montaigne entra em outra sala escura, com uma porta fechada à sua frente, enquanto a de trás, que havia sido aberta para ele passar, também se fecha. Novamente, ele tem de falar por um comunicador qualquer, sem obter resposta. Mas eis que a segunda porta também se abre. Enfim, após passar por mais três ou quatro portas sem ver ninguém – embora soubesse que havia ali toda uma guarda armada –, ele ganha acesso à cidade.

Sim, tudo isso ocorreu há muitos séculos, mas, inevitavelmente, remete-nos aos condomínios contemporâneos, com sua tecnologia de segurança avançada, seus vidros escuros blindados e a constante sensação de que ali não há ninguém, embora, como no caso de Montaigne, haja um exército armado em alerta. Então, quais as peculiaridades do medo que sentimos nas cidades hoje em relação ao medo que era sentido pelos habitantes urbanos no passado? Poderíamos afirmar que, antigamente, a cidade se protegia contra as ameaças externas, contra inimigos para além das muralhas, contra as hostes inimigas, os bárbaros, os bandidos etc.; dentro das próprias cidades, as pessoas se sentiam protegidas. Hoje em dia, em contrapartida, é dentro das cidades que está o grande perigo.

O medo e a violência, ou o ovo e a galinha

O que veio primeiro: a violência ou o medo? Não me parece absolutamente uma pergunta bizantina, tipo sexo dos anjos. Pelo contrário, ela desperta em nós (acho que, nesse caso, posso falar por nós) uma inquietude ansiosa diante do que é irrespondível dentro dos parâmetros de uma lógica tradicional dualista e não contraditória. Tenho pensado que tanto quanto a outra pergunta, a do ovo e a galinha, ela pode ser encarada como um *koan*. Na tradição zen, o *koan* propõe uma questão que escapa a essa lógica não contraditória, prevalecente em nosso sistema consciente, predominantemente pragmático. Esse pragmatismo é necessário à sobrevivência do indivíduo: ele precisa reagir diante de um estímulo – mormente quando apresenta ameaça à sua sobrevivência – com uma ação determinada, não contraditória. Talvez surja daí a aversão que temos – ou, melhor dizendo, que nosso sistema consciente tem – de situações contraditórias. Geralmente, queremos uma resposta do tipo: diante dessa situação, faço isso ou aquilo. Visando a respostas como esta, o pensamento consciente planeja a ação e, para tanto, limita as infinitas possibilidades associadas à situação de perigo a uma ação determinada, informada por suas experiências anteriores. Já nosso Inconsciente é o campo das emoções, que são contraditórias em essência; que obedecem a outro campo lógico no qual simplesmente não existe a contradição – tudo nele se associa de alguma maneira, ou seja, a lógica inconsciente expande as possibilidades até o impensável infinito. Os fenômenos observados por Freud nos sonhos e que agridem nossa lógica habitual (deslocamento, condensação, atemporalidade, ausência de negação etc.) são produtos inerentes a essa lógica paradoxal. É importante frisar que tanto o *Inconsciente* como o *Consciente* em estado puro são virtualidades teóricas. O que podemos observar – ou melhor, viver – são sempre misturas de diferentes proporções desses dois modos de ser, cada um com sua lógica própria. Em outras palavras, no sistema consciente, temos predominância da lógica racional não contraditória; e, no sistema inconsciente, é a lógica emocional contraditória que prevalece. Podemos imaginar o "aparelho psíquico" como um *continuum* com diferentes proporções das duas lógicas.

A função do *koan* é justamente despertar uma essência humana que escapa da lógica a que nos habituamos: a lógica consciente do ego. Trata-se de esvaziar a cabeça dessa lógica e entregar-se a um vazio mental, a uma ausência de pensamentos que permita uma aproximação mais desapegada com esse nosso outro modo de ser. O *koan*, ao propor questões que agridem nossa lógica usual, propicia aberturas para o desconhecido impensável. Como exemplo, um *koan* clássico: qual é o ruído produzido por uma única mão batendo palmas?

O problema não é só da alçada de psicanalistas e terapeutas em geral; a ciência contemporânea está ousando defrontar-se com questões que transcendem a lógica clássica, aristotélica. As teorias e práticas do *pensamento complexo* (Gerber, 2003) inauguram uma outra maneira de o ser humano pensar a si mesmo e seu cosmos, mas a Psicanálise foi pioneira ao propor um novo modo de ser com outra lógica simbólica, um *outro nível de realidade*:[2] o Inconsciente que nos constitui tanto mais que nosso habitual consciente.

Uma tendência atual da ciência, que incorpora as contribuições da Psicanálise e da tradição filosófica oriental, entre outras, é pensar a síntese possível da contradição num outro nível de realidade que admita o que parece contraditório em um nível menos complexo: uma visão dialógica transcendente. A dialógica é uma expansão da dialética. Nesta última, a síntese se dá em um segundo tempo, ainda que próximo; na dialógica, ela acontece simultaneamente, mas em outro nível de realidade, em outro campo lógico. A própria postulação

2 Ver lógica inconsciente como outro nível de realidade em Gerber (2003, 2004).

da mecânica quântica implica um outro nível de realidade, com regras físicas, lógicas e matemáticas próprias, irreconciliáveis, ao menos no momento, com a física do nosso senso comum.[3] A aproximação que faço entre os dois níveis de constituição do universo físico e os dois níveis psíquicos, Consciente e Inconsciente, vai além da metáfora poética – penso essa aproximação em termos de um raciocínio analógico muito em uso na ciência contemporânea, e, mesmo que a tomemos como uma metáfora especulativa, as propostas deste texto não se alteram.

Voltando à questão do medo e da violência, ela certamente resvala em conteúdos ideológicos, dentro de cada um de nós, além das conceituações lógicas. Por exemplo, a eterna questão: o homem nasce violento ou torna-se violento premido pelas circunstâncias da vida? Em outras palavras, o problema da existência ou não de um instinto destrutivo congênito. Pessoalmente, prefiro a ideia de um ser humano que se desenvolve desde o embrião já na expectativa (preconcepção, diria Bion) de uma humanidade da qual ele faz parte – ele espera o acolhimento amoroso de seus iguais, o corpo da mãe representando Gaia (a Terra) e o cosmos que nos contém. Existe no bebê a esperança de amor, qualidade primordial que nos constitui. E é exatamente *o medo de perda do amor, o medo da exclusão*, que vai significar o desamparo e a morte que se seguem à experiência primeira de amor: o medo de perder o vínculo com o próximo, com a colmeia humana.

Como propus acima, o *ódio e a violência surgem como consequência do medo*. Essa cadeia genética tenderia a se repetir nas experiências emocionais vividas. É claro que, a partir das colocações básicas da *teoria da complexidade*, não cabem mais pensamentos lineares, simplificações unidimensionais; as relações entre essas três

3 Como diz a frase atribuída a Niels Bohr: "Quem não acha a mecânica quântica muito esquisita, não a compreendeu".

emoções básicas (amor, medo, ódio) são complexas – algo como as configurações mutantes do nível de realidade quântica. Assim, o módulo <amor-medo-ódio> vai se manifestar em infinitas variações fractais, desde uma cintilação quase instantânea de experiência emocional numa sessão de análise até um padrão permanente e enrijecido, neurotizando ou psicotizando toda uma vida. Diz Bion (1970/1973, p. 66): "Essas características fundamentais — amor, ódio, medo — são aguçadas a tal ponto que . . . podemos senti-las como quase insuportáveis". Como determinantes dessas configurações possíveis, suportáveis ou insuportáveis, estão a ação de Eros, o instinto que une, e a de Thanatos, o instinto que cinde. Reitero, foi assim que Freud os definiu no compêndio *Abriss der Psychoanalyse* (1940/2014), obra póstuma, definitiva e definitória – no sentido de definir a versão final, a última palavra do pai da Psicanálise sobre temas polêmicos e mutáveis ao longo de sua obra.

Quero, porém, ressaltar a atitude ideológica implícita no modelo proposto. Ele pressupõe que um medo excessivo, desproporcional (terror sem nome), transmuta-se defensivamente em ódio, antecipando o ato violento. Essa visão toma em consideração o contexto específico do ato violento como atenuante e permite-nos ver o autor da violência com olhos mais tolerantes – mas não menos preocupados e ativos; um olhar mais generoso e esperançoso sobre nossa imperfeita humanidade.

Enfim, proponho como recomendação prática que consideremos o medo como causa primeira da violência, que por sua vez se torna causa imediata do medo, e assim por diante, numa progressão geométrica enlouquecida. Tomar em consideração o amor e o medo presentes na origem do ódio e da violência pode nos ajudar a compreender melhor as razões e as desrazões emocionais do ser violento.

Penso que ainda podemos entrever nessa violência que resulta do medo via ódio uma certa funcionalidade. Por mais que nos repugne a desmedida emocional de um crime passional, de uma tortura política, de uma ação terrorista, eles são atos de poder que visam a um ganho prático, por mais abjeto que seja. Existe, porém, um tipo de violência que escapa ao modelo acima: a violência fria, psicopática, não funcional (o ódio pelo ódio, a violência pela violência), própria de um ser que cortou (ou encontrou cortados) todos seus vínculos com a humanidade, com o outro, com a vida dos outros — *a terrível e absoluta solidão, um ser radicalmente só num planeta hostil.*

Voltando à intolerância pragmática de nosso consciente habitual perante situações contraditórias, podemos pensar os mecanismos de repressão e de negação como tentativas de reprimir ou de negar fatores inerentes ao problema vivido, capazes de produzir configurações emocionais contraditórias. Ou seja, mais além da censura moral, existe uma censura lógica. A configuração emocional do complexo de Édipo propõe uma situação triangular primordial plena de contradições lógicas. Essas censuras funcionam associadas; basta observar as racionalizações nas quais os fatores morais, *a priori*, devidamente disfarçados, determinam falsas conclusões lógicas, justificando ações preconceituosas eticamente injustificáveis.

Arriscamos uma conclusão provisória, tão simples que parece ingênua: se pudermos reduzir a ameaça que paira sobre um ser humano, haverá uma redução - provavelmente desproporcional e imprecisa - no seu índice de violência. Uso o termo "imprecisa" com o mesmo sentido ambíguo de necessidade e de precisão do verso de Fernando Pessoa (2004, p. 841): "Navegar é preciso, viver não é preciso".

Para finalizar, lembro um sábio rabino hassídico, Nachman de Breslov, que viveu por volta de 1800. Dizia ele: "A vida é uma ponte muito estreita; o importante é lidar com o medo" (1994, p. 35). Ou seja, é impossível não ter medo; coragem é admitir o medo e encontrar uma forma de lidar com ele.

11. As várias dimensões do medo[1]

O texto que segue pretende ser a exposição de uma série de ideias que vêm me acompanhando há certo tempo. Todas elas, eu diria, são ideias discutíveis, até polêmicas, talvez. Em relação a algumas das ideias apresentadas aqui, tenho uma convicção maior, eu as vivo e percebo dentro de minha experiência, eu as sinto, ainda que intuitivamente, como muito fortes e consistentes. Já algumas outras ainda são ideias que me deixam perplexo o tempo inteiro, mas penso que não é possível descartá-las, já que parecem ter algum sentido. Na verdade, nem sempre sei com certeza se qualquer afirmação minha se encaixa no primeiro ou no segundo caso.

Inicialmente, gostaria de falar do *medo* como um dos afetos primordiais, talvez como um afeto intermediário entre o amor e o ódio. A *experiência emocional de medo* entre os humanos é perene: uma velha conhecida de todos nós; entretanto, se pensarmos na literatura psicanalítica de modo geral, parece que o lugar dado

---

1 In Tanis, B.; Khouri, M. G. (2009). *A psicanálise nas tramas da cidade*. Casa do Psicólogo.

ao medo para a compreensão dos fenômenos psíquicos não é tão grande quanto a ênfase que, a meu ver, este afeto mereceria. Fala-se muito no dualismo amor-ódio e como todos os outros afetos seriam apenas derivações destes dois polos opostos afetivos primordiais. Gostaria de repensar um pouco este modelo de compreensão.

É digno de nota que em grande parte dos textos psicanalíticos, em especial nos textos metapsicológicos de Freud e de seus seguidores, existe por princípio – e quase invariavelmente – um *dualismo*. Não será possível aprofundarmos esta questão aqui, mas é algo de importância crucial a ser pensado, isto é, o quanto encaramos as coisas de um ponto de vista dualístico: ou é uma coisa ou é outra. É só lembrarmos de todo aquele debate entre Jung e Freud sobre a existência de um instinto básico, uma libido, uma energia vital única ou de dois instintos básicos distintos um do outro. Esta é uma discussão antiga e bastante complexa, no entanto, parece-me que pautar-se por uma lógica puramente dualista contraria a coisa principal da Psicanálise: a postulação do Inconsciente. O princípio básico de funcionamento do Inconsciente é, em última instância, exatamente assumir e admitir a contradição, aceitar a *simultaneidade contraditória de processos monistas e dualistas*. E, indo um pouco além, *ser capaz de lidar com o medo* tem a ver com a nossa capacidade de suportar a existência de dados contraditórios e tolerar situações das quais nós não temos *controle* e, provavelmente, jamais teremos.

Bem, prosseguindo com a questão do dualismo, não é novidade para ninguém que Freud, no decorrer de sua obra, pensou toda uma série de formulações dualísticas conflitantes – Consciente *versus* Inconsciente, instinto de autopreservação *versus* instinto erótico, princípio de prazer *versus* princípio de realidade etc. – até chegar à sua formulação final: o dualismo entre pulsão de vida *versus* pulsão de morte. Nos escritos finais de Freud — em

An outline of psychoanalysis (1938/1964), por exemplo – essa formulação ganha um sentido muito claro: neste ponto da obra, é possível reconhecer, sem qualquer dificuldade, a divisão entre *pulsão de união* (correspondente à chamada pulsão de vida) e *pulsão de separação* (correspondente à chamada pulsão de morte). Eros, amor, a pulsão de vida é o que une as coisas e Thanatos, destruição, pulsão de morte é o que separa as coisas. Vale ressaltar como essa ideia da existência concomitante e articulada de uma força que busca a união e de outra que busca a separação nos remete a uma velha frase que vem de Heráclito – filósofo pré-socrático grego – e chega a Niels Bohr, físico quântico: os *opostos são complementares*. Isso, para mim, é um pensamento básico da Psicanálise; ou seja, não existe "isto é bom" ou "isto é ruim". Os opostos são complementares, dependem um do outro. Sendo assim, pulsão de vida e pulsão de morte são apenas duas visões de um mesmo conjunto de coisas: unir e separar. É preciso separar para compreender a união e é preciso unir para compreender a separação.

Todavia, pelo menos assim me parece, a pulsão de unir é, de alguma maneira, anterior à pulsão de separar. Neste ponto, vale ressaltar que essa é uma hipótese que faz sentido para mim, mas tenho claro que é algo bastante discutível.

Freud falava em herança arcaica, em fantasias primárias, ou seja, conteúdos filogeneticamente herdados que se expressariam na constituição de cada ser humano, na ontogênese. Bion, mais adiante na história da Psicanálise, trabalhou isso de uma maneira interessante: ele falou nas chamadas *preconcepções*. O que ele entendia por preconcepções? Aquilo com que qualquer bebê já nasce, a expectativa que ele tem do que vai encontrar após o seu nascimento e até mesmo antes disso, já na vida uterina. Por exemplo, Bion retomou uma pré-concepção básica, isto é, a *pré-concepção do seio*: a criança já nasce esperando encontrar um seio, o seio da mãe.

Freud afirmava que, ao sugar o polegar, o bebê estaria alucinando o seio na ausência deste. No entanto isso, em tese, só poderia ocorrer após uma experiência concreta com o seio, e não antes disso. Algumas evoluções – entre elas, as tecnológicas, como ultrassonografias, visões das crianças dentro do útero etc. – levaram-nos a repensar esta hipótese freudiana. Por meio dos ultrassons intrauterinos, é possível observar que o bebê já chupa o dedo e faz o movimento de sucção dentro do útero materno, ou seja, ele já está exercitando uma atividade futura que, portanto, já está inscrita de alguma maneira nele. Então, a ideia de uma pré-concepção do seio é absolutamente pertinente.

É possível ir além e pensar a pré-concepção de seio como uma expectativa inata do bebê em ser aceito no *seio da humanidade*, isto é, o seio deixa de ser um objeto apenas concreto e passa a ser também uma experiência simbólica. Isso nos remete à Melanie Klein e sua ideia de que o seio não é só o seio que dá leite, é o seio que dá amor, é o seio que dá calor, é o seio que dá proximidade e é o seio que dá *pertinência* ao grupo humano.

Dando outro salto na mesma direção podemos pensar na ideia freudiana de horda primeva. Sim, o homem é um animal gregário, não temos mais nenhuma dúvida sobre isso. Existe uma *pré-concepção de humanidade* porque o ser humano simplesmente não subsiste sozinho; não só por uma questão de sobrevivência física, mas por uma questão de sobrevivência psíquica e afetiva. O ser humano precisa do amor dos seus pares; sem o amor destes, ele não sobrevive. Defendo que *o bebê já nasce imerso numa totalidade, ele já espera por isso, ele não está isolado do mundo.*

Então, qual é a minha ideia em relação ao amor? A minha hipótese é a de que o *amor é o afeto primordial*, que toda criança já nasce com um potencial de amar e com uma expectativa de ser amada. E essa expectativa de amor está presente nas duas gestações pelas quais o ser humano passa, diferentemente dos animais, que passam apenas pela gestação intrauterina. Provavelmente, muitos de nós já tivemos a experiência de observar um cavalinho nascer, é uma coisa espantosa! Ele nasce, fica junto da mãe e, rapidamente, lá está ele sobre as quatro patas e, logo, está andando por aí, cheirando etc. Já com o ser humano as coisas são um pouco mais complexas; há uma segunda gestação fora do útero, que é a *gestação simbólica de inserção na humanidade*. Então, seja na primeira gestação, seja na segunda, é claro que o que a criança capta não são apenas os traços maternos; em última instância, o que ela capta é o *acolhimento da mãe, representante contingente do acolhimento da humanidade*.

Seguindo esta linha de pensamento, o bebê nasce com potencial de amor, e quando este, por alguma razão, é frustrado, não é correspondido, *o primeiro afeto que surge é o medo e não o ódio*. Antes que se instale a relação de ódio, o que se instala é uma relação de medo. O medo é a segunda emoção básica fundamental, e o ódio deriva do medo. O que estou propondo é a ideia de amor como afeto básico que, quando não se desenvolve, cria o medo da perda do amor, do acolhimento, e esse é o medo básico que vai criar todos os outros medos aos quais nós estamos submetidos. E o medo da perda de amor, do acolhimento, é que vai levar ao ódio e, consequentemente, à violência.

Essa questão do medo muda toda uma visão possível do ser humano e, inclusive, a própria visão de pulsão de morte como algo ruim, como um potencial destrutivo que, inevitavelmente, carregamos conosco. Reparem, essa é uma posição muito mais generosa sobre o ser humano, mas nem por isso menos verdadeira.

O renomado físico atômico Roger Penrose, que colaborou com Stephen Hawking em vários trabalhos, escreveu um livro muito interessante chamado *The large, the small and the human mind* (1997), no qual ele relaciona conceitos da física quântica, da cosmologia e da mente humana. Em um dos capítulos, ele analisa as várias teorias sobre a origem e o destino do cosmos; basicamente, três teorias: uma postulando o fim do universo a partir de uma expansão constante iniciada no Big Bang, outra prevendo uma reversão do movimento de expansão do universo para uma contração deste que leva ao fim (Big Crunch) e uma terceira que propõe ciclos alternados de expansão e contração, levando a um equilíbrio. Bem, Penrose expõe um detalhado e minucioso raciocínio teórico que defende essa última hipótese e, após essa demonstração rigorosa, ele apresenta seu argumento decisivo e final em favor de sua hipótese preferida: "Essa é a que eu mais gosto" (Penrose, 1997). Uma afirmação como esta, que, em tempos passados, poderia ser desprezada como um simples "achismo", passa a ser considerada, hoje, um fator científico respeitável na tentativa de comprovação de uma hipótese.

Se pensarmos nos grandes atos racistas da história da humanidade, nas ditaduras, nas exclusões brutais de alguns grupos, qual era o principal motor afetivo em jogo? Eu não tenho dúvida que as coisas surgiram do medo, do medo do diferente, do estranho, do desconhecido, do incontrolável. Vemos algo interessante no caso das ditaduras, inclusive na brasileira de anos atrás: talvez mais do que a violência, era o medo que se instalava, independentemente de você ter feito alguma coisa ou não, se tinha alguma ligação ou não, era aquele medo do que vai acontecer amanhã.

Eu vou utilizar duas citações de Freud do livro *An outline of psychoanalysis* (1938/1964) que, no meu modo de ver, comprovam a ideia de amor e de medo da perda do amor e acolhimento como afetos primordiais:

> *As crianças estão protegidas tanto dos perigos quanto das ameaças do mundo externo pela solicitude dos pais. Elas pagam por essa segurança com o medo da perda do*

> *amor que as deixaria desamparadas ante os perigos do mundo externo (p. 200).*

E, em seguida, algumas páginas adiante:

> *Na medida em que o ego funciona em completa harmonia com o superego, não é fácil distinguir entre essas duas manifestações; mas as tensões e os confrontos entre eles tornam as diferenças claramente visíveis. Os tormentos causados pelas reprovações, pelas cobranças da consciência correspondem, precisamente, ao medo da criança da perda do amor (p. 206).*

Parece-me, então, que a virulência do superego, como ele o colocou aqui, seria um produto do medo da perda de amor. O medo da perda de acolhimento e reconhecimento pelo outro (inicialmente, pelas figuras parentais) seria, no decorrer do desenvolvimento psíquico, depositado nessa agência moral; e seria por isso que o superego, muitas vezes, seria sentido como muito áspero, rigoroso e temível. Lembrando que, a partir da conceituação do superego, Freud formulou o chamado ideal de ego, ou seja, paralelamente a uma instância que diria o que *não devemos* fazer, haveria também uma instância que diria o que *devemos* fazer *para sermos amados, acolhidos e reconhecidos.* Assim, em última instância, o superego e o ideal de ego são mecanismos de defesa contra o medo de perder todas essas coisas que nos são tão essenciais para nos sentirmos parte da humanidade.

A partir deste reconhecimento da necessidade veemente do humano de se sentir incluído em um todo, podemos seguir adiante e reconhecer que *o medo da morte, em última instância, é fruto do medo da exclusão.* Todos nós sabemos a partir de nossa experiência seja como analistas, seja como analisandos, que, *no final das contas, o medo fundamental é o medo da morte*; mais cedo ou mais tarde, essa questão acaba surgindo em qualquer processo de análise. Começa-se com os medos mais diversos, localizados, pontuais e, por fim, de alguma maneira, chega-se lá.

Todavia, será que o medo maior que está em jogo é o medo da morte? Pensemos assim: se um cometa ou um grande meteoro se chocasse contra o planeta Terra e, de repente, amanhã acabasse tudo, como nós nos sentiríamos? Claro, se soubéssemos de antemão que isso iria ocorrer, cada um tentaria elaborar o inevitável destino dentro de si e à sua maneira. Sim, seria uma tragédia, mas talvez não fosse sentida como uma tragédia tão grande quanto a ideia de nossa morte individual. É mais ou menos assim: se o planeta inteiro for destruído, a festa acabou para todos. Seria uma pena, a festa estava tão boa . . . Mas, pior que isso, seria ir embora da festa e ficar ouvindo a música de longe – quem tem filho adolescente sabe exatamente do que eu estou falando.

Em termos do medo da exclusão, há uma situação de medo que pode ser ainda pior: é o medo de ficar sozinho no meio das pessoas, situação em que *a exclusão fica explícita*. Para exemplificar isso, é só pensarmos na solidão do homem urbano contemporâneo nas nossas grandes cidades, a absoluta solidão no meio de uma multidão de pessoas. Outro exemplo dessa solidão no meio de um grupo que, muito provavelmente, todos nós já experienciamos ou vimos acontecer é a brincadeira entre três crianças. O pior número de crianças para brincar é três – claro, há uma referência explícita aí à questão da exclusão edípica, a essência do Édipo é a existência de três partes –, isso porque, se três crianças estão brincando, basta que duas delas façam uma aliança para que a outra fique radicalmente excluída e solitária. Diante disso, é inevitável, alguém sempre termina chorando. Se são quatro crianças, já existe a possibilidade de dois partidos.

O que quero ressaltar com tudo isso é o *sentimento de exclusão como talvez o mais terrorífico para o humano, talvez até mais que o medo da morte em si*. É possível pensar, por exemplo, na questão dos chamados "homens-bomba". A esses homens, tomados por sua intensa convicção religiosa, é prometido que, após a morte, irão encontrar no muitas mulheres e muitos anjos no paraíso, ou seja, estarão meio de pessoas e serão profundamente admirados e amados por elas. Se considerarmos algumas ideias da continuidade da vida após a morte a partir de uma dissolução em partículas de energia do corpo material, vemos que este é um desfecho que nos satisfaz muito menos do que a ideia de uma pós-vida no meio de outras pessoas, ou seja, *precisamos ter certeza da inclusão no meio de pares*.

Finalmente, por que a exclusão nos parece tão absolutamente terrorífica? Chegamos à ideia de desamparo ou, usando o termo freudiano, *Hilflosigkeit* (no inglês, *helplessness*). O *desamparo é, simplesmente, a terrível experiência de se sentir absolutamente sozinho*, desconectado, sem acolhimento e compreensão do outro.

Por exemplo, se pensarmos na experiência de depressão, a experiência primordial é de solidão e de desamparo. Entretanto, nesse caso, nada nos acolhe, nada nos alcança, estamos sós, não podemos contar com ninguém e, mesmo que as pessoas venham falar conosco, parece que não surte efeito, é uma experiência interna, as experiências com o fora não chegam até nós. Indo adiante, o pânico seria o limite, estamos absolutamente sozinhos, nada vai resolver, nada vai dar conta. E, quando falo em depressão e pânico, poderia incluir também fobia, paranoia, hipocondria, e assim por diante: *as várias dimensões do medo*.

Estou lembrando de uma passagem recente com um analisando – passagens tantas vezes vividas nos processos analíticos – em que o analisando dizia que estava muito ansioso e, naquela circunstância, eu perguntei: "você está com medo?" Ele respondeu: "não, eu não estou com medo, estou ansioso". Às vezes, a coisa mais difícil é dizer: "estou com medo". Sim, claro, compreendo e respeito a necessidade de uma precisão terminológica maior para distinguir as diferentes vivências afetivas, todavia, às vezes, isso nos faz esquecer que todas, em última instância, são simples variações da manifestação do medo. Fobia é medo, paranoia é medo, depressão é medo, angústia evidentemente é a manifestação de medo. Não estou entrando aqui em detalhes do que é a representação e do que é puro afeto; isso é importante, mas não podemos perder a ideia principal, isto é, entrar em detalhes e esquecer do todo, como aquela história de ver a árvore e não ver o bosque.

Finalmente, para adentrarmos um pouco mais na questão do medo nas cidades contemporâneas, gostaria de citar um trecho de um poema de Carlos Drummond de Andrade (2001, p. 27), chamado "Congresso Internacional do Medo":

> *Provisoriamente não cantaremos o amor,*
> *que se refugiou mais abaixo dos subterrâneos.*
> *Cantaremos o medo, que esteriliza os abraços,*
> *não cantaremos o ódio porque esse não existe,*
> *existe apenas o medo, nosso pai e nosso companheiro,*
> *o medo grande dos sertões, dos mares, dos desertos,*
> *o medo dos soldados, o medo das mães, o medo das igrejas,*
> *cantaremos o medo dos ditadores, o medo dos democratas,*
> *cantaremos o medo da morte e o medo de depois da morte,*
> *depois morreremos de medo*
> *e sobre nossos túmulos nascerão flores amarelas e medrosas.*

Gostaria também de expor brevemente algumas contribuições feitas por Zygmunt Bauman – não sei quantos já ouviram falar dele. É um sociólogo polonês de nascimento e que iniciou sua carreira na Universidade de Varsóvia, mas que emigrou de lá para países como Canadá, Estados Unidos e Grã-Bretanha; deu aulas na Universidade de Leeds por mais de 20 anos. Hoje, aos 84 anos, vem publicando um ou mais livros por ano, todos traduzidos para o português, com enorme aceitação seja da comunidade acadêmica, seja do grande público. Ele criou o termo "modernidade líquida" para expressar a pós-modernidade, isto é, este momento histórico em que vivemos no qual todas as coisas são fluentes, são líquidas, não há mais coisas sólidas, estáveis, permanentes.

Um de seus livros chama-se *Medo líquido* (2008), e o autor o inicia com uma analogia muito interessante (eu, pelo menos, nunca havia pensado nesses termos antes, talvez vocês também não): ele faz uma análise sobre o *reality show* Big Brother. Segundo Bauman (2008), o que mais atrai os telespectadores no programa não é exatamente quem vai ser o ganhador, mas o ritual de exclusão, ou seja, são as mortes simbólicas que cada participante sofre no decorrer do programa. No Brasil, usa-se, inclusive, o termo "paredão" para se referir à situação em que alguns participantes de tempos em tempos se encontram correndo o risco de ser eliminados do programa ("ele foi para o paredão", "ele está no paredão" etc.). A palavra "paredão" faz uma alusão clara ao paredão de fuzilamento. O que se assiste no programa a cada vez é uma pessoa sendo radicalmente excluída do grupo, ou seja, ela está no meio da festa e sente que há uma ameaça permanente de ser posta para fora. Imaginemos que os próprios participantes do programa pudessem chegar a algum tipo de acordo, uma aliança que, utopicamente, os preservasse da exclusão – mas não, os próprios pares são cúmplices do ritual de "fuzilamento", planejam, em geral por baixo do pano, quem será excluído. E por que fazem isso? Porque o medo comanda as ações.

Vale comentar que, mesmo após várias edições repetitivas do programa, sem muitas variações entre elas, a audiência não cai, os telespectadores não se cansam. Isso porque a representação da morte pela exclusão atrai os telespectadores, que se identificam com os personagens na própria vivência vicária de exclusão e de morte: "Que alívio, não fui eu . . ."

Um pensador francês chamado Jean Delumeau inicia seu livro *La peur en Occident* (O medo no Ocidente) (1978) com uma passagem em que Montaigne relata uma de suas viagens pela Europa, mais precisamente, sua chegada a Augsburgo, na época, com 60 mil habitantes, a maior e mais rica cidade do então Sacro Império Romano. Montaigne chegou de noite na cidade, convidado por alguns residentes. A cidade era completamente cercada por altas muralhas e, ao chegar, ele precisou passar por uma ponte levadiça que atravessava um fosso; chegou a um portão com um comunicador, um buraco pelo qual ele deveria dizer quem era, por quem havia sido convidado e, após, ficar esperando naquele cômodo isolado e sem iluminação por bastante tempo. Até que a porta à sua frente se abriu, porém sem ver ninguém, dado que havia um mecanismo oculto, com uma roldana para abrir aquela porta, que era controlado internamente. Após aberta aquela porta, Montaigne entrou em outra sala escura com uma porta fechada a sua frente, e a de trás, que havia sido aberta para ele passar, também se cerrou. Novamente, ele teve de falar por um comunicador qualquer, sem obter resposta, mas, então, a segunda porta se abriu para ele. Passou por mais três ou quatro portas sem ver ninguém – embora soubesse que havia ali todo um exército armado – até que, finalmente, ganha acesso à cidade.

Sim, tudo isso ocorreu entre os séculos XIV e XVI, no entanto, inevitavelmente isso nos remete aos condomínios contemporâneos, com sua tecnologia de segurança avançada, seus vidros escuros blindados e a constante sensação de que ali não há ninguém – embora, como no caso de Montaigne, haja um exército armado em alerta. Então, quais as peculiaridades do medo que sentimos nas cidades hoje em relação ao medo que era sentido pelos habitantes urbanos no passado? Poderíamos afirmar que, antigamente, a cidade se protegia contra as ameaças externas, contra inimigos para além das muralhas, contra as hostes inimigas, os bárbaros, os bandidos etc.; dentro das próprias cidades as pessoas se sentiam protegidas. Hoje em dia, em nossas cidades contemporâneas, é dentro das cidades que está o grande perigo. Cada vez mais se procura criar os condomínios fechados de prédios ou de casas, minicidades isoladas da grande metrópole.

Entretanto, por mais aparatos de segurança que existam ali nas isoladas minicidades, a sensação de segurança, mesmo assim, nunca é total. Até porque esses temerosos moradores precisam de servidores, funcionáios excluídos, estrangeiros naquela minicidade, que, ao adentrarem, podem ameaçar a fortaleza. Os intercâmbios com o mundo externo são inevitáveis e, a partir disso, surgem perguntas do tipo: "Quem está trabalhando em casa? Quem provê a nossa segurança?", e o medo retorna com todo seu potencial angustiante e desorganizador.

Outro ponto interessante que vale ser ressaltado sobre a diferença entre o medo experienciado na contemporaneidade e aquele vivido no passado diz respeito à relação que os humanos foram estabelecendo com a morte com o passar do tempo. Talvez o que diminuísse a intensidade da experiência de medo, antigamente, era a maior familiaridade que as pessoas tinham com a morte; morrer era visto como parte da vida, era aceito e integrado no rol de vivências emocionais humanas comuns. Por exemplo, uma mãe dava à luz dez filhos; comumente, morriam vários deles, e isso era visto como um fenômeno natural. Hoje, procuramos lutar contra a morte, isolá-la e evitá-la o quanto for possível, o que, evidentemente, é desejável. No entanto a negação da presença inevitável da morte faz crescer dentro de nós o terror em relação à finitude, e nossas mais terríveis fantasias a respeito se multiplicam descontroladamente.

Temos que lidar com o medo o tempo inteiro. Lembrei-me de um rabino hassídico chamado Nachman de Breslov que viveu lá por volta de 1800, morreu aos 38 anos e vem sendo redescoberto de uns tempos para cá. Possuidor de uma sabedoria incrível para alguém que morreu tão jovem, uma das suas frases diz: "A vida é uma ponte muito estreita, o importante é não ter medo" (1994, p. 35). Ou seja, é impossível não ter medo, o importante é aprender a lidar com ele. *Coragem não é não ter medo, é admitir o medo e encontrar uma forma de enfrentá-lo.*

12. Cartas trocadas: Walt Whitman – Sigmund Freud[1]

Prezado Professor Freud,

Meu nome é Walt Whitman e estou certo de que o senhor não me conhece, embora eu desfrute de alguma notoriedade como poeta em meu país. Sou também jornalista, e foi um colega recém-chegado de Viena que certa noite me contou algo sobre o senhor e suas ideias. Fiquei imediatamente fascinado, se é que a compreendi, com sua ideia dos sonhos como porta-vozes enigmáticos de um Inconsciente que nos constitui além do tempo. Pareceu-me que, mais além de uma hipótese científica, este é um belíssimo achado poético. Nessa mesma noite tive dois sonhos estranhos – aliás, como todos meus sonhos. No primeiro, que se passava em um tempo futuro, o senhor publicava um grande livro sobre os sonhos. No segundo, em um futuro talvez mais distante, o senhor recebia um convite para visitar a América e chegava a nós de navio, trazendo consigo "a peste". Não sei o que isso significa e me pergunto se poderiam ser sonhos premonitórios. Tomei, então, a liberdade de escrever-lhe para pedir que

1 Publicado em revista *Ide*, São Paulo, v. 33, n. 50, jul. 2010. As cartas são ficcionais.

me dissesse algo sobre esses sonhos, e talvez pudéssemos prosseguir nos correspondendo.

Claro, devo iniciar me apresentando, pois já conheço um pouco sobre o senhor e o senhor, nada de mim. Usarei como apresentação dois fragmentos de meus poemas:[2]

Saindo da ilha em forma de peixe
onde eu nasci — Paumanok —
bem concebido e criado por uma perfeita mãe,
depois de andar muitas terras,
morando em Mannahatta, cidade minha,
ou nas savanas do Sul,
ou soldado acampado ou carregando
o fuzil e a mochila,
ou labutando nas minas da Califórnia,
ou bronco em minha casa nos bosques de Dakota,
a comer carne e a beber água de fonte,
ou escondido para meditar
em algum canto bem fundo
longe do estrídulo das multidões (p. 18).

Uma vez no Alabama, enquanto eu dava
o meu passeio matinal,
vi pousada uma fêmea de pardal
em seu ninho entre os galhos
chocando seus filhotes.

---

2 Todos os poemas de Walt Whitman foram retirados de *Folhas das Folhas de Relva*, 1855/1983.

Eu vi também o passarinho-macho
e parei a escutá-lo
ao alcance da mão
inflando o peito e gorjeando em júbilo.
E estando eu ali parado, me ocorreu
que o canto dele
não era só para o que estava ali,
nem para a parceira dele
nem mesmo para ele só,
nem para tudo o que os ecos mandavam
de volta
— mas muito além, sutil e clandestina,
era mensagem transmitida e oculta herança
para os que estavam acabando de nascer (p. 21).

Do seu respeitoso admirador,
Walt Whitman

Cerca de um mês depois, em 1890:

Caro Senhor Whitman,

Como seria de se esperar, sua carta me deixou intrigado e perplexo. Não fosse a beleza de seus versos, que me emocionaram profundamente, eu a teria simplesmente descartado. Mas não posso resistir à sedução de vossos sonhos. Em relação ao primeiro, confesso que tenho pensado – ou devaneado – em escrever um livro exaustivo sobre os sonhos. Ele vai se formando em minha mente, e me surpreendeu vossa captação muito particular da ideia de Inconsciente que ainda germina em mim. Quanto ao segundo sonho, devo dizer que a ideia de um convite vindo da América parece-me altamente improvável. No momento são escassos os convites que recebo, mesmo de lugares muito mais próximos. Se me permite uma interpretação fora de contexto, sugiro que esses sonhos representam mais uma realização de vossos desejos do que mensagens premonitórias.

Em relação ao seu convite para nos correspondermos, eu respondo que:

> *Desconhecido, se você vier passando e der comigo e quiser me falar,*
> *Por que não há de falar comigo?*
> *E eu, por que também não haveria de falar com você? (p. 17).*
> *Portanto me escreva, que responderei assim que possível.*

Saudações,
Prof. Freud

Em algum mês de 1901:

Prezado Prof. Freud,

Será que ainda se recorda de mim? Passaram-se muitos anos desde nossa troca de cartas, mas tenho escusas para minha demora em responder-lhe. Mark Twain, um conhecido escritor americano, de certa feita deparou-se com uma nota de seu falecimento em um jornal de grande tiragem e apressou-se em escrever-lhes esclarecendo, com seu humor característico, que a notícia de sua morte era um tanto exagerada. Bem, conto-lhe isto porque, no meu caso, a notícia de minha morte ocorrida em 1892 não é absolutamente exagerada! Realmente aconteceu, mas espero que isto não seja um impedimento para reatarmos nossa correspondência, mormente agora em que me parece entender – mais que isso, sentir profundamente em mim – a atemporalidade inconsciente e a própria noção de eternidade.

Mando-lhe mais um fragmento de poema e peço-lhe, com perdão da ousadia, que me fale do seu *Traumdeutung*; afinal, meu primeiro sonho se realizou.

Não creio que setenta anos sejam
o tempo de um homem ou uma mulher,
nem sejam setenta milhões de anos
o tempo de um homem ou de uma mulher,
nem que possa jamais conter-se em anos
a existência da minha ou de qualquer pessoa.

Maravilhoso que eu deva ser imortal?
Pois todos são imortais.
Bem sei que é maravilhoso, mas
a visão em meus olhos
é igualmente maravilhosa,
e o modo pelo qual fui concebido
no ventre de minha mãe
é igualmente maravilhoso,
e como de bebê passei à fase do engatinhar
num par de verões e invernos até andar
e falar — tudo isso é igualmente
maravilhoso.

E que minha alma neste instante abrace
a vocês todos e nos sintamos

afeiçoados sem nos termos visto
um ao outro jamais, e talvez nunca
nos voltemos a ver – tudo o que há nisso
é igualmente maravilhoso. (p. 122).

Com admiração,
Walt Whitman

Uma semana depois:

Caro Sr. Walt Whitman,

O senhor me surpreende cada vez mais. Outro que não eu, a esta altura quase acostumado a me defrontar com os mistérios infinitos da alma, teria duvidado da possibilidade de continuarmos a nos escrever e mais ainda do seu sincero interesse pela minha obra, mas, no momento em que vivo, um interlocutor é para mim uma dádiva preciosa que não pode ser recusada. Seguem-se, pois, algumas reflexões sobre o *Traumdeutung*:

Ao começar meus estudos,
me agradou tanto o passo inicial,
a simples conscientização dos fatos,
as formas, o poder do movimento,
o mais pequeno inseto ou animal,
os sentidos, o dom de ver, o amor
— o passo inicial, torno a dizer,
me assustou tanto,
e me agradou tanto,
que não foi fácil para mim passar
e não foi fácil seguir adiante,

pois eu teria querido ficar ali
flanando o tempo todo,
cantando aquilo
em cânticos extasiados (p. 15).

Porém às vezes me pergunto: como este livro será recebido? Só o que espero é que

Não me fechem as portas, orgulhosas
Bibliotecas,
Pois justamente o que estava faltando
Em tuas prateleiras apinhadas,
É o que venho trazer.
....
Um livro à margem,
Sem nada a ver com os restantes,
E que não pode ser sentido só
Com o intelecto.
Vocês, porém, com seus silêncios latentes,
A cada página hão de estremecer
Maravilhadas (p. 16).

Será que daqui a trinta anos eu ainda pensarei, como penso hoje, que:

[Este livro] contém, mesmo de acordo com meu julgamento de hoje, talvez a mais valiosa das descobertas que tive a boa fortuna de fazer. *Insights* como esse nos ocorrem somente uma vez na vida . . .

Com afeto,
S. Freud

De 1908:

Caro Prof. Freud,

A atemporalidade em que estou imerso tem seus inconvenientes para nossa correspondência, já que me sinto cada vez mais desligado do seu tempo cronológico. Passou-se muito tempo por aí? Estou sabendo que meu segundo sonho se realizou. Quanto à "peste", ainda que o senhor tenha nos inoculado com esse vírus benfazejo, imagino os anticorpos das resistências conservadoras e preconceituosas que se oporão a ele, mas pressinto também que seus efeitos liberadores se farão sentir aos poucos, que muitas crises ainda serão vividas sem que a lição seja aprendida, mas talvez, daqui a um século, uma mudança catastrófica se faça sentir.

Broadway (1908)

Wall Street (2008)

Que aceleradas marés humanas,
seja noite ou seja dia!
Que ardores, que paixões, ganhos e perdas,
em tuas águas flutuam!
Que redemoinhos de perversidade,
beatitude e tristeza, te sustentam!
Que curiosos olhares indagadores
— fagulhas de amor!
Cobiça, inveja, desdém,
ironia, esperança, aspiração!
Tu portal, tu arena — de miríades
de filas e longos agrupamentos!
(Só teus marcos de pedra, esquinas e fachadas

poderiam contar tuas histórias inimitáveis;
tuas janelas ricas e os hotéis
amplos e as calçadas largas.)
Tu, a dos pés sem descanso correndo
e de leve pisando e deslizando!
Tu como o próprio mundo
um mosaico de cores
— como a vida infinita, zombeteira, abundante!
Tu, enviseirada, vasta,
mostra a lição! (p. 134).

Walt Whitman

De 1909:

Caro Sr. Whitman,

Certamente nossos tempos são tão diferentes quanto a lógica finita do Consciente e a lógica infinita do Inconsciente. De resto, compartilho de seu otimismo a longo prazo, embora eu seja injustamente tachado de pessimista. Se suas previsões se cumprirem e se esta casa de onde lhe escrevo ainda estiver de pé daqui a cem anos, talvez uma placa do tipo "Aqui viveu . . ." seja afixada junto à porta.

Mas isto me leva a uma questão que tem me preocupado no momento. Sinto-me pressionado pelos colegas e discípulos a criar uma instituição psicanalítica internacional e fico me perguntando se existe qualquer conciliação possível entre Psicanálise e Instituição. Você teria algo a me dizer? Pergunto-lhe porque, embora intua que a espacialidade não tem mais sentido para você, tendo a imaginá-lo olhando as coisas de cima.

S. Freud

De 1910:

Caro Sr. Freud,

Já aconteceu, a Instituição está criada, e não me cabe criticar, mas não resisto a colocar-lhe através de um poema como me sinto a respeito:

Ouço dizer que contra mim foi alegado
que eu procurava destruir instituições,
mas em verdade eu nada tenho contra
nem a favor das instituições
— que tenho eu afinal a ver com elas
ou com a destruição delas?
Tudo o que eu quero é fundar
em Manhattan e em toda e qualquer cidade
destes Estados, litorâneos ou do interior,
e pelos campos e bosques,
e em qualquer barco de quilha pequena ou grande
singrando quaisquer águas,
sem edifícios ou regras ou fiadores
ou qualquer tipo de argumentação,
a formidável instituição
do amor entre camaradas (p. 66).

Walt Whitman

De 1910:

Caro Sr. Whitman,

Também através de um poema lhe respondo como me sinto a respeito:

Precursores

Como são eles colocados sobre a terra
(surgindo a intervalos),
como são caros e terríveis para o mundo,
como eles se habituam a si mesmos
assim como aos demais
– que paradoxo chega a parecer
o tempo deles –
como as pessoas respondem a eles
ainda que os não conheçam,
como algo de intransigente persiste
na sorte deles em todos os tempos,
como todos os tempos
escolhem mal as coisas
com que os adular e os recompensar,
e como o mesmo preço inexorável
há de ser pago ainda
pela mesma grandeza
encomendada (p. 15).

Prof. Freud

Em torno de 192 . . .:

Caro Sr. Freud,

Embora me pareça já intuir algo sobre a Psicanálise, falta-me o essencial: saber o que se passa no consultório entre um analista e seu paciente. Claro que meus princípios éticos me impedem totalmente de invadir sua sala de consulta valendo-me da minha etérea condição; eu me sentiria como um terceiro não psicanalítico. Peço, se for possível, que me relate uma pequena história que se passou entre vocês, talvez algum fragmento de sua própria fala.

Walt Whitman

De 192 . . .:

Caro Sr. Whitman,

Você me pede o mais difícil, talvez impossível, mas vou tentar. Uma ressalva: minhas obrigações intelectuais com o futuro da psicanálise têm quase limitado meus atendimentos a colegas médicos interessados em tornar-se profissionais da psicanálise. Confesso que isso me causa um certo enfado, mas alguns dos que me procuram mantêm meu entusiasmo pela investigação e pela descoberta. Particularmente uma mulher inteligente e encantadora – por que não dizer? Podemos nomear a isso eufemisticamente de Transferência. Nosso trabalho de análise já se prenunciava em uma carta que recebi em 1912. Mantenho seu nome em sigilo por razões óbvias:

> *Caro professor,*
>
> *Desde que assisti ao Congresso de Weimar, no último outono, o estudo da psicanálise tem continuado a preocupar-me, e torno-me absorvida quanto mais penetro no assunto. Estou prestes a realizar agora meu desejo de passar meses em Viena. E o senhor permitirá que eu*

me aproxime de si, que assista às suas conferências e, ainda, que seja admitida às suas Noites de Quarta-Feira? O único objetivo de minha visita a Viena é dedicar-me mais profundamente a todos os aspectos dessa matéria.

Atenciosamente,
L.A.S.
(Salomão, 1963/1975).

Atendendo a seu pedido, vou transcrever três falas minhas em três sessões diferentes ao longo de nossa análise: nosso primeiro encontro analítico, uma outra sessão em um momento importante do processo vivido por nós, e finalmente nossa última sessão:

Primeiro encontro:

A nova pessoa que vem a mim
é você?
Ouça um conselho, para começar:
eu sou com certeza bem diferente
do que você imagina.
Você imagina encontrar em mim
seu ideal?

Acha tão fácil assim eu me tornar
seu amante?
Pensa que minha amizade
é fonte de satisfação sem impureza?
Julga que eu seja fiel e digno de confiança?
Além desta fachada,

do meu jeito macio e tolerante,
você não vê mais nada?
Acha que vem avançando
em bases realmente firmes
na direção de um homem realmente heroico?
Pela cabeça nunca lhe passou,
ó sonhadora,
que tudo isso pode ser maya, ilusão? (p. 63).

Tempos depois:

Seja você quem for,
receio que você esteja
trilhando as trilhas das ilusões:
receio que essas supostas realidades
venham a derreter-se debaixo dos seus pés
e suas mãos;
mesmo agora os seus traços, alegrias,
conversa, casa, negócio, costumes,
maneiras, preocupações, loucuras, crimes,
dissipam-se a afastar-se de você,
e diante de mim surge
você em corpo e alma verdadeiros,
à parte das tarefas, do comércio, lojas,
trabalho, fazendas, roupas, a casa,
comprar, vender, comer, beber, sofrer, morrer (p. 95).

Ao final:

Seja você quem for
agora segurando minha mão
sem uma coisa há de ser tudo inútil
— é um leal aviso que lhe dou
antes que continue a me tentar:
não sou aquele que você imagina,
mas muito diferente.

Quem é que gostaria
de vir a ser um seguidor meu?
Quem é que gostaria de lançar
sua candidatura ao meu afeto?

O caminho é suspeito,
o resultado é incerto, destrutivo talvez;
teriam que abrir mão de tudo mais
tendo eu a pretensão
de ser seu padrão único e exclusivo;
sua iniciação haveria de ser ainda assim
extensa e fatigante,
toda a teoria da sua vida passada
e toda conformidade com as vidas em redor
precisariam ser abandonadas;
por isso deixe-me agora
antes de perturbar-se ainda mais,

deixe cair sua mão no meu ombro,
coloque-me de lado e siga seu caminho (p. 59).

Do amigo,
S. Freud

De 192 . . .:

Caro Freud,

Fiquei muito surpreendido com a liberdade e o calor humano de suas falas. Eu imaginava, preconceituosamente sem dúvida, que analistas falassem racional e friamente interpretando dados "científicos", talvez baseado em meus contatos anteriores com tantos médicos – não todos, claro – que se defendiam de qualquer envolvimento emocional com seus pacientes através de uma fala empostada e professoral.

Ocorreu-me, então, fazer um comentário teórico sobre seu relato:

E agora, cavalheiros, eu lhes deixo
uma palavra
para ficar nas mentes de vocês
e nas suas memórias
como princípio e também como fim
de toda metafísica.

Tendo estudado antigos e modernos
sistemas dos gregos e dos germânicos,
tendo estudado e situado Kant,
Fichte, Schelling e Hegel,
situado a doutrina de Platão,

e Sócrates superior a Platão,
e outros ainda superiores a Sócrates
buscando pesquisar e situar,
tendo estudado bastante o excelso Freud
eu vejo reminiscências daqueles
sistemas grego e germânico,
deparo todas as filosofias,
templos e dogmas cristãos encontro,
e mesmo sem chegar a Sócrates eu vejo
com absoluta clareza,
e sem chegar até o divino Cristo,
eu vejo
o puro amor do homem por seu camarada,
a atração de um amigo pelo amigo,
de uma mulher pelo marido e vice-versa
quando bem conjugados,
de filhos pelos pais, de uma cidade
por outra, de uma terra
por outra (p. 62).

Com afeto,
Walt

De 1938:

Querido Walt,

Pressinto que vamos nos encontrar em breve. A ideia da morte não me assusta, até a desejo. Mas tenho me preocupado com minha possível biografia. Infelizmente, o discípulo e amigo que melhor me compreendeu, a ponto de ter se permitido discordar de mim, morreu há alguns anos; a vida me destinou a dor absurda de sobreviver a alguns filhos. Talvez o discípulo menos indicado para a escrever seja aquele que se arrogará esse direito.

Veja o que penso disso:

Enquanto eu lia o livro,
a famosa biografia:
— Então é isso (eu me perguntava)
o que o autor chama
a vida de um homem?
E é assim que alguém,
quando morto e ausente eu estiver,
irá escrever sobre a minha vida?
(Como se alguém realmente soubesse
de minha vida um nada,
quando até eu, eu mesmo, tantas vezes
sinto que pouco sei ou nada sei
da verdadeira vida que é a minha:
somente uns poucos traços
apagados, uns dados espalhados
e uns desvios, que eu busco
para uso próprio, marcando o caminho
daqui afora.) (p. 14).

Até breve,

Sig

. . . ∞ . . .

Walt,

. . . Misticismo é a obscura autopercepção do reino além do Ego, do Id.

Interrompida a comunicação através de palavras.

O prosseguimento deste interessante diálogo poderá ser acessado pelos leitores em seus próprios sonhos: *WWW.SF.Traumdreams.*

13. Transferência avoenga

À guisa de definição, eu diria que a *transferência avoenga* é a que se estabelece *entre* um analista sentido como avô e um adolescente ou, em outras palavras, entre um jovem sentindo-se acolhido como neto e seu psicanalista. O *entre* é condição essencial e necessária. A transferência se dá sempre *entre* o analista e analisando. O avô tem o condão de relativizar a lei do pai – pai herói e tirano, instituidor insuperável da lei e da ordem –, transcendendo a densa determinação dos condicionantes edipianos entre pais e filhos/as e permitindo uma cumplicidade afetiva, um prazer mútuo de romper as normas estabelecidas pelo desejo dominante dos pais.

Avoenga . . . essa palavra tem para mim um caráter onomatopaico. Uma onomatopeia de sentimentos nostálgicos que parecem emanar da memória em meu corpo. Ao mesmo tempo, a falta de uso, o secular recolhimento ao limbo das palavras devolveu a esta certo frescor que se mescla sem receio de contradição com sua antiguidade vetusta. Avoenga, que, para mim, soa mais doce que avoengo, transita entre o literal e o metafórico; caem-lhe bem as reticências. Levando em conta o que foi dito acima, sobre a transferência se dar sempre entre o analista e o analisando, a transferência é uma relação e só pode se dar nesta relação – ela é o verbo que empresta aos substantivos envolvidos o sentido mutante do momento vivido, puro presente. Verbo é movimento e sem ele o substantivo tende ao marasmo ou mesmo à morte. Enfatizar o verbo, a relação, já é quebrar o pensamento dualista clássico que nos foi inculcado como única opção racional, mas que é insuficiente para dar conta das sutilezas contraditórias do processo analítico. Uso o termo "processo" não num sentido abstrato e frio, mas como algo encarnado que abrange duas pessoas diferentes, cada uma, por sua vez, constituída por duas lógicas diferentes e irredutíveis – a lógica clássica do Consciente finito e a a-lógica contraditória do Inconsciente Infinito – e o conjunto aberto que contém ambas as pessoas e as qualidades emergentes do seu encontro, tantas vezes imprevisíveis. Imprevisíveis porque o encontro psicanalítico se dá no território do Inconsciente Infinito comum aos dois e, ao mesmo tempo, de cada um dos dois: no campo do infinito a parte é igual ao todo. Na medida do possível, reduzimos essa experiência compartilhada para a nossa lógica habitual não contraditória consciente e, por meio dela, tentamos expressar poeticamente o acontecido. O processo psicanalítico mais além de uma sucessão é, principalmente, uma subversão temporal; avôs e netos, um encontro acrônico, um salto geracional. É claro que a faixa etária do/a analista pode oferecer, *a priori*, um corpo de avô (eu, por exemplo) ao adolescente ("meus" jovens, por exemplo), e nesses casos a transferência avoenga já é propiciada de início. Mas tenho pensado em que medida essa transferência não é uma característica de toda relação analítica, independentemente da idade dos parceiros, propiciada pela atitude analítica de atenção flutuante. Um certo olhar desapegado mais benévolo de avô.

Meu interesse pelo tema vem de várias direções: a primeira, que é o fator deflagrador deste texto neste momento, é que a proporção de analisando *jovens* em minha clínica vem aumentando gradativamente ao longo dos anos, e me dei conta de que eles representam, hoje, uma parcela ponderável de meus analisandos. Na falta de classificações mais satisfatórias, prefiro chamá-los jovens. A palavra é bonita e tem uma certa ressonância, uma quase aliteração de *avoenj*. Os limites etários dessa faixa me são muito imprecisos; talvez algo a partir dos 10 anos até algo por volta dos 20 e poucos anos. Claro que as variações são grandes de pessoa para pessoa. Lembro um lindo artigo de James Herzog apresentado no 44º Congresso da International Psychoanalytical Association no Rio de Janeiro, em 2005, no qual ele narra o processo de análise entre ele e uma menina, dos 6 aos 10 anos. O processo é desde o início predominantemente falado, profundamente falado, emocionalmente falado, ludicamente falado. Falando, eles viajam juntos num avião imaginário ou numa família emblemática. O jogo, o brinquedo, é a própria fala dos dois: dueto concertante para barítono (imagino eu) e sopranino, ou, se preferirem, violoncelo e flauta doce. Bem, considero como condição para pertencer a essa faixa jovem o predomínio da conversa no encontro psicanalítico, embora possam invadi-la jogos, brincadeiras ou outros eventuais facilitadores. Para mim, o processo psicanalítico é um jogo: o *jogo do Inconsciente*, e, com nossa colaboração, nossos parceiros no jogo captam, aos poucos, as sutilezas de suas impermanentes regras tácitas. A finalidade última do jogo, seu *goal*, é o encontro dos parceiros no *campo do Inconsciente*. Para tentar chegar lá, usamos nosso precário instrumental linguageiro, mesmo sabendo que as palavras nos levam apenas até o portal desse campo impenetrável para elas. E é no encontro da dupla nesse campo inefável que se dá a *experiência mutativa* por meio da ruptura de nosso campo consciente racional individualista. A proposta de Strachey (em seu prefácio geral, no volume 1 da edição Standard da obra de Freud, 1996, p. 16) sobre interpretação transferencial mutativa, tão inovadora mas limitada e datada de 1934, amplia infinitamente suas possibilidades com os desenvolvimentos contemporâneos da teoria da complexidade: no campo do pensamento complexo *tudo é transferência*. Ou seja, toda e qualquer experiência emocional vivida na relação analista-analisando é potencialmente mutativa, pois tudo entre eles se dá no campo da transferência. Quando Pedro e Paulo falam de qualquer coisa, estão falando "inconscientemente" de Pedro e Paulo. De um modo mais geral, no nosso dia a dia no mundo, uma autointerpretação mutativa decorre de uma ruptura emocional na estrutura estabelecida de nossos paradigmas ideológicos. Penso que a *ruptura de campo*, proposta por Fabio Herrmann (2001) como instrumento básico do método psicanalítico, aproxima-se do espírito do *koan* da tradição *zen*: uma pergunta formulada pelo mestre a seu discípulo, pergunta irrespondível pela nossa lógica racional pensada e que visa a exatamente romper o controle racional da mente. Dois exemplos clássicos: qual o som produzido por uma única mão batendo palmas? Ou então: qual era a sua cara antes de seus pais se conhecerem? A estranheza que essas perguntas nos provocam lembra o texto clássico de Freud "Das Unheimliche", traduzido às vezes como "O Estranho" ou "O Sinistro", mas que literalmente significa "o não familiar". Inútil qualquer tentativa de resposta pensada – é exatamente dos pensamentos que devemos abrir mão para *sermos o pensador sem pensamentos*, sermos a resposta inaudível do Inconsciente. Voltando ao jogo, como os gols ou os pontos só podem ser consignados com a colaboração dos dois parceiros, ou os dois ganham, ou os dois perdem. A rigor, não há contagem formal de pontos porque o placar é aleatório. O verdadeiro adversário são as resistências mútuas.

Na minha experiência, a relação psicanalítica que se estabelece com os jovens é mais livre, mais flexível e imaginativa do que, por exemplo, uma relação de análise didática tradicional. Além da idade, outra característica, que pode parecer apenas acessória e de caráter prático – porém essencial para incluir no nosso analisando nessa faixa imprecisa dos jovens –, é que a análise seja bancada por pais, avós ou substitutos eventuais (o que, em alguns casos, eleva indefinidamente o limite etário superior). Dentro dessa faixa, existe uma fronteira tênue entre duas subfaixas: uma em que o analisando é trazido por pais, motorista etc., e, portanto, não depende apenas dele a decisão de vir ou não à sessão, e outra subfaixa daqueles que já vêm sozinhos e podem optar por faltar – e, na minha experiência pessoal, as faltas, assim como as pausas musicais respiratórias, são para eles quase indispensáveis. Parece-me até que elas permitem a fluência e continuidade do processo, e evitam interrupções precoces da relação analítica. Constatei, então, que sou hoje um *analista de adultos e adolescentes*, ou analista de adultos e jovens, ou sei lá. Minha experiência clínica como psicanalista iniciou-se exclusivamente com adultos, mas os jovens simplesmente foram chegando e me ensinando, apoiados em minha experiência com os adultos, minhas leituras, minhas trocas com colegas e, basicamente, minha vida; minha vida inteira contida em meu Inconsciente Infinito, porque uma vida, qualquer vida, demanda um continente infinito.

Fico me perguntando se outro fator que me levou sub-repticiamente, encarnado nesse "avô de transferência", em direção aos jovens, não é o fato de eu não ter conhecido meus próprios avôs, tanto paternos quanto maternos, mortos nos campos de concentração. Eu já ia escrevendo "eu não tive avôs", mas corrigi a tempo — tive, mas não os conheci, e tarde demais conheci, mas não os tive. Se alguém me perguntar como é ter sido criado sem avôs, eu sou o que menos poderia responder. É preciso ter avôs para saber como é não tê-los. Como dizia Vinicius (Coutinho (org.), 1968, p. 346): "Filhos, melhor não tê-los, mas se não os temos, como sabê-los?" Não resisto à paráfrase óbvia: avôs, melhor tê-los, mas se não os tive, como sabê-los? Pois é, andei procurando e achei pouquíssimas coisas sobre avôs em textos psicanalíticos. Por outro lado, tenho ouvido referências a transferências de avô – inclusive, no congresso citado, ouvi de Bolognini, Nin, entre outros –, mas para nomear situações pontuais. Me dei conta, agora, de que meus avôs ausentes nunca frequentaram nenhuma de minhas análises pessoais; jamais se falou ou se perguntou sobre eles – ou será que reprimi? Enfim, não sei qual a influência possível dessa minha história de vida em minha clínica, mas, em respeito ao assim chamado *princípio da ignorância*, proposto por Stephen Hawking e muito conhecido das ciências físicas e matemáticas, não tentarei preencher afoitamente meu campo de ignorância com qualquer coisa, qualquer explicação ou teoria *ad hoc* que me tranquilize – respeitemos nossa ignorância, o que me soa bastante psicanalítico.

14. Neutralidade, naturalidade, neuturaldade[1]

Começo com uma antiga história de fonte desconhecida:

> *Em um mosteiro medieval copiavam-se textos sagrados para distribuí-los aos demais mosteiros. Certo dia um jovem monge teve um estalo, parou sua faina e foi falar com o velho abade:*
>
> *— Senhor, me ocorreu que como sempre copiamos a partir de cópias anteriores, poderia acontecer que, ao longo do tempo, surgissem erros repetitivos em relação aos originais.*
>
> *O abade concordou e resolveu fazer uma pesquisa nos textos originais. Desceu aos subterrâneos onde ficavam depositados e lá ficou por horas. De repente, os monges ouvem gritos, choros, imprecações, pancadas nas paredes. Descem correndo e se deparam com o velho abade*

1 In Gerber, I. (2017). *Para além da contratransferência: o analista implicado.* Zagodoni.

> *gritando, chorando, arrancando os cabelos. Apavorados, perguntam o que estava acontecendo e o ancião balbucia:*
> *— É "caridade", e não "castidade"!*

Essa história me faz pensar numa possível aproximação com a proposição emblemática de Freud: a *neutralidade* como atitude desejável por parte do analista diante de seu analisando. Que distorções podem ter ocorrido nas diversas interpretações que a proposta freudiana sofreu ao longo de um século. Interpretações que podem ter ocorrido motivadas pelas ideologias pessoais preestabelecidas ou mesmo preconceituosas por parte de seguidores, ou seja, paradoxalmente o oposto da neutralidade. Um equívoco muito comum é confundir neutralidade com uma rigidez superegoica, determinando regras exageradas e dogmáticas sobre "o que pode" e "o que não pode".

Um exemplo pessoal: minha primeira experiência de análise, a que me entreguei por cinco anos e que hoje me faz pensar: "como foi possível?" Digo isto porque meu primeiro analista, já falecido, estava tão aderido a esta visão rígida de neutralidade que jamais esboçou um sorriso acolhedor ao me receber ou mesmo uma risada espontânea durante as sessões. Um rasgo de humor, contar uma piada – interpretativa ou não –, nem pensar. Recebia-me com uma cara séria e inexpressiva, claramente artificial. Como avaliar um processo analítico, passados tantos anos? Fala-se que uma análise é bem-sucedida quando esquecida, mas posturas como essa são inesquecíveis.

Muitos anos depois, assistindo a uma bonita palestra de Betty Joseph, em São Paulo, eu e muitos colegas nos surpreendemos com sua afirmação de que a relação analítica era uma relação artificial, o que justificaria regras estritas que a diferenciam de uma relação cotidiana. Já Bion (1970/1973) parece sentir a proposta de uma relação analítica mais natural quando diz: "Se não for como a vida, não é psicanálise". Eis uma reversão de perspectiva que, entre outras, ajuda-nos a compreender a resistência de alguns kleinianos conservadores diante das transformações de Bion a partir de 1965.

Claro que as diferenças marcantes entre as duas situações têm de ser consideradas e pensadas, mas sempre me pareceu que a naturalidade do analista, sua verdade, deve prevalecer em sua tentativa de ser neutro. Ocorre-me o termo "neuturalidade", uma blague, como atitude que conjugasse a neutralidade com a naturalidade. Arriscamos uma paráfrase a Bion: "se não contiver humor, não é Psicanálise". Uma amiga querida me contava que, quando criança, seu pai, carinhoso e bem-humorado, a colocava no colo e dizia: "filha, diga que você me ama muito", e ela: "pai, eu te amo muito"; "agora diga: 'você é o melhor pai do mundo!', e ela: "você é o melhor pai do mundo"; por fim, ele: "agora diga que é espontâneo . . ."

Percorrendo a obra de Freud, principalmente os textos finais a partir das *Novas conferências introdutórias*, de 1933, até o maravilhoso *Compêndio da Psicanálise* (1940/2014), deixado incompleto em 1938, podemos perceber esta naturalidade espontânea do mestre, confirmada em tantos relatos de seus analisandos. Relembrando o óbvio, tanto Freud quanto Bion mantiveram a lucidez e a criatividade ao longo de toda vida, e é em suas obras finais que ficaram registradas as sínteses a que chegaram a partir do conjunto datado de seus escritos. Ocorre-me, às vezes, uma alternativa provocativa para os cursos de formação: começar o estudo de Freud por suas obras finais.

Respondendo à pergunta, "A que conduz uma análise?", Bion respondia: "A mais análise!", exatamente na linha defendida por Freud em *Analysis terminable and interminable* (Análise terminável e interminável) (1937/1964). Uma análise não tem fim. Em minha já longa experiência como analista, não me lembro de ter dado "alta" a ninguém. Na verdade, não consigo nem conceber o que seja uma "alta" psicanalítica. Cada uma das inúmeras análises que compartilhei com meus analisandos, em algum momento, interrompeu-se. Algumas foram retomadas, outras não. Simples assim. Claro que, de algum modo, ansiamos por um desenvolvimento emocional de nossos analisandos ao longo do processo, não como um projeto pessoal em nossos termos exclusivos, mas, sim, em termos comuns à dupla, decorrentes da relação analítica que se constrói. Entre tantas outras respostas possíveis à pergunta "a que conduz uma análise?", aventamos uma outra possível: a Psicanálise conduz à construção conjunta de uma relação de amizade, natural e verdadeira, entre analista e analisando. Talvez não totalmente diferente do que se espera, por exemplo, de uma relação entre pais e filhos. Muito mais importante do que criar filhos para serem seus discípulos, sucessores ou motivo de orgulho, é criar um futuro amigo verdadeiro, ou seja, com total liberdade de escolha.

Voltando a Freud e Bion, seus exemplos de vida endossam essa colocação. No caso de Bion, poderíamos citar seus analisandos-amigos Frank Philips, na Inglaterra, e James Grotstein, na Califórnia, entre outros. No caso de Freud, tantos analisandos-futuros-amigos que nem caberia citá-los aqui. Ou seja, um processo de análise pensado como a construção de uma intimidade amorosa, de uma cumplicidade e companheirismo que se somam para engendrar uma relação de amizade verdadeira, produto de verdade na relação. Poderíamos chamá-la de "transferência-amiga".

Já no seu texto *Recomendações ao médico praticando psicanálise* (1912/1969), Freud alertava seus seguidores sobre os riscos que cercam essa construção de uma relação que se propõe com base na verdade, que pode naufragar sob o peso da mentira negada. Riscos advindos principalmente da relação de poder que se estabelece entre um "mestre suposto saber" (belo achado de Lacan) e seu discípulo reverente. Isto é muito anterior à Psicanálise, e Freud já atentava para as relações de poder entre um médico e sua paciente (Breuer-Anna O.) ou entre um professor e uma aluna. É fundamental estarmos atentos a isso, mas é exatamente a insegurança do analista diante dos sentimentos que lhe são despertados no atendimento que podem levá-lo a um exagero defensivo que resulte numa postura rígida e artificial. Já é consenso, hoje em dia, que esses riscos são particularmente exacerbados nas análises chamadas didáticas.

Lembramos um livro já clássico de Philip Roth no qual um professor perverso escolhia a cada começo de ano uma aluna desejável para seduzir, levar para a cama e depois descartar para repetir a conquista com outra no próximo ano. Ele acaba preso à própria armadilha, apaixona-se por uma presa conquistada e os papéis se invertem. Casos extremos de perversidade, como o do médico Roger Abdelmassih, são apavorantes, mas exceções extremas não devem funcionar como impeditivos ao surgimento de afetos verdadeiros, inerentes ao processo psicanalítico. Da mesma maneira que a relação analítica pode conduzir a uma relação madura e verdadeira de amizade, esta pode evoluir para uma relação amorosa madura e verdadeira, propiciada pela elaboração das relações transferenciais. São situações totalmente diferentes.

Dou-me conta de que as citações anteriores de relações de um "mestre" com uma "aluna" são historicamente datadas, e é claro que valem igualmente para as relações de uma "mestra" com um "aluno", um "mestre" com um "aluno", uma "mestra" com uma "aluna", em todas as permutações hétero e homossexuais imagináveis.

A Psicanálise se inicia na Europa numa época de total predominância masculina e evolui até os dias de hoje, quando se constata uma maioria de mulheres em sua prática. Na cidade de São Paulo, como exemplo, a frequência de mulheres nos cursos de formação, nas palestras e congressos é da ordem de 80%. Teriam as mulheres desenvolvido uma relação mais íntima com o Inconsciente? É um tema interessante que faz pensar. Por outro lado, apesar da equivalência numérica e de produção teórica e clínica entre membros homens e mulheres, intriga-nos o fato de nunca uma mulher ter exercido a presidência da *International Psychoanalytical Association* (IPA) ao longo de mais de um século.

Então, numa tentativa de tornar esse texto mais justo, vamos recontar a história inicial, sem qualquer preocupação com a realidade histórica medieval:

Em um mosteiro medieval, as jovens freiras copiavam textos sagrados para distribuí-los aos demais mosteiros. Uma delas, mais esperta, alerta a abadessa de que, como reproduziam cópias, poderiam estar criando e reproduzindo erros em relação aos originais.

A abadessa desce aos subterrâneos para checar os originais e, após horas, as freirinhas assustadas ouvem seus gritos, choros, imprecações, pancadas nas paredes. Descem correndo e se deparam com a velha abadessa, que havia arrancado o hábito e, desnuda diante de seus olhos apavorados, chorava, gritava e arrancava os cabelos já grisalhos:

— É "caridade", e não "castidade"!

15. Príncipes e princesas[1]

Saibam que todo fenômeno é como um reflexo num espelho cristalino, sem qualquer existência inerente.

Buda

A primeira coisa que me ocorre quando sou procurado por um novo analisando é: "mas por que eu?" Em alguns casos, a resposta parece óbvia, como no comentário de algum colega próximo que me encaminha alguém: "acho que ele tem 'tudo' a ver com você". Para mim, precisar quem sou, esse com o qual ele acha que o outro tem a ver, é algo bem mais complexo. Em outros casos, geralmente quando quem nos procura é alguém do meio "psi", o próprio interessado faz sua escolha a partir de uma pesquisa pessoal na busca de um certo "tipo" de analista pelo qual anseia – quando digo "tipo", cabem também "jeito de ser" ou *estilo*. Presumo que a maior parte das pessoas escolhe um analista não apenas pela sua presumida competência clínica ou produção teórica mas também na expectativa

1 Publicado em revista *Ide*, São Paulo, v. 29, n. 42, pp. 66-69, 2006.

de um *tipo de cabeça de analista*, de um *jeitão de ser*, de um *estilo*; ao longo da história da Psicanálise, fica evidente que não existe um analista padrão-neutro, impessoal e intercambiável. Quanto a mim, tenho muitas referências psicanalíticas que me entusiasmam, a que me sinto ligado intelectual e afetivamente, mas não me sinto carregando uma marca teórica abrangente que me designe, e me arrepia mesmo a ideia de ter que defender amanhã, *in toto*, algo que estou dizendo hoje. É tão bom me sentir livre para mudar, e quem sabe se isso já não constitui um estilo. Seja como for, procuro estar atento para não incorrer num *reducionismo militante*, feliz expressão do bioquímico e neurocientista Steven Rose (2003), o que tem me permitido incorporar prazerosamente referências nas mais diversas áreas do conhecimento humano. Já na epígrafe, estou revelando uma referência significativa entre as muitas que engendram e constituem meu possível estilo; podemos chamá-la de várias maneiras: ciência contemplativa, mística pragmática, ou ainda, cronologicamente, ioga, *Tao*, Buda, zen etc. Nesse *et cetera* incluem-se cabala, mística judaica, mística cristã, sufi e . . . novamente etc. O que mais tem me interessado e o que tenho buscado captar em tantos psicanalistas criadores que eu admiro a atitude psicanalítica, uma atitude que propicia é a criação do espaço psicanalítico para o jogo do Inconsciente. Penso que essa atitude tem precedência sobre nossas conjecturas teóricas minimalistas, as quais, evidentemente, também me interessam muito, porém em outro registro. No caso de Bion, psicanalista indo-inglês e referência indispensável, num texto que relaciona Oriente-Ocidente, parece-me que bebemos de algumas mesmas fontes: filosofias orientais, matemáticas contraditórias, físicas quânticas, místicas judaico-cristãs e lógica simbólica das emoções informadas (*avant la lettre*) pelas teorias contemporâneas de complexidade e caos. Será que o fato de eu ter sido engenheiro e transitado diretamente para a Psicanálise, ou mesmo minha proximidade com a música e a música das esferas acrescentam algo a esse possível estilo?

Às vezes me ocorre, como acima, chamar o encontro psicanalítico de jogo do Inconsciente: a relação afetiva propicia o jogo e recursivamente o jogo propicia a relação afetiva. Os primeiros encontros entre analista e analisando, os momentos de escolha mútua, são afetivamente decisivos, mas irão os dois conviver um longo tempo de análise (mútua?) na tentativa de superar sua ilusão de si e das coisas: *maya*. A busca lenta e interminável de quem são. Bem, se aceitarmos que nossos analisandos nos procuram em busca de um analista que tenha a ver com eles, poderíamos pensar que o conjunto dos analisandos de cada um de nós representa um espelho multifacetado e impermanente – em constante transformação – que nos reflete e reconstrói. Por meio dessa imagem recriada no grupo atual de nossos parceiros no jogo do Inconsciente, podemos tentar nos conhecer melhor. A partir daí poderíamos até pensar em algo como uma transferência coletiva, abrangendo o analista e o conjunto de seus analisandos. Tendo o analista como foco, cria-se uma trama transferencial inconsciente que envolve a todos, ainda que os analisandos possam jamais se encontrar. Talvez como exemplo, muitas vezes, ao longo de um dia de sucessivos atendimentos, percebo um tema comum, ou uma configuração emocional mais constante que percorrem as várias sessões do dia, sugerindo uma quase continuidade fragmentária. Isso vem de mim, deles, de nós? Talvez do Inconsciente, terceiro incluído, de todos nós.

Já de algum tempo uma parcela ponderável de meus analisandos é constituída por jovens de 20 e poucos anos. Respeitadas as diferenças, eles trazem algo em comum; estão atravessando o limite do que poderíamos chamar "adolescência madura": momento em que as adesões e rupturas, tantas vezes onipotentes, com os padrões familiares são postas a prova por sucessivos testes de realidade. Momento de escolha de um caminho próprio existencial, profissional, ideológico, espiritual e sobretudo emocional-afetivo: a descoberta de seu desejo. O título deste artigo surgiu desses analisandos: vários entre eles, em alguma ocasião, autodenominaram-se ironicamente "príncipes herdeiros" – herdeiros mais ou menos relutantes de posses diversas: um nome, uma tradição, um patrimônio, um saber, uma ideologia, uma cosmovisão. Entre eles, o neto primogênito de uma linhagem de políticos, o filho do diretor-geral das empresas familiares, um psicólogo recente, filho de pai e mãe psicanalistas, mas também duas "princesas", publicitárias iniciantes dedicadíssimas às suas carreiras, talvez em parte como homenagem paterna.

Como tantos colegas, estou habituado a ouvir pedaços de vida de meus analisandos, parceiros no jogo do Inconsciente, com dois ouvidos, duas escutas simultâneas – algo como a visão binocular proposta por Bion. Uma escuta que leva em consideração o enredo dos fatos, aparentemente objetivos e reais, e outra que encara-os como uma ilusão a ser transcendida para que o analisando possa enxergar além dela e, consequentemente, viver sua realidade. Penso que a atitude psicanalítica de "atenção flutuante e associação livre" (Freud) ou "sem memória, desejo e compreensão racional" (Bion), ou como possamos chamar tal atitude, propiciam essa audição biauricular. A experiência contínua de ouvir histórias de vida de diferentes analisandos ao longo de nossos dias de trabalho nos permite um certo distanciamento de suas realidades factuais, uma certa visão transcendente, mais humilde e desapegada de nossa própria realidade factual. Uma visão contemplativa, uma "grande angular" que nos inclui na paisagem infinita da ilusão. Tem sido fascinante a experiência de conviver com esses jovens no consultório, com o que eles são e com o que falam comigo, e, ao mesmo tempo, com a imagem sobrejacente que eles me transmitem de sua *vida lá fora*, cercados pelas famílias com toda sua pompa e circunstância, mas também com interesse e afeto. Curiosamente, a realidade tão objetiva de suas vidas familiares ganha um quê de irrealidade quando conversada entre mim e cada um deles: por um lado, fatos concretos tão determinantes – os fatos da vida –, e, por outro, a possibilidade de uma escolha pessoal diante deles: como tomar a "realidade" em consideração na justa medida em que possa ser pensada como possível ilusão?

Exatamente para tentar iluminar a ideia contemplativa de ilusão, falarei a seguir de dois "príncipes" emblemáticos pertencentes a outro universo, exemplos radicais de opção monástica. Considerem essa associação de "príncipes e princesas" como uma liberdade de associação – ou associação livre – de minha parte. Mas, como disse, um ponto comum entre todos eles é a vivência desse momento crucial de escolha quando certezas possíveis se desdobram em todas as dúvidas imagináveis. A urgência da escolha, a premência da dúvida e a tentativa de enxergar além da ilusão, para que a escolha não se limite à total adesão nem à recusa radical das circunstâncias da vida.

O primeiro é ninguém menos que Sidarta Gautama, o Buda. Perdeu-se a conta de quantos livros têm sido escritos sobre seus ensinamentos e sua figura humana, nos quais se misturam o histórico e o lendário. Numa biografia recente, Karen Armstrong (2001) busca reconstruir um Gautama histórico a partir dos relatos existentes, lembrando que os primeiros textos escritos sobre Buda o foram mais de dois séculos após a data presumida de sua morte. Ela inicia seu livro pela noite em que Gautama abandona sua casa e sua vida em família:

> *Uma noite, por volta do final do século VI a.C., um jovem chamado Sidarta Gautama abandonou sua casa confortável em Kapilavatthu, nas encostas dos Himalaias, e lançou-se à estrada. Teria vinte e nove anos de idade. Seu pai era um dos homens mais importantes de Kapilavatthu e cercou Gautama de todos os prazeres que ele pudesse desejar, desde seu nascimento . . . Gautama tinha um anseio por uma "existência ampla e aberta, completa e*

> *pura como uma concha polida", mas ainda que a casa patriarcal fosse elegante e refinada, ele a sentia como constritiva e "empoeirada"... ele estava convencido de que seu apego às coisas e pessoas o prendia a uma existência de dor e sofrimento. Alguns monges comparavam esse tipo de apego a coisas perecíveis, a uma "poeira" que recobria a alma... Talvez fosse isso que Sidarta pensava ao descrever sua casa como "empoeirada" (Armstrong, 2001, pp. 1-2, tradução nossa).*

Segundo a lenda, ao Sidarta nascer, seu pai foi alertado por oráculos de que, se tivesse contato com a dor, o sofrimento, a doença e a velhice, ele abandonaria sua casa. O pai tentou preservá-lo de tudo isso, mantendo-o confinado à sua casa plena de prazeres. Mas, certo dia, um velho doente rompe o cerco; Sidarta surpreende-se com essa outra realidade e a profecia se cumpre.

Diz ainda Karen Armstrong (2001, p. 2):

> *Alguns historiadores chamam esse período (que se estendeu entre 800 e 200 a.C.) de "Era Axial", pois foi marcante para a humanidade. O* Ethos *forjado nessa era continua a alimentar o ser humano até os dias atuais. Gautama se tornaria um dos mais típicos e importantes luminares dessa era axial, juntamente com os grandes profetas hebreus dos séculos oitavo a sexto a.C.; Confúcio e Lao-Tse, que reformaram as tradições da China entre os séculos seis e cinco a.C.; o sábio iraniano Zoroastro, no século VI a.C., e Sócrates e Platão, que fizeram os gregos questionarem mesmo as verdades que pareciam autoevidentes. A era axial marca o início da humanidade como a conhecemos....*

> *As novas filosofias buscavam profundidade interior e não mais o controle mágico . . . Era pela ética e não mais pela mágica que a humanidade acordaria . . . Gautama não abjurou o mundo moderno por um estilo de vida arcaico, mas, pelo contrário, estava na vanguarda da mudança.*

Buda vai em busca de uma maneira melhor de lidar com o sofrimento e a morte, sem negá-los. Uma busca de verdade. Ele se dá conta de que o que ele considerava a realidade da vida era uma ilusão defensiva e, para superar a ilusão, seria necessário compreender os princípios da impermanência e da interdependência dos fenômenos. Segundo a impermanência, tudo muda a cada tempo infinitesimal. Segundo a interdependência, não existem fenômenos concretos e isolados – existe um fluxo em que tudo tem a ver com tudo. Quem nos falará disso é Matthieu Ricard. Para quem não o conhece, uma concisa apresentação na contracapa de seu livro *The Quantum and the Lotus* (2001), um diálogo com o astrofísico Trinh Xuan Thuan, informa-nos: "Matthieu Ricard é um monge budista e reside no monastério de Shechen, próximo a Katmandu, no Nepal. Ele é coautor de *O monge e o filósofo*, livro aclamado pela crítica, e é o tradutor oficial para o francês de *Sua Santidade o Dalai-Lama*" (tradução livre, grifo nosso).

Mas sua história é mais interessante do que isso. Matthieu é filho de Jean-François Revel, um ícone conhecidíssimo da cultura francesa, filósofo, sociólogo, membro da Academia Francesa, jornalista e escritor de sucesso. Desde a infância, Matthieu estudou para se tornar um cientista. Trabalhou muitos anos como pesquisador no Departamento de Genética Celular, do Instituto Pasteur, Paris, e completou brilhantemente seu doutorado de estado aos 26 anos, sob orientação de François Jacob, prêmio Nobel de Medicina. Já então mantinha contato com o budismo tibetano e, em 1972, resolve mudar-se para o Himalaia e ingressar na vida monástica. O livro *O monge e o filósofo* (1998) é a transcrição do reencontro de pai e filho no Nepal para conversarem, após 20 anos de distanciamento geográfico, mas, sobretudo, de distanciamento de visões de mundo e paradigmas ideológicos. Ao longo da leitura, particularmente interessante para psicanalistas, vamos acompanhando o diálogo entre suas posições existenciais (inclusive, implícitas, as de pai e filho) e entre suas vidas: um pai patriarcal da civilização racional francesa e seu "príncipe" que se desapegou.

A experiência de vida de Matthieu, ao transitar entre as duas culturas, ajuda-nos a entender sua nova cultura, e o livro é um bom exemplo disso, da forma como ele penetra pacientemente na armadura defensiva racionalista montada por seu pai e como, lentamente, eles vão se aproximando e se aceitando. Em *The quantum and the lotus* (Ricard & Thuan, 2001), citado há pouco, Matthieu estabelece outro diálogo, desta vez com a ciência, por meio do astrofísico Trinh Xuan Thuan. Parece que, em ambos os livros, ele expande sua função de intérprete de Dalai-lama para a de intérprete de diferentes visões do mundo, na busca de uma aproximação possível. Pensei, então, que a melhor maneira de apresentar a ideia contemplativa de ilusão e, concomitantemente, ignorância, impermanência e interdependência a leitores formados numa tradição ocidental eurocêntrica (como eu, por exemplo) seria utilizar as palavras de Matthieu Ricard.

Sobre ilusão e ignorância,

> *Ignorância: Um caminho errôneo de conceber os seres e as coisas, que consiste em atribuir-lhes uma existência real, independente, sólida e intrínseca. Ilusão: todas as percepções ordinárias, distorcidas pela ignorância (2001, p. 304, tradução livre).*

Falando de começo e Big Bang,

> *Essa obsessão ocidental, na religião, na filosofia e na ciência: com o começo, deriva de uma crença teimosa na realidade dos fenômenos: objetos realmente "existem" como os vemos e, portanto, devem ter um começo. Esta abordagem obriga os cientistas a malabarismos complicados quando tentam reconciliar os resultados da mecânica quântica com uma visão reasseguradora do mundo, assim nos preservando de colocar em questão nossa percepção ordinária das coisas. Os esforços feitos por físicos para se ater a certas representações clássicas (tais como a existência inerente de corpos materiais com propriedades intrínsecas) resultam em conflitos inevitáveis com os fenômenos que eles mesmos descobriram. Essas dificuldades não surgem apenas pela inércia resultante do engajamento a uma determinada escola científica. Elas vêm de uma resistência muito mais profunda que surge sempre que se levantam dúvidas acerca da realidade dos fenômenos e do sujeito que os observa (2001, p. 271, tradução livre).*

Sobre impermanência,

> *A causa da destruição de um objeto está no seu nascimento. Assim, a impermanência está no centro do processo de causalidade . . . Distinguimos no budismo a impermanência mais visível — tal como a mudança das estações, a erosão das montanhas, a passagem da juventude à velhice ou as nossas variações emocionais — e*

> *a impermanência sutil, que se dá no menor período de tempo concebível. A cada momento infinitesimal tudo o que parece existir muda. Quando reconhecemos que a mudança é inevitável e onipresente, podemos entender que o Universo não é feito de entidades sólidas e distintas, mas de um fluxo dinâmico de interações incessantes (2001, p. 105, tradução livre).*

Sobre interdependência,

> *É uma co-produção em que os fenômenos se condicionam mutuamente numa rede infinita de causalidade dinâmica e impermanente que é incompreensível para o pensamento linear... Nossa experiência cotidiana nos faz pensar que as coisas têm uma independência objetiva como se existissem por si sós e tivessem identidades intrínsecas. Mas essa maneira de ver os fenômenos é apenas um constructo mental (2001, p. 159, tradução livre).*

Sobre meditação,

> *Eu não penso que o que eu chamo de ciência contemplativa seja principalmente uma questão de intuição. Esse termo parece muito vago para descrever a experiência direta de meditação, que não teria nenhum valor se não fosse baseada numa cognição sólida. Num certo nível de contemplação, a razão deve ser transcendida, mas isso não significa que a meditação despreze a razão quando esse nível é atingido. Ela simplesmente ultrapassa suas limitações... A filosofia budista e a contemplação não se propõem a construir um grandioso edifício teórico;*

> *elas insistem é em resultados tangíveis em termos de transformação interior . . . Amor e paciência não são qualidades positivas por definição* a priori, *ou por algum decreto divino, mas porque são causas reais de felicidade. (2001, pp. 273-230, tradução livre).*

Como tantos colegas, estou habituado a ouvir pedaços de vida de meus analisandos com duas escutas simultâneas. Uma tomando em consideração o enredo dos fatos aparentemente objetivos e reais, e outra encarando-os como uma ilusão a ser transcendida.

Respeitadas as especificidades da Psicanálise e de tantas e várias outras abordagens terapêuticas da alma humana, parece-me importante que todas se tomem em consideração, procurando abrir mão de possíveis *reducionismos militantes*.

16. Gêmeos imaginários: variações sobre um tema de Bion[1]

Imaginação é mais importante que conhecimento.

Albert Einstein

Uma questão sempre retomada em relação à obra de Bion é se ela mantém uma continuidade ou representa uma ruptura com as ideias de Melanie Klein. Como em quase todas as questões contemporâneas não cabem mais colocações do tipo "ou/ou", mas, sim, "e/ou", parece-me que tomar a obra de Bion como uma "transformação" das ideias de Klein nos ajuda mais a pensar do que tomar uma colocação reducionista do tipo continuidade ou ruptura. Penso que o artigo "O gêmeo imaginário", de Bion (1967), e os comentários sobre ele no livro *Second thoughts* (1967), que eu traduziria por *Repensando*, são os que melhor explicitam a evolução do pensamento bioniano a partir do referencial kleiniano: o que se mantém, o que se rompe, o que se transforma.

1 Publicado em *Revista Brasileira de Psicanálise*, São Paulo, v. 49, n. 3, jul./set. 2015.

Bion não satura seu achado pessoal, *gêmeo imaginário*, de um sentido único definidor, mas deixa o sentido em aberto e, ao longo do texto, propõe alternativas - entre outras, a de o próprio analista ser sentido por seu analisando como um gêmeo imaginário. A partir de seu exemplo, ele nos convida a imaginar novos sentidos.

Proponho uma analogia com a forma musical do tema, porém com variações, particularmente quando um compositor retoma um tema composto por outro compositor de uma época anterior e o recria com uma nova linguagem, o que nos permite perceber a evolução das ideias musicais entre duas épocas, prenunciando o futuro - em Psicanálise, como nossas certezas teóricas de ontem e a prática que delas decorre se relativizam em nossas certezas de hoje e, principalmente, como nossas certezas de hoje se relativizam em direção a nossas transitórias certezas futuras.

Utilizando fragmentos dos comentários de Bion sobre "O gêmeo imaginário" como tema, tomo a liberdade de imaginar variações livres sobre o tema, tendo como eixo a passagem do tempo em nossa clínica.

Tema

> *Quando escrevi meu artigo, eu acreditava estar fornecendo uma descrição factual do comportamento do paciente, juntamente com uma descrição factual de minhas interpretações — em parte, baseadas nas minhas crenças sobre o sentido da teoria psicanalítica —, seguidas por uma descrição factual das consequências dessas interpretações. Parece-me agora que seria mais acurado encarar este e todos os outros artigos que escrevi (pois*

> *é deles que tenho um conhecimento mais íntimo) como consistindo em colocações de qualidade muito variável (Bion, 1967, p. 121).*
>
> . . .
>
> *É fatal, para uma boa análise, se a aplicação prematura da teoria se tornar um hábito que coloque uma tela entre o psicanalista e o exercício de sua intuição sobre o novo e, portanto, desconhecido material.*
>
> . . .
>
> *Esta é a* crux *da questão, pois, quanto menos obstruída for a relação que o analista tem com seu paciente, mais sutil ela será. É uma experiência inefável. A interpretação do analista deve decorrer de um estado de mente que, quanto mais difícil de ser descrito em termos sensoriais, mais ele pode aspirar a ser acurado (Bion, 1967, p. 123).*
>
> . . .
>
> *É o que acontece com meu artigo. Não estou menosprezando meu relato; penso até que, se fosse o relato de outro analista, eu o julgaria bastante bom. Mas nele eu não reconheço nem o paciente nem a mim mesmo (Bion, 1967, p. 128).*

Variação 1 – ópera de Pequim

Num belo documentário sobre a escola da Ópera de Pequim, que recebe garotos e garotas escolhidos a partir de 8 anos de idade para torná-los atores e atrizes das várias modalidades de artes cênicas tradicionais chinesas, o diretor da escola enfatiza que, na ópera chinesa, as histórias em si são de certa maneira secundárias, mesmo porque seus enredos já são fartamente conhecidos de todos. O que mais importa é a novidade de cada atriz ou ator: sua atuação, seu poder de transmitir as emoções que cada situação suscita, e isto se exprime por meio do corpo, do gesto, da expressão facial, das mãos, da música, da palavra, da entonação da voz e de algo mais além dessa sensorialidade, mas que emana dela e a partir dela se desvela.

Enfim, não muito diferente da proposta de Bion: as histórias previamente contadas ou as teorias estabelecidas são apenas suportes (ou estímulos sonhantes) para a experiência emocional do momento vivido pelos atores na sessão, que se exprime por meio da música das palavras, da entonação da voz, da expressão facial, do corpo, do gesto e de algo mais além . . . Retomo esses compassos do tema na variação 2.

Variação 2 – gêmeos idênticos?

Telefona-me uma mulher pedindo para conversarmos. Está muito preocupada com o que considera um comportamento rebelde de um de seus filhos adolescentes, gêmeos idênticos. Marcamos, e ela vem com o pai dos rapazes, mas ela é quem mais fala e ele apenas concorda. Entre outros relatos, me chama a atenção um episódio recente que deflagrou sua decisão de procurar ajuda.

O episódio: estavam os dois irmãos com amigos num shopping, e ela, como faz habitualmente, acessa aquele aplicativo que denuncia a localização do celular dos filhos; para sua surpresa ansiosa, percebe que eles não estão juntos, como de hábito. O celular do "rebelde" não está mais no shopping, mas num lugar distante, e ele não responde suas ligações. Liga para o irmão, que tenta desconversar, mas acaba contando que o outro saiu com parte dos amigos, não sabendo informar aonde foram. Ela acrescenta outros comportamentos rebeldes comunicados pela escola. Sobre o outro irmão, diz que é bem diferente, responsável e confiável, tanto que a ajuda a conter os arroubos do irmão. Presumi um caráter controlador não só pelo relato mas por sua atitude em nosso encontro.

Perguntei-lhe o que pensava sobre um possível atendimento, e ela, claro, sugeriu que eu atendesse o "rebelde", mas perguntou o que eu achava. Disse a ela que, à medida que a escutava, foi surgindo em mim um desejo de, em um primeiro momento, conhecer os dois, atendê-los juntos por algum tempo, para depois resolvermos como prosseguir. Ela concordou e passei a atendê-los.

Eles chegavam com um sorriso e se mostravam amistosos e interessados, mas nas sessões conjuntas se mantinham contidos, o que é natural numa experiência nova como aquela, vivida com um estranho. Era eu quem estimulava a conversa ou fazia alguma pergunta, e eles se entreolhavam antes que um dos dois tomasse a iniciativa de responder, meio monossilabicamente.

Depois de alguns encontros conjuntos, na véspera de uma sessão, ela me liga para avisar que um dos dois teria um compromisso na escola no horário da sessão e me pergunta como proceder. Sem pensar muito, sugiro que o outro venha só e o que faltaria, em outro horário. Ela concorda e passo a atendê-los separados. Para minha surpresa, cada um deles disparou a falar com muito maior espontaneidade, e estabeleceu-se um diálogo em que cada um pôde colocar à sua maneira sua percepção individual do momento que vivia.

No encontro preliminar com os pais, como disse anteriormente, tive certa convicção de um exagero no controle que esta mãe exercia sobre dois rapazes de 16 anos, fazendo-me pensar numa fantasia sua de mantê-los para sempre inseparáveis como já foram dentro dela, controle que delegava a um dos filhos quando estava ausente. No primeiro encontro com os gêmeos, pareceu-me importante compartilhar com eles o encontro que tivera com os pais, a mãe ter assumido a palavra e minha impressão do controle que ela exercia sobre eles. Os dois, de imediato e em uníssono, exclamaram: "não é impressão sua, ela é mesmo uma controladora". Nesse momento, acredito que ficou prenunciada uma possível aliança terapêutica, um pacto de confiança. Assim como na ópera chinesa, a história contada pela mãe, enredos tantas vezes repetidos, serve apenas de suporte para o que realmente interessa: o compartilhamento emocional do momento presente vivenciado pelos gêmeos e por mim.

Citação de Winnicott extraída do capítulo "Gêmeos", do seu livro *A criança e seu mundo* (1975, p. 160):

> *É importante que não se considere como ponto pacífico que os gêmeos queiram passar a vida juntos. Pode ser que sim, mas pode ser que não, e eles poderão até ficar gratos à mãe ou a algum acontecimento fortuito — sarampo, por exemplo — que possa separá-los, já que é muito mais fácil tornar-se uma pessoa integral estando sozinho do que em companhia do próprio irmão gêmeo.*

Variação 3 – restaurante do Bi(r)ra

Ele me procura por insistência da mulher. Foi ela quem fez o primeiro contato comigo, porque ele tem explosões de raiva que, para ela, parecem desmedidas.

Diz-me ele que não considera suas reações como excessivas ou inadequadas, mas até naturais em vista das situações que vive, e me conta como exemplo que semanas antes passou uns dias no Rio de Janeiro com a mulher mais seu irmão, cunhada e filhos. A certa altura combinaram, por sugestão dele, almoçar num restaurante badalado, mas distante, em Barra de Guaratiba. Alertou-os de que o restaurante lotava, fechava cedo e que, para conseguir lugar, teriam que chegar por volta de meio-dia. Bem, o irmão e família chegaram para encontrá-los às duas e meia da tarde, o que tornava remota a possibilidade de serem atendidos, mas, mesmo assim, ele concordou que fossem, e, quando lá chegaram, claro, estava lotado e já fechando. Varados de fome e suados no verão carioca, eles voltam atrás e acabam num shopping. Conta ele que, assim que se sentaram, o irmão "folgazão" (ou folgadão) pediu chope para todos. O garçom traz o pedido, mas o analisando pergunta o que está mais gelado, o chope ou a cerveja. O garçom: "a cerveja está bem mais gelada". Ele pede uma e, quando vai se servir, o irmão exclama: "pô, tá gelada? Passa pra cá!" E ele: "não aguentei: levantei e despejei toda a cerveja em cima do copo de chope dele".

Sugeri então a ele, como suposição a pensar: por que será que, sabendo da bastante provável impossibilidade de serem atendidos, ele concordou em partir para a longa viagem em busca do desfecho previsível, tragédia anunciada? Será que queria levar até o final, reapresentar a experiência repetitiva do irmão folgado, gêmeo imaginário incômodo mas inseparável, para justificar sua explosão de raiva? E, mais além, demonstrar para mim a pertinência de sua reação (eu também um gêmeo imaginário?)? Ele ficou um pouco silencioso e, exprimindo dúvida, disse que iria pensar.

Aproveitei para citar de memória e de maneira bem coloquial uma de minhas falas favoritas de Freud:

> *Quando faço uma interpretação e o paciente recusa, dizendo algo como: "Que absurdo, nada a ver!", eu não esquento — pode ser uma resistência. E se o paciente me diz: "É isso mesmo, o senhor é um gênio!", eu não me envaideço — pode também ser uma resistência. Mas quando ele fica em silêncio e então me diz algo como:*

"Puxa, isto nunca me ocorreu!" ou "Nunca pensei as coisas dessa maneira", aí algo novo está acontecendo.

Variação 4 – ordem e progresso

É um homem de 30 e tantos anos, casado, dois filhos, em carreira profissional ascendente. Conta-me que tem uma sociedade numa empresa com o irmão, dois anos mais novo; eles se dão bem, mas, sempre que recebem um e-mail em que o nome do irmão precede o seu como destinatário, ele fica totalmente exasperado, fora de si. A mesma reação acontece quando, numa reunião profissional, as atenções se voltam mais para o irmão. Ele percebe a inadequação de suas reações, mas, como diz, "é mais forte que eu".

Claro que estou pinçando fragmentos de sua fala que interessam a este texto.

Outro personagem que frequenta nossos encontros é sua mulher, de quem gosta e se sente gostado; porém, um motivo de constantes discordâncias é que ele é "extremamente" organizado e sua mulher, "uma bagunceira". Compartilham o mesmo escritório no apartamento em que moram e, em certa ocasião, ele me mostra fotos no iPhone para que eu possa ver como são as coisas, e, realmente, as duas mesas encostadas frente a frente comprovam o que foi dito por ele – a dele impecavelmente arrumada e a dela coberta de colunas de papéis e pastas que ameaçam desabar sobre a dele . . .

Tempos depois, ele me conta um episódio que soa quase cômico. Resolveu contratar uma dessas *personal organizers*, que estão na moda, para tentar enquadrar a mulher. Ela concordou, meio relutante, e combinaram que começariam pelo escritório. Ele viaja por alguns dias; quando volta, vai direto ao escritório e . . . Surpresa! A mesa da mulher está apenas com algumas pastas e papéis, tudo perfeitamente em ordem. Fica feliz, mas, quando entra no quarto do casal, este está atulhado de sacos e caixas com as "bagunças" da mulher. A organizadora, compungida, desculpa-se: "nisto ela não me deixou mexer".

Uma lembrança recorrente com seu pai: quando era criança e colocavam um prato com uvas na mesa do jantar, o pai não permitia que pegasse uma uva do cacho se houvesse outras soltas no prato. Ao longo do tempo de análise, deu-se conta (e assumiu) de que (nas palavras dele): "tenho um [transtorno obsessivo-compulsivo] TOC".

Suposição levantada numa sessão que levou a desdobramentos: tolerar qualquer coisa fora de ordem seria admitir a possibilidade de ele, irmão mais velho – diga-se de passagem, favorito da mãe – ser superado pelo irmão mais novo. Uma terrificante quebra da ordem estabelecida.

E a mulher? Suponho que também sofria de TOC. Manter a bagunça a qualquer custo é sua forma particular de um mecanismo defensivo semelhante, assim como para ele é manter a ordem das coisas. Gêmeos imaginários fusionados pelas diferenças?

Variação 5 – Neandertal, Homo sapiens e cachorros

Ele vive em constante busca de provas de que é – ou melhor, de que pode ser – amado. Perdeu o pai na adolescência, e me conta da permanente alternância entre discussões ásperas e reaproximações carinhosas com sua mãe, sua irmã e sua mulher, nessa ordem.

Adora cachorros, nos quais encontra afeto leal e confiável, e um dia me conta que assistiu a um documentário antropológico muito interessante sobre as origens do ser humano, em que aventavam uma possível explicação para a sobrevivência do *Homo sapiens* e a extinção do Neandertal, cujas características físicas – por exemplo, o olfato mais apurado pelas narinas largas – tornaram-no mais apto para caçar e se defender dos predadores. A tese defendida no filme é a de que a domesticação do cachorro ou de seus ancestrais lupinos dotou o *Homo sapiens* de um aliado comensal com recursos olfativos e afetivos que lhe ajudaram a sobreviver – algo como uma prótese viva.

Cachorro, um gêmeo imaginário?

Variação 6 – Rondó: nossas certezas de ontem

Parece-me que a mensagem essencial do livro *Second thoughts* (1967) é sua própria forma. Uma tentativa sincera de repensar as certezas passadas e, para tanto, abrir mão, na medida do possível, de preconceitos e expectativas, memórias, desejos e compreensão racional. Apesar de os artigos originais publicados entre 1950 e 1962 e os comentários de 1967 serem duplamente datados, o livro propõe uma paradoxal dissolução do tempo lógico e um convite ao sonho.

Enquanto imaginava este texto, recebi o número 49.1 da *Revista Brasileira de Psicanálise*, cujo tema é "O homem do futuro, hoje", e me dei conta de que ao menos dois dos *keynote papers* do Congresso da IPA, Boston (2015), nela transcritos oferecem ao leitor uma revisita a atendimentos feitos anteriormente pelos autores, um repensar da própria clínica. São eles: "O ofício de analista e sua caixa de ferramentas: a interpretação revisitada", de Virginia Ungar (2015); e "Recuperando aparelho psíquico", de Altamirando M. de Andrade Jr (2015). Brincando com o tema daquele número, poderíamos nomear este subtema de "O homem do passado, hoje".

No artigo de Virginia Ungar (2015, pp. 28-29), na seção "Uma visita ao consultório de ontem e de hoje", ela diz:

> *Para dar conta das mudanças em minha própria maneira de trabalhar, fui rever materiais clínicos dos começos de minha tarefa com pacientes em análise e outros mais recentes com uma atitude de observação, experiência de comparação esta que me permitiu entrar em contato com as transformações na prática de modo muito vívido.*
>
> ...
>
> *Quando releio hoje essas vinhetas, vejo a mim mesma como uma jovem analista muito entusiasmada, mas com pouca vacilação. Hoje teria uma atitude mais descritiva, com uma maior aceitação de que o trabalho interpretativo supõe uma sequência, um diálogo, uma série de conjecturas.*

Textos com comentários posteriores me remetem à *Narrativa da análise de uma criança*, de Melanie Klein, publicado em 1961 (1976), revisitando um atendimento de 1939, e me fazem pensar em Freud, que repensou quase tudo o que escreveu até sua síntese final nos escritos a partir de 1933.

Retomando o *gêmeo imaginário* imaginado por Bion, permito-me também imaginar mais um sentido que a expressão pode suscitar. Refiro-me à possibilidade de um autor psicanalítico emblemático ser adotado reverentemente por um psicanalista, como seu gêmeo imaginário, para quem olhar em busca de aprovação antes de qualquer manifestação pessoal na clínica e na vida. Um *gênio imaginário* encarnando nuances de Ideal do Ego, Ego Ideal e Superego. Algo parecido com a atitude de meus gêmeos idênticos a se entreolharem antes de uma fala.

17. Caminhos da intersubjetividade: Freud, Bion, Matte-Blanco[1]

Introdução

Existe, hoje, um quase consenso acerca do pioneirismo de Ferenczi na longa história psicanalítica da intersubjetividade. Perguntamos, então, como foi possível que suas ideias fecundas tenham sido literalmente reprimidas ou negadas pelo *establishment* psicanalítico?

Ferenczi foi vítima, em nível institucional, dos mesmos mecanismos de defesa que ajudou a investigar em nível pessoal. Poderíamos descrever esse ataque às suas ideias e à sua sanidade mental por meio de uma sequência de movimentos:

- Primeiro movimento – seus pares não estavam preparados para compreendê-lo;
- Segundo movimento – Teme-se o que não se compreende; ele passou a ser temido;

1 Publicado na revista *Psicologia USP*, São Paulo, v. 10, n. 1, 1999a.

- Terceiro movimento – Reprime-se o que se teme; ele foi então reprimido;
- Quarto movimento – Ao reprimi-lo tentaram esquecê-lo, mas o reprimido retorna sempre.

Assim, a Psicanálise, na história vivida de suas relações pessoais e institucionais, confirmava seus próprios pressupostos teóricos.

A incompreensão culminou com a insidiosa alegação de Jones, na sua clássica biografia de Freud, de que Ferenczi não estaria em seu "perfeito juízo" quando escreveu seus textos finais. Uma tentativa póstuma de descartar suas ideias inovadoras. Surpreendentemente, para nós, hoje, a comunidade psicanalítica de então aceitou essa versão sem maiores reações. Balint, uma honrosa exceção, lutou por décadas para conseguir a publicação do *Diário Clínico* (Ferenczi, 1932/1990), obra essencial que só veio à luz meio século mais tarde.

Perguntamo-nos, então: o que havia de tão disruptivamente novo nas ideias de Ferenczi para justificar tamanha resistência?

Lembremos que, em 1897, Freud dá uma guinada fundamental em sua obra – "Não acredito mais em minha neurótica" (Masson, 1986, p. 265)– abandonando a ênfase no trauma real pelo trauma imaginário. Com isso, embora sem desconhecer em nenhum momento as relações intersubjetivas, Freud dá ênfase aos processos intrapsíquicos, o que vai resultar na teoria estrutural de 1923 e os conceitos de Id, Ego e Superego. Quando Ferenczi retoma a teoria do trauma, embora sem desconhecer em nenhum momento as fantasias intrapsíquicas, ele dá ênfase às relações intersubjetivas.

Tudo isso se dá num momento histórico quando, na Europa, predominava a ilusão iluminista do reinado da razão, do observador imparcial, embora os desenvolvimentos da matemática dos espaços virtuais e da física quântica já colocassem francamente em questão essa neutralidade olímpica: o observador passava a integrar-se no fenômeno observado.

A utilização da contratransferência como instrumento de compreensão psicanalítica, que Ferenczi prenuncia com suas experiências de análise mútua e técnica ativa, surpreende uma comunidade psicanalítica ainda não disposta a abrir mão de sua pretensa neutralidade científica. A mesma resistência se contrapõe a Melanie Klein, sua analisanda, quando ela privilegia a intersubjetividade por meio das relações de objeto primárias.

Insistimos no fato de que as diferenças teóricas, clínicas e pessoais entre Freud e Ferenczi se referiam tão somente a questões de ênfase, mas, no calor das disputas político-institucionais, suas posições comuns foram sentidas como potencialmente opostas. E, no entanto, já nessa época, o físico Niels Bohr postulava que "*contraria sunt complementa*".

Imaginemos, então, um resumo esquemático (certamente reducionista) dessas posições intercambiáveis:

Freud (analista neutro) → Sedução → Fantasia { Estruturas Intrapsíquicas / Transferência }

Ferenczi (analista envolvido) → Sedução→ Trauma { Relações de Objeto / Contratransferência }

No seu texto "The Analytic Third", Ogden (2004) rastreia detalhadamente a literatura psicanalítica da intersubjetividade.

Reordenando cronologicamente os textos por ele citados, constatamos que após o artigo pioneiro de Ferenczi, em 1921, as citações seguintes (25 anos depois) abrangem o período de 46 a 53 com Melanie Klein, Winnicott, Paula Heiman, Bion, Lacan, entre outros, e retoma nova força a partir da década de 1970 até a atualidade.

Em conclusão, se percorrermos a vasta bacia hidrográfica da intersubjetividade psicanalítica, navegando a partir dos afluentes em direção aos rios principais, e ao longo desses até suas nascentes, lá certamente reencontraremos Ferenczi.

De Ferenczi a Matte-Blanco

Os escritos finais de Freud e Ferenczi sempre me emocionam. Parece-me que neles a antevisão e proximidade da morte elevam os dois mestres a uma transcendência: uma visão abrangente da própria obra, de si e do mundo. Um desapego de certezas transitórias em direção a um tempo mais generalizante. No limite, a vida e a morte sentidas como um contínuo quântico.

É assim que Ferenczi, afrontando a atitude reticente de Freud, apresenta publicamente seu ensaio *Confusão de língua entre os adultos e as crianças: a linguagem da ternura e a linguagem da paixão*, em 1932, um ano antes da morte, e talvez já impregnado de sua transcendência.

Tento imaginar as reações de Freud ao ler esse texto que soa como um contraponto à sua própria obra; contraponto que amplia possibilidades, mas introduz dissonâncias em um código harmônico que busca se estabelecer.

Ferenczi, em 1933, apresenta, então, ao Congresso de seus pares relutantes um quase manifesto das relações de objeto: "...um curto resumo... do tema bastante vasto da origem exógena da formação do caráter e da neurose..." (Ferenczi, 1933 *apud* Birman, 1987, p. 347).

> *Quero sublinhar a importância concedida recentemente ao fator traumático, tão injustamente negligenciado nestes últimos tempos, na patologia das neuroses. O fato de não aprofundar suficientemente a origem exterior comporta um perigo, o de recorrer a explicações*

> *prematuras invocando a predisposição e a constituição (Ferenczi, 1933* apud *Birman, 1987, p. 347).*

Dois temas importantes se imbricam nesse texto: o processo das identificações e a clivagem do Ego. Ferenczi estabelece, então, uma conexão essencial entre estádio da identificação e linguagem da ternura:

> *Devemos nos referir aqui às ideias que Freud desenvolveu há muito quando sublinhou o fato da capacidade de experimentar um amor objetal ser precedida de um Estádio de Identificação. Eu qualificaria esse estádio com o sendo aquele do amor objetal passivo ou estádio de ternura (Ferenczi, 1933* apud *Birman, 1987, p. 353).*

Quando Ferenczi associa a linguagem da ternura a um estádio, seja na acepção de um período de tempo delimitado, seja na de uma posição recorrente no eixo do tempo, parece-me que as *Sprachen* (línguas, falas, linguagens . . .) se tornam um fator determinante, mas específico, de um conceito mais amplo: *modos de ser do homem.*

Assim, podemos pensar a *linguagem da ternura* como um código comunicativo de um *modo de ser* – "o estádio da ternura" – que, como indica sua característica relacional básica por meio da identificação, sente o mundo e a si mesmo indivisivelmente, numa continuidade decorrente de um sentimento de pertinência – somos uma mesma coisa, unitária mas infinita. Um possível sentido para *amor objetal passivo* seria, então, estar aberto e receptivo ao acolhimento amoroso já preconcebido. O objeto prexiste no sujeito, continente e conteúdo intercambiáveis.

E que coisa é essa que nos arrebata da *linguagem da ternura* para a *linguagem da paixão*? Responde Ferenczi:

> *mas a mudança significativa, provocada no espírito da criança pela identificação com o parceiro adulto, é a introjeção do sentimento de culpa do adulto.*
>
> *... Formas de amor passional e recheadas de culpa, em um ser ainda imaturo e inocente. A consequência só pode ser a confusão de línguas a que eu fazia alusão no título dessa conferência (Ferenczi, 1933* apud *Birman, 1987, p. 352).*

É, pois, o sentimento de culpa que se coloca entre essas duas linguagens. E do que é esse sentimento de culpa o sintoma talvez mais evidente?

> *. . . no erotismo adulto, o sentimento de culpa transforma o objeto de amor em um objeto de ódio e de afeição, isto é, um objeto ambivalente. Enquanto essa dualidade ainda falta à criança no seu estádio de ternura, é justamente este ódio que surpreende, espanta e traumatiza uma criança amada por um adulto (Ferenczi, 1933* apud *Birman, 1987, p. 356).*

O que era sentido como uma unidade indivisa passa por uma divisão radical. Radical, pois antes nem a ideia de divisão poderia ser concebível. Ou seja, o sentimento de culpa é o sintoma da clivagem, determinante da linguagem da paixão, e é essa diferença essencial entre vivências de indivisibilidade e de divisão que Ferenczi talvez vislumbre a partir das *linguagens*.

Na *coda* do seu *Post-Scriptum*, um Ferenczi prospectivo nos instiga à busca da essência:

> *Esta sequência de reflexões apenas aborda de maneira descritiva o que há de terno no erotismo infantil e o que*

> *há de apaixonado no erotismo adulto; deixa em suspenso o problema da própria essência de sua diferença (Ferenczi, 1933* apud *Birman, 1987, p. 355).*

Ferenczi deixa em suspenso o mistério dessa essência da diferença entre a linguagem infantil da ternura e a linguagem adulta da paixão e, com isso, convida-nos a um mergulho no processo de *humanização do ser*.

Apoiado nos desenvolvimentos posteriores de Bion e Matte-Blanco, proponho que a essência dessa diferença tenha a ver com vivências de *generalização* e de *restrição*. Não pretendo dar uma definição formal desses dois termos; parafraseando Bion, quero manter disponível toda a infinita "penumbra de associações" que eles possam nos sugerir.

Assim, numa descrição impressionista, mais metonímica mas também metafórica, eu diria que a *generalização*, característica básica da linguagem de ternura, conota um *sentimento de pertinência*. Tudo tem a ver com tudo, ou seja, nenhum gesto é isolado do mundo e, portanto, ninguém está só.

É uma vivência de fusão com o outro. Uma acepção de fusão – bastante diferente da usual em psicanálise – na qual prevalece a completude, e não a alienação de si. Os interesses são comuns a todos nesse território – ou modo de ser – onde tudo é *nosso*.

Já a linguagem da paixão conota uma vivência de *restrição*. A delimitação da individualidade pela exclusão do outro, a separação. É o território, ou o modo de ser onde vigora o *meu* e o *teu*; meu interesse capturando o teu mediante os mecanismos da *sedução*. A individuação e a vida defendidos com unhas e dentes. Um rito de passagem da infinitude para a finitude.

A *generalização* e a *restrição* são *fatores* inseparáveis e inerentes ao processo de *humanização*.

Podemos imaginar que o *ego* da *criança* seja modelado nesse trânsito confusional de línguas. Esse modelo inerentemente conflituoso seguirá seu curso "natural" por meio das sequências traumáticas que o ressignificam, desembocando, enfim, num ego cindido no qual convivem dois modos de ser: um deles será restrito, autocentrado, individualizado; o outro conterá infinitas possibilidades generalizantes. Evocando Bion, diremos que esses dois modos de ser se alternam como continente e contido em busca da unidade transcendente do *at-one-ment*. Busca que passa por uma relativização dos vértices que possa conduzir a uma atitude de "sem memória, sem desejo".

***

Ao cunhar a expressão "sem memória sem desejo", Bion levou às últimas consequências a "atenção flutuante" de Freud. Por que teria ele escolhido palavras tão evocativas da atitude de desapego contida na tradição oriental milenar que passa pelo Vedanta, pelo *Tao*, pelo Zen, mas dificilmente compreendida se não nos descentrarmos de uma maneira de pensar e ser a que fomos habituados dentro de nossa tradição ocidental.

Bem, parece que, embora um pouco contrafeitos, começamos a aceitar o fato de Bion ser natural da Índia e lá ter vivido até os 8 anos de idade, sob maternagem compartilhada pela sua babá hindu. Como disse Meltzer lindamente em seu *Studies in Extended Metapsychology: Clinical Applications of Bion's Ideas* (2011, p. 26):

> *[Essas concepções] são profundamente estranhas à tradição filosófica e teológica do ocidente, mas não o são em relação à tradição oriental na qual a infância de Bion o mergulhou, qual Aquiles, pelas mãos de sua* ayah.

Penso sempre essa expressão "sem memória sem desejo" no singular, conotando uma atitude, e não no plural – "sem memórias, sem desejos" –, conotando conteúdos. Claro que não se trata de recordar ou não uma sessão, um dado biográfico, ou o que quer que seja. Trata-se de se desapegar de nossa memória e desejo emocionais para poder se abrir para o desconhecido – o outro. Talvez algo como recuperar uma quase utópica linguagem da ternura ferencziana.

Os *vértices* bionianos podem ser pensados como pontos de vista simultâneos e multidirecionais assestados sobre um *evento*; evento definido por nossa percepção desse conjunto infinito de relações que nos remetem à pré-concepção: a criança e seu mundo preconcebidos num interjogo no qual ambos são continente e contido. Posições sutilmente mutáveis em que continente se torna contido, e vice-versa; assim, o filho torna-se continente da "maternidade" de sua mãe. Falando em termos de *vértices*, a conjugação de nossos dois modos de ser por meio de uma atitude de "sem memória sem desejo" talvez decorra de uma atitude de desapego de qualquer vértice, uma atitude de *não vértice*.

O modelo bioniano parece-me prenhe de esperança. Faz pensar em compaixão, um sentimento da unidade possível pelo abandono de posições estabelecidas, ou, como diria Freud, desinvestimento de *Besetzungen*.[2]

Relembro o poema número treze do *Tao Te Ching*, no qual Lao-Tsé (2020, p. 34) nos fala quase literalmente da ausência de memória e desejo:

> *Favor e desfavor geram angústia*
>
> *Honras geram dissabores para o ego.*

---

2 *Besetzungen*: posições psíquicas a serem defendidas; em alemão significa também "fortificações militares".

Por que é que o favor e desfavor geram dissabores?
Porque, quem espera favor paira na incerteza.
Sem saber se o receberá.
Quem recebe favor, também paira na incerteza:
Não sabe se o conservará.
Por isto causam dissabor
Tanto o favor como o desfavor.
Por que é que as honras geram dissabor?
Todo dissabor nasce do fato
De alguém ser um ego.
E não é possível contentar o ego.
Se eu pudesse libertar-me do ego,
Não haveria mais dissabores.

Desapegar-se da *memória* emocional do próprio nome, das origens, da posição, das perdas e desfavores. Desapegar-se do *desejo* emocional do poder de cura, da fama, dos títulos, dos ganhos e favores. Proponho o "sem memória sem desejo" não apenas como atitude técnica ou metodológica, mas, antes de tudo, uma atitude ética do analista. Sugiro até uma forma mais coloquial de dizê-lo: "sem preconceito, sem expectativa".

***

O tema da generalização-restrição permeia também toda a obra de Ignacio Matte-Blanco.

Na sua tentativa de compreender como se constitui o homem e seu mundo, Matte-Blanco parte das características do Inconsciente conforme postuladas por Freud e investiga, então, quais seriam os princípios lógicos desse código enigmático para que, como consequência natural, dele resultem as manifestações do Inconsciente freudiano: substituição da realidade externa pela psíquica, deslocamento, condensação, ausência de temporalidade e, talvez, como característica abrangente, a ausência de contradição.

Desde as origens, os escritos de Matte-Blanco voltam-se para a linguagem, a fala. Seu primeiro objeto de estudo é a esquizofrenia, por meio do enigma de sua linguagem ou antilinguagem. Esta antilinguagem é por ele pensada como efeito da invasão da articulação consciente por outra lógica com características próprias, irredutíveis ao pensar consciente (como disse Ibn'Arabi (1997, p. 575), "toda causa é o efeito de seu próprio efeito"). Esta outra lógica, tão próxima do Inconsciente, é responsável também pelos sonhos, atos falhos e efeitos expressivos estruturais, estéticos e estilísticos do discurso. Matte-Blanco define-a como lógica simétrica.

A busca desse código simbólico evanescente leva Matte-Blanco a duas direções a serem percorridas simultaneamente. Uma delas conduz à lógica matemática, com a utilização da teoria dos conjuntos infinitos, o que coloca o código matemático como um pré-código linguístico — um *schemata* estrutural do discurso.

Usando este instrumental lógico-linguístico-matemático, ele chega à sua proposição do homem e seu mundo como constituídos por dois *modos de ser*: o homogêneo-indivisível e o heterogêneo-divisor. Cada um dos quais impregnado por um código linguístico próprio e irredutível ao outro: a lógica assimétrica, inerente ao modo de ser heterogêneo-divisor, e a lógica simétrica, inerente ao modo homogêneo-indivisível. Essa é a outra direção a que nos leva o pensamento de Matte-Blanco: da língua para algo mais abrangente – *um modo de ser no mundo.*

> *O conceito de "modo de ser" é mais amplo que o de "lógica"... A lógica lida com a estrutura onde se desenvolve*

> *o pensar. Um modo de ser se refere a todos os aspectos do "ser" um dos quais, mas somente um, é o pensar (1988, p. 77).*

O modo de ser heterogêneo-divisor nos é familiar: atém-se à lógica clássica, aristotélica, predominante em nossa lógica usual consciente, ou naquilo que podemos apreender a partir dela. Está solidamente ancorada numa tetra-dimensionalidade espaço-tempo que determina nossos limites de apreensão imaginária, de visualização de eventos. O mundo assimétrico é analítico, dividido em partes que se relacionam segundo uma lógica que se propõe conhecida.

Já o modo de ser homogêneo-indivisível refere-se a uma outra lógica — lógica simétrica - na qual não vigora o princípio da não contradição e, como consequência, não há ordenação de tempo ou espaço nem relação entre partes distintas: a lógica do Inconsciente.

O mundo simétrico é sintético: nele estamos imersos na totalidade indivisível, desconhecida, além do nosso pensar habitual; ele nos será eternamente estranho e familiar - essência do *Unheimlich*. Matte-Blanco sugere a possibilidade de o Inconsciente simétrico ser fruto de uma lógica multidimensional que escapa aos nossos limites tridimensionais.

A lógica simétrica, que explicaria esse modo de ser homogêneo, é regida por dois princípios: o princípio de simetria e o princípio de generalização.

Pelo princípio de simetria, o sistema inconsciente trata o inverso de qualquer relação como idêntico a esta. Assim, se João é pai de Pedro e Pedro é filho de João, para esta lógica, João é também filho de Pedro, Pedro é pai de João e todas as relações possíveis são válidas sem contradição. Da mesma maneira, se o evento A antecede o evento B, também B antecede A, excluindo-se assim sequências temporais.

O princípio de generalização, que a rigor está contido no princípio de simetria e vice-versa, é assim formulado por Matte-Blanco:

> *O sistema inconsciente trata a coisa individual (pessoa, objeto, conceito) como se fora um membro ou elemento de um conjunto ou classe que contém outros membros; trata essa classe como subclasse de uma classe mais geral e esta como subclasse de outra ainda mais geral e assim por diante (1975, p. 38).*
>
> *. . . na estrutura normal estratificada bilógica descobrimos que "sob" o aspecto apresentativo, a superfície de cada indivíduo, há normalmente uma sequência de estratos mais e mais profundos com amplitude e simetrização crescentes. Sem nos darmos conta, sentimos de uma maneira obscura que a mulher amada é não só nossa mulher, mas também nossa mãe e, num estrato mais profundo, todas as mulheres "amáveis" e, em nível ainda mais profundo, ela é uma Deusa. Mais fundo ainda, ela é nós mesmos até finalmente atingirmos a pura expressão do modo indivisível onde tudo tende a ser tudo o mais (1988, p. 115).*

Matte-Blanco propõe o processo *Consciente-Inconsciente* como um *continuum* formado por diferentes proporções desses dois códigos: o Consciente divisor, com predominância de assimetria, e o Inconsciente indivisível, com proporção significativamente maior de simetria.

Essa antinomia entre generalização e restrição seria, então, o elemento constitutivo dos dois modos de ser do homem e seu mundo. Dois códigos irredutíveis de apreensão e manifestação do mundo – o homem trágico, dividido constitucionalmente em duas diferentes dimensionalidades, exercitando sua convivência com esses dois modos de ser, numa permanente tentativa de conciliação.

Citamos Matte-Blanco:

> *Há, na própria estrutura do ser humano, uma antinomia fundamental que resulta da copresença de dois modos de ser que são incompatíveis e apesar disso existem e aparecem juntos no mesmo motivo. Há uma antinomia fundamental nos seres humanos e no seu mundo (1988, pp. 70-71).*
>
> *O processo pode ser descrito como extração pelo pensar assimétrico das infinitas possibilidades do modo de ser simétrico (1975, p.290).*
>
> *Pode-se dizer que é no infinito que se encontram as duas naturezas do homem, a simétrica e a assimétrica (1975, p. 219).*
>
> *As potencialidades do inconsciente são realmente infinitas. E assim também são as possibilidades teóricas da arte (1975, p. 300).*

A partir da arte chegamos às emoções:

> *. . . os afetos ocupam simultaneamente todo o espaço mental (1975, p. 418).*
>
> *Quanto maior o grau de simetria, maior a magnitude dos afetos (1975, p. 174).*
>
> *Em qualquer emoção há sempre uma generalização, uma maximização e uma irradiação não justificadas em*

termos da lógica clássica, mas compreensíveis em termos da lógica simétrica. Além do objeto concreto a emoção sempre vê um número infinito de outros objetos dotados no seu máximo grau, das características que definem a classe – o grau infinito (1975, p. 372).

Emoção enquanto seja simetria não pode ter uma linguagem . . . mas assim como o imensurável é a mãe do mensurável, a emoção é a mãe da linguagem (1975, p. 273).

A emoção é a mãe do pensar (1988, p. 22).

***

Não pretendemos equacionar as linguagens de Ferenczi aos *modos de ser* de Matte-Blanco, mas apenas sugerir uma aproximação em dois campos: num deles, a linguagem da ternura, o sonho, a conjunção continente-contido – *at-one-ment* –, o modo de ser homogêneo simétrico, o indivisível, a infinitude; no outro, a linguagem da paixão, a razão, a disjunção continente-contido, o modo de ser heterogêneo-assimétrico, a divisão, a finitude.

Entre esses dois campos, uma evanescente *barreira de contato*, como a suposta por Bion. Na transcendência desses dois campos podemos imaginar o processo de humanização do ser.

18. Da sedução retórica ao trauma generalizado[1]

No seu texto "Confusão de língua entre os adultos e a criança: a linguagem da ternura e da paixão" (1933/1992), Ferenczi reabre a discussão em torno do *trauma* e da *sedução*, generalizando-os como fatores essenciais ao processo de inserção da criança na humanidade.

Neste artigo, o autor rastreia ressonâncias entre os conceitos de "pré-concepção", de Bion, "bi-modalidade", de Matte-Blanco e "sedução generalizada", de Laplanche, e a proposta ferencziana de um trauma generalizado.

A partir da noção de "sedução pela sedução", o autor propõe pensar o *erotismo* como uma pré-concepção de humanidade e o núcleo do Inconsciente como reminiscência de uma pertinência simétrica.

> *. . . debatendo serenamente com seu colega Lönnrot, o comissário Treviranus apresenta uma hipótese plausível para o crime que ambos investigam . . .*

---

1 Publicado na revista *Ide*, São Paulo, v. 25, pp. 24-30, 1995.

> *"É possível", responde Lönnrot, "mas não é interessante. O senhor replicará que a realidade não tem a menor obrigação de ser interessante. Eu lhes responderei que a realidade pode prescindir dessa obrigação. Porém não as hipóteses" (Borges, 1944/2007).*

Recentemente, um jovem analisando me falava sobre a morte de um amigo aidético:

> *Quando soubemos de sua doença, eu e outros amigos passamos a ouvi-lo de maneira totalmente diferente. Além dos sentimentos de pena, horror e medo, passamos a encará-lo como uma espécie de ancião sábio. Tudo o que ele dizia, com a despretensão que lhe era habitual, ganhava uma profundidade, uma certeza inexplicável, uma sabedoria que se impunha à nossa imaginação.*

No decorrer da sessão, desenrolou-se o tema da certeza da morte, sua antevisão e proximidade. De como essa certeza teria o condão de transportar (elevar?) esse amigo desventurado para um outro lugar onde o corte radical entre a vida e a morte se desfizesse, conduzindo a uma outra visão possível de si e do mundo. Um desapego de certezas transitórias em direção a um tempo mais abrangente e, por isso mesmo, mais generalizante e desapegado. A vida e a morte como um contínuo quântico.

Lembrei-me disso quando refletia sobre como os últimos escritos de Freud e de Ferenczi nos tocam de uma maneira especial. Mesmo considerando a possível antecipação deflagrada pela doença do seu (de todos nós) processo natural de encontro com a morte, parece-me que por volta das *Novas conferências introdutórias* (ou *New Introductory Lectures on Psycho-Analysis*, 1933/1976a) delineia-se em Freud uma transcendência – uma nova visão pessoal sobre a totalidade de sua obra, agora exposta diante dele como um todo.

Momentos marcantes dessa *perlaboração*: as "Construções em Análise" (1937/1975), livro no qual a interpretação se expande em construção; os inacabados *Die Ichspaltung. . .* (*Clivagem do Eu?*) e *Abriss . . .* (*Síntese?*); e, é claro, a *Analysis terminable and interminable* (Análise terminável e interminável) (1937/1964), em que Freud revive sua emocionada relação com Ferenczi.

Para Ferenczi, também foi absolutamente necessário recriar essa relação, terna e apaixonada, nos seus escritos finais. Entre esses, a "Confusão de língua entre os adultos e a criança: a linguagem da ternura e a linguagem da paixão" (1933/1992). Mesmo confrontando-se com as reticências do mestre, ele o apresenta publicamente em 1932, um ano antes de sua morte, e talvez já impregnado de sua transcendência.

Tento imaginar as reações de Freud ao ler esse texto que soa como um contraponto à sua própria obra; contraponto, porém, que amplia possibilidades e introduz dissonâncias em um código harmônico que busca se estabelecer.

Ferenczi (1992) apresenta, então, ao congresso de seus pares relutantes o que ele chama:

> *. . . um curto resumo . . . do tema bastante vasto da origem exógena da formação do caráter e da neurose . . . (p. 347).*

E explicita sua intenção:

> *Quero sublinhar a importância concedida recentemente ao fator traumático, tão injustamente negligenciado nestes últimos tempos, na patologia das neuroses (p. 347).*

Assim, Ferenczi reabre a discussão em torno da crise teórica de 1897, quando Freud expõe a reformulação de suas ideias sobre o trauma, por meio de uma via de mão única, do factual para a fantasia. De fora para dentro? Dentro? Fora? E até onde, na infinita extensão do espaço-tempo, pode essa palavra, exógeno, levar-nos no seu ilimitado movimento de expansão?

Vamos por partes. Entre outros, dois temas importantes se imbricam nesse texto: o processo das identificações e a clivagem do Ego. Ferenczi (1924, p. 353) estabelece, então, uma conexão essencial entre estádio de identificação e língua da ternura:

> *Devemos nos referir aqui às ideias que Freud desenvolveu há muito quando sublinhou o fato da capacidade de experimentar um amor objetal ser precedida de um Estádio de identificação. Eu qualificaria esse estádio como sendo aquele do amor objetal passivo, ou estádio de ternura.*

Quando Ferenczi associa a língua da ternura a um estádio, seja na acepção de um período de tempo delimitado, seja na de uma posição recorrente no eixo do tempo, parece-me que as *Sprachen* (línguas, falas, linguagens . . .) se tornam fator determinante mas específico de um conceito mais amplo: *modos de ser do homem*.

Assim, língua da ternura de um modo de ser que, como indica sua característica relacional básica por meio da identificação, sente o mundo e a si mesmo indivisivelmente, numa continuidade decorrente de um sentimento de pertinência – somos uma mesma coisa, unitária mas infinita. Um possível sentido para *amor* objetal passivo; estar aberto e receptivo ao acolhimento amoroso já preconcebido. O objeto preexiste no sujeito, continente e conteúdo intercambiáveis.

E que coisa é essa que nos arrebata da língua da ternura para a língua da paixão? Responde Ferenczi:

> *Mas a mudança significativa, provocada no espírito da criança pela identificação com o parceiro adulto, é a introjeção do sentimento de culpa do adulto (1924, p. 352).*
>
> *Formas de amor passional e recheadas de culpa, em um ser ainda imaturo e inocente. A consequência só pode ser a confusão de línguas a que eu fazia alusão no título dessa conferência (1924, p. 353).*

É, pois, o sentimento de culpa que se coloca entre essas duas *línguas*. E do que é esse sentimento de culpa o sintoma talvez mais evidente?

> *... no erotismo adulto, o sentimento de culpa transforma o objeto de amor em um objeto de ódio e de afeição, isto é, um objeto ambivalente. Enquanto essa dualidade ainda falta à criança no seu estádio de ternura, é justamente esse ódio que surpreende, espanta e traumatiza uma criança amada por um adulto (1924, p. 356).*

O que era sentido como uma unidade indivisa passa por uma divisão radical. Radical, pois antes nem a ideia de divisão poderia ser concebível. Ou seja, o sentimento de culpa é o sintoma da clivagem, determinante da Língua da paixão, e é essa diferença essencial entre vivências de indivisibilidade e de divisão que Ferenczi talvez vislumbre por meio das línguas.

No *coda* do seu Post-Scriptum, um Ferenczi (1924, p. 355) prospectivo nos instiga à busca da essência:

> *Esta sequência de reflexões apenas aborda de maneira descritiva o que há de terno no erotismo infantil e o que*

> *há de apaixonado no erotismo adulto: deixa em suspenso o problema da própria essência de sua diferença.*

E o que nos sugere Ferenczi em sua busca dessa essência? Um ser humano é seduzido por um outro, mais maduro, que lhe promete um conhecimento – mágico, talvez – que, na realidade, ele mesmo não possui: a *verdade* do sexo; ou, mais amplamente, a verdade da vida e da morte: sempre uma mesma verdade.

Mediante a sedução, esse adulto busca se apossar de uma verdade que lhe escapa por meio da certeza de um outro. Um outro que lhe garanta o próprio lugar. O objeto-meta da sedução é a integridade pessoal, a certeza de si. Um objeto essencialmente enganador, pois promete exatamente aquilo que nos falta enquanto ser humano: a verdade sobre o nosso destino.

A partir da língua da paixão, um adulto diz a uma criança: "existe Papai Noel!" Ou então: "se você me ouvir, acreditar em mim, fundir-se comigo, você se tornará um ser completo em si mesmo, assim como eu mesmo sou agora!"

A linguagem da paixão caracteriza-se, então, por uma segunda intenção oculta: "é para meu próprio benefício que eu preciso que você creia em mim". Essa intenção pode se manifestar de maneiras muito variadas desde níveis muito abstratos, generalizantes, até níveis mais concretos, restringentes. No limite desse sentimento restrito teríamos o estupro sexual, físico, ao qual estava associado o conceito inicial de trauma em Freud, e que o levou ao impasse de 1897.

Ao propor a confusão de línguas, Ferenczi reabre a discussão mediante uma dupla generalização: por meio da primeira, o estupro físico generaliza-se para um estupro mental – intelectual até – com características emocionais muito mais sutis e portador de uma eficiência traumática muito mais aguda: poderíamos chamá-la *sedução retórica*.

Pela segunda generalização, a língua amplia-se para toda e qualquer manifestação expressiva de comunicação, incluindo o gestual, o não falado e, no limite, até a própria sedução física. Uma dupla generalização, que é de certa maneira única, pois a intenção oculta seria sempre a mesma, e é exatamente essa intenção que determina e define a sedução como um conceito mais fundamental: algo semelhante a uma pulsão sedutora. É preciso seduzir para nos sentirmos inteiros, além da *Spaltung* que nos constitui.

A linguagem da paixão seria caracterizada pela emoção individualizada, maliciosa, dirigida por um ego que impõe sua linguagem (ou modo de ser) a um outro.

Já a linguagem da ternura pressupõe uma linguagem comum, não centrada num ego particular, centro de interesses desse outro que se propõe como modelo. *Modo de ser* que acredita num sentido comum que transcende e aproxima os dois e anseia por essa realização. Uma preconcepção de humanidade que se abre à promessa do sedutor: "faço isto por você; nada nos separa, seremos um só"; mas se fecha quando essa promessa não resiste ao viver, e a traição revela-se inevitável.

Podemos imaginar que o ego da criança seja moldado nessa passagem confusional de línguas, repetindo traumaticamente um modelo sem saída. Instalado o conflito, esse modelo segue seu curso "natural" por meio das sequências traumáticas que o ressignificam, desembocando num ego restrito, individualizado e centrado em si mesmo, opondo-se às possibilidades generalizadoras do descentramento expansivo, da multiplicação de *vértices, sem memória e sem desejo*.

Essas evocações de Bion apoiam-se justamente sobre a questão do geral e do particular, da generalização e da restrição. Os vértices bionianos pensados como pontos de vista simultâneos e multidirecionais sobre o evento definido, então, como um conjunto de relações remetidas à preconcepção. A criança e seu mundo, preconcebidos como um interjogo no qual ambos são continente e contido.

***

O tema da generalização-restrição que se constitui num eixo desse nosso texto permeia também toda a obra de Ignacio Matte-Blanco.

Na sua tentativa de compreender como se constitui o homem e seu mundo, Matte-Blanco parte das características do Inconsciente conforme postuladas por Freud e investiga, então, quais seriam os princípios lógicos desse código enigmático para que, como consequência natural, dele resulte as manifestações do Inconsciente freudiano: substituição da realidade externa pela psíquica, deslocamento, condensação, ausência de temporalidade e, talvez, como característica abrangente, a ausência de contradição.

Desde as origens, os escritos de Matte-Blanco voltam-se para a linguagem, a fala. Seu primeiro objeto de estudo é a esquizofrenia, por meio do enigma da sua linguagem ou antilinguagem. Esta é por ele pensada como efeito da invasão da articulação consciente por outra lógica com características próprias, irredutíveis ao pensar consciente (como disse Ibn'Arabi (1997, p. 575), "toda causa é o efeito de seu próprio efeito"). Esta outra lógica, tão próxima do Inconsciente, é responsável também pelos sonhos, atos falhos e efeitos expressivos – estruturais, estéticos e estilísticos – do discurso; é batizada por ele de lógica simétrica.

A busca desse código simbólico evanescente leva Matte-Blanco a duas direções a serem percorridas simultaneamente. Uma delas conduz à lógica matemática, com a utilização da teoria dos conjuntos infinitos, o que coloca o código matemático como um pré-código linguístico — um *schemata* estrutural do discurso.

Usando este instrumental lógico-linguístico-matemático, ele chega à sua proposição do homem e seu mundo como constituídos por dois *modos de Ser*: o homogêneo-indivisível e o heterogêneo-divisor. Cada um dos quais impregnado por um código linguístico próprio e irredutível ao outro: a lógica assimétrica, inerente ao modo de ser heterogêneo-divisor, e a lógica simétrica, inerente ao modo homogêneo-indivisível. Essa é a outra direção a que nos leva o pensamento de Matte-Blanco: da língua para algo mais abrangente – *um modo de ser no mundo*.

O modo de ser assimétrico nos é familiar: atém-se à lógica clássica, aristotélica, predomnante em nossa lógica usual consciente, ou naquilo que podemos apreender a partir dela. Está solidamente ancorada numa tetra-dimensionalidade espaço-tempo que determina nossos limites de apreensão imaginária, de visualização de eventos. O mundo assimétrico é analítico, dividido em partes que se relacionam segundo uma lógica que se propõe conhecida.

Já o modo de ser simétrico refere-se a uma outra lógica, na qual não vigora o princípio de não contradição, e, como consequência, não há ordenação de tempo ou espaço nem relação entre partes distintas.

O mundo simétrico é sintético: nele estamos imersos na totalidade indivisível, desconhecida, além do nosso pensar habitual; ele nos será eternamente estranho e familiar — essência do *Unheimlich*. Matte-Blanco sugere a possibilidade de o Inconsciente simétrico ser fruto de uma lógica multidimensional que escapa dos nossos limites tridimensionais.

A lógica que explicaria esse modo de ser simétrico é regida por dois princípios: o princípio de simetria e o princípio de generalização.

Pelo princípio de simetria, o sistema inconsciente trata o inverso de qualquer relação como idêntico a esta. Assim, se João é pai de Pedro e Pedro filho de João, para esta lógica João é também filho de Pedro, Pedro é pai de João, e todas as relações possíveis são válidas sem contradição. Da mesma maneira, se o evento A antecede o evento B, também B antecede A, excluindo-se assim sequências temporais.

O princípio de generalização, que a rigor está contido no princípio de simetria, e vice-versa, é assim formulado por Matte-Blanco:

> *O sistema inconsciente trata a coisa individual (pessoa, objeto, conceito) como se fora um membro ou elemento de um conjunto ou classe que contém outros membros; trata essa classe como subclasse de uma classe mais geral e esta como subclasse de outra ainda mais geral e assim por diante (1975, p. 38).*
>
> *... na estrutura normal estratificada bilógica descobrimos que "sob" o aspecto apresentativo, a superficie de cada indivíduo, há normalmente uma sequência de estratos mais e mais profundos com amplitude e simetrização crescentes. Sem nos darmos conta, sentimos de uma maneira obscura que a mulher amada é não só nossa mulher, mas também nossa mãe e, num estrato mais profundo, todas as mulheres "amáveis" e, em nível ainda mais profundo, ela é uma Deusa. Mais fundo ainda, ela é nós mesmos até finalmente atingirmos a pura expressão do modo indivisível onde tudo tende a ser tudo o mais (1988, p. 115).*

Matte-Blanco propõe o processo *Consciente-Inconsciente* como um *continuum* formado por diferentes proporções desses dois códigos: o Consciente com predominância de assimetria, e o Inconsciente com proporção significativamente maior de simetria. Essa antinomia entre generalização e restrição seria, então, o elemento constitutivo dos dois modos de ser do homem e seu mundo. Dois códigos irredutíveis de apreensão e manifestação do mundo – o homem trágico, dividido constitucionalmente em duas diferentes dimensionalidades, exercitando sua convivência com esses dois modos de ser, numa permanente tentativa de conciliação.

Parece-me, então, que tanto em Ferenczi como em Matte-Blanco e talvez mesmo em Bion, a *língua* (*Sprach*, linguagem, código etc.) amplia-se para um *modo de ser* no mundo por meio de um processo de generalização de conceitos, generalização de possibilidades.

Não se pretende equacionar a dualidade ferencziana das línguas da ternura e da paixão com a antinomia de *modos de ser* de Matte-Blanco, mas tão somente rastrear intenções, aparentes ou ocultas, pensar possíveis vértices comuns e *fazer trabalhar* suas contradições.

***

Fazer trabalhar, marca distintiva de Laplanche. Como ele mesmo diz:

> *... as contradições e dificuldades não podem ser evitadas, pois estão ligadas a dificuldades do próprio objeto. É preciso, portanto, fazê-las trabalhar, quer dizer, levar a contradição ao extremo a fim de tentar encontrar, num outro nível, uma formulação que modifique a própria posição do problema (Laplanche, 1988a, p. 89).*

O texto de Laplanche, "Da teoria da sedução restrita à teoria da sedução generalizada" (1988b), apresentado nas jornadas sobre "A sedução em Psicanálise", em outubro de 1986, insere-se, de forma explícita, nesse encadeamento histórico de reflexões sobre o tema da generalização e restrição. Tema que Ferenczi descreve, mas, como ele mesmo diz, *deixa em suspenso o problema da própria essência de sua diferença*; e é a Ferenczi que Laplanche remete para apresentar sua teoria da sedução generalizada:

> *Vemos no seu artigo* Confusão de línguas entre os adultos e a criança *um verdadeiro prefácio da* Teoria da sedução generalizada *e, por um anacronismo aparente, reservamos-lhe todo um espaço no movimento teórico após 1964 (1988b, p. 115).*

E em nota de rodapé:

> *Lembramos que essa conferência data de 1932, um ano antes da morte de Ferenczi. Que Freud (não mais que seus discípulos) não parece ter, de forma alguma, respondido a essa antecipação (1988b, p. 115).*

Talvez mais que um prefácio, pois o texto original de Ferenczi já contém a própria ideia de generalização, numa antecipação da teoria da sedução generalizada, mas a proposta de Laplanche vai além: a sedução, usada habitualmente como descrição histórica ou clínica, ou, ainda, como conceito-fator de um processo, ganha um outro status com ele: a de um conceito *fundamental* da Psicanálise.

E é com extrema clareza conceitual e refinamento ornamental que Laplanche nos apresenta sua argumentação, que parte do seu descontentamento com os desdobramentos da virada teórica de 1897:

> *Pois apenas um aspecto parcial e restritivo da factualidade era invocado para recusar, sem mais, uma teoria que era ela mesma por demais restrita, enquanto que a discussão de 1897 (mas que interlocutor verdadeiro tinha Freud então?) poderia ter se aberto para um remanejamento dialético, como o que se observa na história das ciências; uma dupla generalização no sentido exato*

> *com eu falamos, em Física, da teoria da relatividade generalizada (Laplanche, 1988b, p. 114).*

Laplanche metaforiza as teorias de Einstein. Na sua busca, estimulada por Ferenczi, da *essência da diferença*, propõe uma possível generalização de uma *Psicanálise newtoniana*: fazendo trabalhar as interrelações de uma teoria da sedução com a realidade efetiva da sedução, ele postula, então, sua dupla generalização:

1. Generaliza sedução precoce e infantil na direção de uma sedução originária;
2. generaliza o sentimento de culpa, sintoma-causa da confusão de línguas ferencziana, em direção ao próprio Inconsciente.

A sedução originária define-se pela sua efetividade (*Wirklichkeit*), tornando secundária a querela sobre factualidade ou fantasia da sedução infantil:

> *Pelo termo sedução originária qualificamos esta situação fundamental na qual o adulto propõe à criança significantes não verbais tanto quanto verbais, e até comportamentais, impregnados de significações sexuais inconscientes.*
>
> *Vê-se que incluo na sedução originária situações, comunicações que nada têm a ver com o atentado sexual: o enigma cujo móvel é inconsciente é sedução por si mesmo e não é em vão que a Esfinge está postada às portas de Tebas (Laplanche, 1988b, p. 119).*

Novamente, a dupla generalização se imbrica numa generalização unitária: a sedução originária seria o sintoma fundamental de clivagem inconsciente:

> *A confrontação adulto-criança engloba uma relação essencial de atividade-passividade, ligada ao fato inelutável que o psiquismo parental é mais "rico" que o da criança . . . esta riqueza também pode ser considerada imperfeição: a clivagem do seu próprio inconsciente (Laplanche, 1988b, p. 118).*
>
> *A sedução originária quer falar da presença de um maior sentido escondido, ignorado, que é o próprio mecanismo de toda sedução, quer esta seja precoce, infantil, adulta etc. O estupro de uma criança por seu pai, as carícias eróticas de uma mãe, só são sedutoras porque veiculam o enigma do desejo inconsciente do adulto (Laplanche, 1988b, p. 123).*

Reportando-nos às colocações anteriores, poderíamos pensar que esse *mecanismo de sedução* não visa apenas à imposição da *língua* do mais forte, mas ao confronto entre dois *modos de ser* no mundo: um mais pertinente e outro mais exclusivo. Mas esta ideia implica uma abertura para a filogenia, pois esse seria o canal para essa preconcepção de pertinência.

A filogenia sempre foi um tema caro para Ferenczi (nesse sentido, o ensaio *Thalassa* é exemplar), e incorporar suas novas elaborações teóricas a explicações de ordem filogenética não constituiria um problema; como ele mesmo diz:

> *A teoria da genitalidade, que tenta dar uma explicação de ordem filogenética da luta dos sexos, deverá considerar esta diferença entre as satisfações eróticas infantis e o amor impregnado de ódio da copulação do adulto (Ferenczi, 1992, p. 356).*

Já Laplanche, quando expande o argumento ferencziano para um roteiro mais geral, parece encontrar uma limitação à sua generalização exatamente na filogenia. A teoria da sedução originária prescinde da transmissão filogenética: a confrontação entre adulto e criança se daria no nível puramente ontogenético: o encontro afetivo entre eles e a teoria sobre as consequências desse encontro. Ela se atém ao mecanismo do *après-coup*, no qual o jogo de temporalidades ontológicas dá conta de explicar o processo e recusa qualquer explicação externa com apelo à filogenia:

> *Privado do contexto da sedução, o* après-coup *pode apenas procurar desesperadamente um outro ponto de ancoragem, numa outra realidade, aquela que se chama fantasias originais, herança filogenética, mito científico da horda originária etc. (Laplanche, 1988b, p. 114).*
>
> *... sobre o solo de uma teoria combinando biologismo da pulsão e uma antropofilogênese das fantasias, Freud não podia levar a bom fim sua reavaliação do fator sedutivo (Laplanche, 1988b, p. 116).*

Pergunto-me se a crítica a essa outra *realidade* exemplificada pelos mitos antropofilogenéticos também seria aplicada por Laplanche a uma outra realidade constituída por um mito mais descarnado e sutil: o mito da pertinência.

Na permanente discussão em torno da constituição essencial do narcisismo primário, autoerotismo, estado anobjetal, identificação primária, individuação, pré-verbal etc., apresentam-se diferentes posições diante do mistério inapreensível: o que se passa na cabeça de um bebê?

Talvez essas posições decorram de uma convicção estilística, ideológico-existencial, a *Weltanschauung* de cada pensador-analista, batizando sua visão desse estádio primordial do ser humano: para alguns, um vazio autocentrado a ser relutantemente surpreendido pelos estímulos externos. Para outros, um espaço já estruturado em pré-concepções filogenéticas de pertinência, com a consequente esperança de uma realização de acolhimento, do tipo continente-contido.

Se admitimos esta ligação prévia com a humanidade, poderíamos pensar o *núcleo* do Inconsciente como a própria reminiscência dessa pertinência simétrica, na qual ele é tudo e tudo é ele. Como decorrência, a sedução pela sedução poderia ser pensada como uma busca dessa pertinência perdida, exercida paradoxalmente pela imposição da exclusividade – a busca da indivisibilidade pelas trilhas batidas da divisão no desfiladeiro da clivagem.

Essa pré-ligação, *manual interno de hominização*, talvez se confunda com a própria sexualidade, na sua acepção psicanalítica mais ampla. Ou seja, o *erotismo como pré-concepção de humanidade*. Inverte-se, então, a equação anaclítica: sobre as pulsões eróticas apoiam-se os instintos de sobrevivência. Aliás, fica difícil pensar numa ideia de sobrevivência que não seja precedida por essa pré-concepção de humanidade que empreste sentido à relação de vida e morte.

Parece que retornamos ao início: a vida e a morte sentidas como uma continuidade ou como um corte radical.

Diante do mistério tremendo, limito-me a parafrasear Ferenczi: esta sequência de reflexões . . . deixa em suspenso o problema da própria essência dessa diferença.

19. A psicanálise e a centopeia – música, cultura e comunidade[1]

Quem não gosta de samba
Bom sujeito não é
É ruim da cabeça
Ou doente do pé...
Dorival Caymmi

Prelúdio

Muitos anos atrás foi realizado em São Paulo um congresso psicanalítico da Federação Psicanalítica da América Latina (Fepal). Na época presidente da Sociedade Brasileira de Psicanálise de São Paulo, o saudoso amigo Fabio Herrmann, com a mesma coragem intelectual e institucional que era sua marca, convidou a Camerata Nossa, jovem e talentosa orquestra de câmara regida pelo hoje reconhecido maestro João Maurício Galindo, para abrir o evento.

1 In Gerber, I. (2012). *Dimensões – Psicanálise – Brasil – São Paulo*. São Paulo: SBPSP.

O programa, escolhido a dedo para essa ocasião pelo conjunto musical, constava de uma sinfonia clássica de Antonio Salieri, excelente músico, maior que a imagem simplista de invejoso com a qual ficou recentemente rotulado. O nome da peça é justamente *La scuola de' gelosi* (A escola dos invejosos). Na segunda parte, uma peça dadaísta do artista plástico e compositor Kurt Schwitters, que surpreende a plateia por meio de um solista cantando puras emoções sobre palavras aleatórias; músicos trocando seus instrumentos pelo de outros, assim dando vazão a antigos desejos; a *spalla*, linda violinista Milly Chang, apresentando-se quase desnuda sob uma veste de gaze transparente, e mesmo a flautista e o oboísta, depois de prolongada troca de olhares em meio à parafernália sonora, agarrando-se aos beijos e carícias. Apesar das reações indignadas de alguns ouvintes conservadores – na acepção musical e psicanalítica do termo –, o concerto foi um sucesso e de certa maneira ilustrou o pensamento psicanalítico ousado de Fabio: a permanente abertura e recriação da herança intelectual e emocional recebida, contestando as fronteiras estabelecidas entre as mais variadas áreas da cultura.

Fuga

Desde sua institucionalização por Eitingon na Sociedade de Psicanálise de Berlim, em 1922, o tripé da formação psicanalítica, constituído pela análise pessoal, teorização das vivências clínicas e supervisão dos atendimentos psicanalíticos, permanece consensualmente como condição indispensável na formação de um psicanalista. Ainda hoje ninguém põe em dúvida serem esses três pés suportes estruturais indispensáveis a um terapeuta – seja qual for sua formação anterior – para possibilitar-lhe uma prática clínica consistente da Psicanálise. Algumas divergências pontuais têm surgido apenas quanto à importância relativa de cada pé, mas sempre predomina a ideia de atribuir maior importância para a análise pessoal.

Coloca-se, então, uma questão epistemológica fundamental. Não temos dúvida de que o tripé é condição necessária, mas será ela condição suficiente?

Apelando para nossa imaginação geométrica espacial, sabemos que três pontos determinam um plano e, portanto, sem um mínimo de três pés, uma banqueta não se sustenta; mas se acrescentarmos mais um pé, aumentaremos sensivelmente a estabilidade de uma mesa quadrada ou retangular, e mais outros tantos pés fortalecem o equilíbrio de um tampo circular ou de formato mais complexo. Evidentemente, pés de mesmo comprimento, para que todos compartilhem a sustentação da mesa psicanalítica. Seria absurdo imaginar pés ornamentais pendurados no tampo.

Ao longo dos últimos 90 anos têm surgido sugestões de novos pés, mas que, na verdade, sempre existiram junto ao tripé institucionalizado. Fala-se bastante em um quarto pé, a Instituição. Seria possível uma formação sem ela? Isso abre uma discussão oportuna interessante, mas que não cabe no âmbito deste pequeno texto. No atual contexto, o quarto pé nos é indispensável e, como dito acima, sempre existiu. A pequena "Sociedade das Quartas-Feiras" já era, sem dúvida, uma instituição que foi se expandindo até a megainstituição da IPA e sociedades aderentes.

Por outro lado, a formação universitária, mesmo a dos médicos que constituíam maioria no grupo inicial junto a Freud, era, na época, impregnada da assim chamada cultura geral: literatura, música, artes, ciências humanas, exatas etc. Para além disso, esses homens se interessavam pela cultura no seu sentido antropológico mais amplo, *Kultur*, no alemão de Freud, incluindo toda e qualquer manifestação compartilhada por um grupo humano. Ou seja, *Kultur* abrangendo os dois termos hoje usados habitualmente para denominar um setor indispensável na instituição de formação psicanalítica: *cultura* e *comunidade*, um quinto pé apoiado firmemente no solo, e não apenas um ornamento secundário.

Nesse ponto sugiro que abandonemos, por um instante, a limitação que nos impõe nossa visão tridimensional, para tentar inteligir (pois nos é impossível imaginar, criar imagens de objetos com mais de três dimensões espaciais) a Psicanálise e sua formação como um objeto com múltiplas dimensões. Já chegamos a cinco e, em seguida, vou propor uma sexta. Antes disso, lembrarei o óbvio: o conceito (descoberta, invenção, criação?) fundante da Psicanálise por Freud é o Inconsciente, e ele não se atém à lógica não contraditória da física clássica de três dimensões espaciais. É por isso que Bion preferia a dicotomia finito-infinito em vez de Consciente-Inconsciente, e Matte-Blanco leva essa proposta ao limite com a ideia de um Inconsciente multidimensional, em que a contradição é incluída, rompendo o princípio do terceiro excluído de Aristóteles. Ora, o sexto pé sugerido é, justamente, o conjunto dos desenvolvimentos contemporâneos da física quântica e das matemáticas contraditórias, paraconsistentes, infinitas.

Gregory Chaitin, brilhante matemático, um dos criadores da teoria da aleatoriedade, que norteia grande parte da pesquisa matemática (e científica em geral) na atualidade, costuma dizer que na Matemática, e em todas as áreas do conhecimento humano, existem as concepções criativas e os detalhes. Estes seriam o trabalho diuturno de matemáticos, físicos, psicanalistas etc. com seus específicos mas importantíssimos usos e efeitos práticos e teóricos. Já a concepção criativa é um corte epistemológico que abre visões não somente na área do conhecimento, onde surge, mas que muda a maneira de pensar em todos os setores da vida humana mais cedo ou mais tarde chegando ao homem da rua.

A contradição, o paradoxo, características essenciais da lógica inconsciente, são agora compartilhados pelas ainda assim chamadas ciências duras. Seguem-se três momentos marcantes nessa trajetória de abertura do nosso modo de pensar tradicional:

Primeiro: Einstein e a relatividade abrindo caminho para a mecânica quântica. Lembro o que dizia o grande físico Niels Bohr: "Quem não achar a mecânica quântica muito esquisita é porque não a entendeu". E isto vale para a lógica do Inconsciente.

Segundo: Princípio da incerteza de Heisenberg, que põe um limite ao nosso conhecimento possível das partículas elementares. Qualquer que seja o desenvolvimento tecnológico no futuro, jamais chegaremos lá.

Terceiro: Teorema de Gödel: sistemas matemáticos suficientemente complexos (ou seja, praticamente todos os sistemas naturais) não admitem soluções determinadas – são indecidíveis. O mistério permanecerá para todo o sempre, e isso só nos estimula a continuar aprendendo, mudando a cada dia nossa visão do mundo e nossa maneira de pensá-lo.

Uma visão transdisciplinar traz aportes que nos ajudam a compreender nosso mistério fundamental: como "pensa emocionalmente" esse modo de ser Inconsciente que nos constitui. Assim como na Física contemporânea, já se lida com 11 dimensões espaciais na tentativa de chegar a uma teoria unificada, novos pés poderão ser acrescentados à formação psicanalítica. Serão muitos e serão todos eles um só, porque um vértice transdisciplinar, que se interessa pelo que abrange e transcende as várias disciplinas, acaba por relativizar as suas fronteiras.

Na semana passada assisti a um vídeo de um magnífico espetáculo com a participação de Gilberto Gil e Dominguinhos no acordeon em que, entre outras coisas, tocaram lindamente uma parceria de ambos, o "Lamento sertanejo". Enquanto ouvia encantado, repercutia em mim meu querido Villa-Lobos (1931): "Ô, mana, deix'eu ir, ô, mana, eu vou só . . . ô, mana, deix'eu ir, pro sertão de Caicó . . . " A música de Dominguinhos e Gil é uma perfeita canção de câmara, uma *Lied* brasileira, e parece-me quase uma leviandade que alguém possa pretender estabelecer um abismo instransponível entre o "clássico" e o "popular". De Villa a Dominguinhos, passando obrigatoriamente por Jobim e Egberto, somos presenteados pelo imenso universo sem fronteiras da melhor música brasileira.

A abertura das evanescentes fronteiras da Psicanálise não compromete nem põe em risco sua especificidade. A fé na verdade da Psicanálise – ou do Inconsciente – dispensa defensores aguerridos: a Psicanálise transcende. Como dizia o sábio rabino Nachman de Breslov, que viveu por volta de 1700: "Quando falta a fé, multiplicam-se os rituais pomposos e complicados" (1994).

Nessas décadas de convívio fértil e prazeroso com tantos colegas e amigos congregados em torno de nossa Sociedade de Psicanálise, tenho tido o privilégio de compartilhar a presença de tantos músicos que nos visitam, seja por meio da Diretoria de Cultura e Comunidade, seja por meio de congressos, bienais, revistas etc. Entre eles lembro Hans-Joachim Koellreutter, Almeida Prado, Arrigo Barnabé, José Miguel Wisnik, Luiz Tatit, Silvia Ocougne, João Maurício Galindo, Rodolfo Coelho de Souza, Alfredo Naffah e outros que possam me escapar no momento. Com todos eles, a oportunidade de cruzar fronteiras sem passaporte.

Coda

Outro dia li uma entrevista de Nelson Freire na qual ele dizia gostar de ouvir uma peça musical pelo rádio já iniciada e, portanto, sem saber quem a compôs e quem está tocando; deixar-se surpreender sem uma preparação prévia, precondicionada pelo conhecimento. Modestamente, tenho de confessar que há muito tempo compartilho do mesmo prazer ao escutar a Rádio Cultura no rádio do meu carro. Tipo: se já sei que é um compositor ou intérprete famoso, condiciono-me previamente a gostar, o que pode me impedir de me deixar surpreender, me reinventar em um estado contemplativo de "atenção flutuante" ou "sem memória, sem desejo, sem compreensão prévia". Vale também para a experiência de ir a um concerto sem consultar antes qual o programa . . .

20. Criatividade em psicanálise: uma questão ética[1]

Que sentido tem "criatividade" em Psicanálise hoje? Este texto encaminha a questão ao tomar como padrão de confronto a apropriação desta palavra pela *Publicidade*, porta-voz privilegiada do *fundamentalismo econômico* contemporâneo.

Uma resposta possível: em Psicanálise o efeito estético-científico resulta da atitude ética do analista, propiciando a criatividade do analisando sem preconceitos e sem expectativas.

A história da humanidade pode ser caracterizada por um processo de aceleração crescente. A unidade de medida para o tempo de duração de determinados estilos, modas e tendências foi mudando de milênios para séculos, décadas, anos, meses . . .

Como podemos observar em tantos processos no campo da Física atual, a mudança quantitativa, ao transpor um certo limiar (as chamadas bifurcações), conduz a uma súbita mudança qualitativa, algo como um corte epistemológico. Assim, na música, quando os intervalos de um tom ou meio tom que são habituais à nossa escuta

---

1 Publicado em *Revista Brasileira de Psicanálise*, São Paulo, v. 31, n. 3, pp. 603-610, 1997.

ocidental são reduzidos para quartos, oitavos de tom, ou mesmo intervalos menores, usuais na música tradicional hindu, o efeito apreendido é uma mudança de timbre, de qualidade sonora.

Penso que essa relação quântica entre quantitativo e qualitativo, antecipada por Hegel, não escapou a Freud, disruptor sutil de suas próprias origens: a ciência positivista, iluminista, eurocêntrica do século passado. Daí sua ênfase permanente no quantitativo econômico. Em *Analysis terminable and interminable* (Análise terminável e interminável) (1937/1964, tradução livre), uma de suas obras terminais, ele reitera: "Nossos conceitos teóricos têm negligenciado em atribuir à abordagem econômica a mesma importância dada às abordagens dinâmica e topográfica".

Tudo isso nos suscita várias indagações: podemos considerar o gradiente de aceleração do momento contemporâneo, o momento que vivemos, como uma continuidade tranquilamente mais apressada de tudo o que já se viveu, ou será que algo está se rompendo? A tecnologia que propicia essa aceleração de processos dará conta de suas consequências? Será esse desenvolvimento tecnológico a causa ou um subproduto de um processo inerente ao *interior* do ser humano? Como se engendram os possíveis ciclos de eterno retorno?

O fato é que não damos conta da enxurrada de publicações que demandam ininterruptamente nossa atenção, mesmo no campo específico da Psicanálise.[2] Nosso tempo interior se descola do tempo prometido pelas infindáveis possibilidades comunicativas, sejam tradicionais ou computadorizadas. Vemo-nos diante de um problema existencial pragmático: como dispormos do nosso tempo e do tempo do outro? Uma consequência benéfica imediata dessa minha preocupação está em limitar a extensão deste texto; torná-lo enxuto – se possível, incisivo. Não há tempo a perder.

2 Uma questão que não discutirei aqui: existem ainda campos específicos numa época em que a transdisciplinaridade se impõe?

Coloca-se, então, a questão: o que significa *criatividade em Psicanálise* hoje?

A rapidez com que as palavras gastam ou transitam por novos significados torna difícil acompanhar essas mutações, principalmente se considerarmos os sentidos múltiplos e tantas vezes contraditórios que as palavras conotam para diferentes comunidades com suas *Weltanschauungen*[3] particulares.

Por isso, não procurarei uma gama de possíveis sentidos de *criatividade* já estabelecidos nos dicionários. Tentarei outro caminho, qual seja, o de problematizar o uso da palavra pelo meio *publicitário*, principalmente pelo vértice ético. A ideia é tomar esse *uso* como um padrão de confronto possível, padrão de absoluta contemporaneidade, que nos ajude a compreender a criatividade na Psicanálise.

Tenho pensado que a *Publicidade* assumiu um papel determinante no processo vertiginoso que nos envolve. Dotada de uma agilidade transnacional que se alia à sua incondicional adesão ao *fundamentalismo econômico* contemporâneo, ela tornou-se hegemônica no jogo mundial dos poderes. Não um quinto poder, mas um poder *hors concours*. Na sua origem, a Publicidade era um meio acessório à produção e circulação de bens. Nos dias atuais parece que gradativamente a indústria, o comércio e os serviços tornam-se meios acessórios da Publicidade: empresas subsidiárias, encarregadas de tornar disponíveis os bens que a propaganda constantemente cria, recria e torna desejáveis.

Não é à toa que pensadores da cultura e áreas diversas, observando na televisão o turbilhão de imagens "videoclipe" dos filmes publicitários – que invade toda a produção audiovisual –, têm sugerido uma possível psicotização sutil da mensagem, do veículo, do receptor.

---

3 *Weltanschauung* (plural: *Weltanschauungen*): uma visão do mundo conduzindo a uma atitude no mundo.

Sugiro ao leitor uma experiência simples e curiosa: desligar o som da TV durante a exibição dos comerciais e concentrar sua atenção às imagens. Os efeitos experimentados serão paradoxais; somos tomados por uma intensa lucidez, na qual o descozimento das imagens mudas desvela a crua intencionalidade da montagem e, quase simultaneamente, tomados por uma vertigem, nós nos sentimos tragados no vórtice pulsante de imagens, chegando aos limiares *borderline* da subliminaridade.

Outra experiência, essa de caráter quase compulsório para cidadãos urbanos como nós, psicanalistas, é rastrear as transformações na "imagem" das palavras, nos seus sentidos e sutilezas por meio da sucessão de outdoors que ocupam todos os ângulos de visão economicamente viáveis; não há como escapar, pois ainda não fomos capazes de desautomatizar eficientemente a leitura.

Os redatores publicitários apropriam-se, vorazmente, de todos os jogos de palavras já criados pelo homem, esgotando-os, ao menos naquele momento. Um pequeno exemplo do efeito em nós produzido é que nossa apreensão retroativa percebe as *mots d'esprit* de Lacan como banais e despidas de sua originalidade.

Algo semelhante acontece com a própria palavra "criatividade". A Publicidade apropriou-se ciosamente do termo. São emblemáticos os *diretores de criação* ou os *prêmios criatividade*. Ela tornou-se o objeto posicional mais desejado nesse meio.

Limitarei essa investigação dos sentidos possíveis da *criatividade publicitária* aos aspectos éticos a partir de uma história de caso. Refiro-me ao exemplo clássico da propaganda de cigarros. Um diretor de criação que *crie* uma campanha bem-sucedida para incentivar o uso do fumo por adolescentes, digamos, da faixa dos 13 aos 15 anos, é considerado indiscutivelmente criativo.

Uma contraparte do seu subsidiário fornecedor, a indústria de fumo, está, por exemplo, naquele executivo emergente que teve a também bem-sucedida ideia de usar a nicotina com finalidade de obter um nível ótimo de adição dos fumantes, aumentando os rendimentos econômicos dos executivos e acionistas interessados. É, sem dúvida, um profissional extremamente criativo.

Aliás, também a palavra "profissional" ganha sentidos novos. Uma aura que a eleva acima dos níveis prosaicos da consciência ética, seja esta qual for.

Um exemplo recente: numa mesa-redonda na televisão, um jovem publicitário faz *profissão de fé*: "claro que eu dirigiria a campanha de um político, mesmo sabendo-o corrupto ou incompetente – eu sou um profissional".

Nos tempos já remotos da Segunda Guerra Mundial, era comum ouvir dos militares acusados de atrocidades: "eu apenas cumpri ordens". Nas guerras pós-coloniais, os desprezíveis mercenários ganharam um novo status de *guerreiros profissionais*. Mas, afinal, quem dá as ordens atualmente? Talvez o já citado *fundamentalismo econômico*, parceiro relutante do fanatismo mortífero dos fundamentalismos religiosos.

Claro que não se pode negar uma ética à Publicidade, mas ela tem um caráter ambíguo e secundário. Tantas vezes é apenas o empecilho ao livre fluxo da criação estética, comercial etc. Um hóspede respeitado, mas indesejável.

Chegamos ao ponto que mais nos interessa: de que se compõe a criatividade na Psicanálise? Ou, usando o já jargão bioniano: quais os fatores componentes da função criatividade? A pergunta é importante, pois a partir de uma possível hierarquia de seus fatores componentes estaremos definindo algum sentido particular de criatividade. No caso da comunidade psicanalítica, os fatores por ela privilegiados determinarão seu sentido específico da função.

Proponho que o fator principal que nos concerne enquanto psicanalistas (e, por feliz coincidência, também enquanto seres humanos) é a *criatividade ética* e que ela se articula com a *criatividade propiciatória*.

Revelam-se aí as diferenças marcantes em relação ao nosso padrão de confronto. Colocando-me no vértice publicitário, trato de interferir na estrutura desejante do outro, com intenção deliberada de inserir nela desejos que são meus, ou assim se tornaram por força de contrato com aqueles que me pagam. Lembrei-me de Ferenczi (1933/1992): a linguagem da paixão contra a linguagem da ternura – a intenção egoísta oculta na confusão de línguas.

É óbvio que, em Psicanálise, interferir na estrutura desejante de um outro movido pelo nosso desejo está absolutamente fora de questão, e isso nos inspira alguns cuidados. Por exemplo: todo procedimento doutrinário e/ou clínico que resulte em vantagens para o analista, seja no aspecto econômico ou de ascensão pessoal e institucional, deve merecer um escrutínio rigoroso e reiterado, por mais bem fundamentado que ele pareça. Questões tão diversas como relações econômicas, o *tempo* das sessões (frequência e duração), titulações do psicanalista, análises didáticas. Sempre velhas novas questões a serem repensadas diante da aceleração de processos que desgasta inadvertidamente soluções estabelecidas – para o mal e para o bem.

Penso que esse escrutínio questionador deve abranger nossa prática clínica, nossa relação com as instituições nas quais buscamos endosso profissional e, principalmente, a própria *Psicanálise*. A questão premente é: em que medida e em que aspectos a *instituição* ajuda ou atrapalha nossa relação ética com os analisandos?

Freud propôs a "atenção livremente suspensa" como instrumento metodológico fundamental do psicanalista. Ela pode ser pensada como uma atitude na qual o analista desapega sua escuta de pressupostos: a não seletividade. Em outras palavras, se esvazia para poder receber a palavra do outro com todo seu potencial de estranheza e alteridade.

A atenção flutuante freudiana foi levada às últimas consequências por Bion ao cunhar a expressão "Sem memória, sem desejo", tão evocativa da atitude de desapego contida na tradição oriental milenar que passa pelo Vedanta, pelo *Tao*, pelo zen, mas dificilmente compreendida se não nos descentrarmos de uma maneira de pensar e ser a que fomos habituados dentro de nossa tradição ocidental.

Bem, parece que, embora um pouco contrafeitos, começamos a aceitar o fato de Bion ser natural da Índia e lá ter vivido até os 8 anos de idade, sob maternagem compartilhada pela sua babá hindu. Como disse Meltzer lindamente em *Studies in Extended Metapsychology: Clinical Applications of Bion's Ideas* (2011, p. 26): "[Essas concepções] são profundamente estranhas à tradição filosófica e teológica do ocidente, mas não o são em relação à tradição oriental na qual a infância de Bion o mergulhou, qual Aquiles, pelas mãos de sua *ayah*".

Sem memória, sem desejo — penso sempre essa expressão no singular, conotando uma atitude, e não no plural, "sem memórias, sem desejos", conotando conteúdos. Claro que não se trata de recordar ou não uma sessão, um dado biográfico, ou o que quer que seja. Trata-se de se desapegar nossa memória e desejo emocionais para poder se abrir para o desconhecido – o outro. Talvez algo como recuperar uma quase utópica linguagem da ternura ferencziana.

Estou propondo que "Sem memória, sem desejo" é, antes de tudo, uma atitude ética e não metodológica.

Desapegar-se da memória emocional do próprio nome, das origens, da posição, das perdas e desfavores. Desapegar-se do desejo emocional do poder de cura, da fama, dos títulos, dos ganhos e favores.

Transcrevemos a seguir o poema número 13 do *Tao Te Ching*, de Lao-Tsé (2020, p. 34), que nos fala quase literalmente da ausência de memória e desejo:

Favor e desfavor geram angústia.
Honras geram dissabores para o ego.
Por que é que favor e desfavor geram dissabores?
Porque, quem espera favor paira na incerteza.
Sem saber se o receberá.
Quem recebe favor, também paira na incerteza:
Não sabe se o conservará.
Por isto causam dissabor
Tanto o favor como o desfavor.
Por que é que as honras geram dissabor?
Todo dissabor nasce do fato
De alguém ser um ego.
E não é possível contentar o ego.
Se eu pudesse libertar-me do ego.
Não haveria mais dissabores.

Sugiro uma forma mais coloquial de dizê-lo: "Sem preconceito, sem expectativa".

De um modo geral, os ensaios psicanalíticos têm dado ênfase aos aspectos estéticos e científicos da criatividade. Em seu texto "O estranho" (1919/1976c, p. 220) – em alemão, "*Das Unheimliche*", que traduziríamos literalmente como "o não familiar" –, Freud redefine a estética como "a doutrina das qualidades do nosso sentir, ampliando assim o significado tradicional que remete aos padrões do belo".

Em outro texto, "A questão de uma Weltanschauung" (ou "On a Weltanschauung", em *New Introductory Lectures on Psycho-Analysis*, 1933/1976a), Freud propõe "[A psicanálise] como ciência especializada . . . seria inadequado construir-lhe uma *Weltanschauung* própria: ela deve aceitar a científica".

Assim como Freud amplia o campo da estética para tudo que se refira ao nosso sentir, imagino que seu conceito de ciência também transcenda as pretensões de objetividade de seu tempo. Para encaixar a Psicanálise numa *visão de mundo* científica, não se obrigaria Freud a ampliar prospectiva e irreversivelmente as fronteiras da ciência na qual foi criado?

Olhando-se por esse vértice transcendente, desfazem-se as fronteiras entre ciência, arte e mito. Passam a formar um conjunto que se apoia *anacliticamente* sobre a criatividade ética – propiciatória, fundante da Psicanálise. Assim: "Em psicanálise, o efeito estético-científico resulta da atitude ética do analista propiciando a criatividade, sem preconceitos e sem expectativas" (Freud, 1976c, p. 220).

Um efeito estético que nos escapará sempre, impossível de ser enquadrado por pretensões de objetividade crítica avaliadora.

Perguntas finais: é viável para um analista assumir a atitude de sem memória, sem desejo, a não seletividade da atenção flutuante, o desapego de compreender (controlar?), apenas dentro do consultório? Algo que ele se proponha, disciplinadamente, ao sentar-se atrás do divã? Para que ela se realize na clínica, não será necessário que ela nos impregne em todos os momentos de nossa existência? Desapego de compreender, de curar, de favores e desfavores . . .

21. Paradigmas fluentes na pesquisa psicanalítica[1]

Tese – O reconhecimento da ação conjunta, no ser humano, de duas lógicas irreconciliáveis: a lógica clássica aristotélica não contraditória do sistema consciente, e a lógica contraditória paraconsistente do sistema inconsciente torna insuficiente qualquer tentativa da ciência tradicional - com seu paradigma de não contradição - de garantir validação ou refutação de *pesquisas essencialmente psicanalíticas*. Isto porque o referencial biológico inerente à pesquisa psicanalítica transcende a lógica cartesiana.

Era fim de tarde de uma sexta-feira de dezembro, quando se acumulam os pequenos cansaços do dia, da semana e do ano, e eu ainda tinha um casamento para ir à noite, daqueles formais, com igreja e recepção. Amparou-me ao longo do dia a certeza de uma soneca entre o consultório e o casório. Dito e feito, não liguei o despertador e acordei uns minutos além da hora que me programei, durante um sonho que eu chamaria de *relativamente desagradável*. Chamo assim porque, além de ser muito vívido, como é comum nos sonhos

---

1 In Herrmann, F.; Lowenkron, T. (2004). *Pesquisando com o método psicanalítico*. Casa do Psicólogo.

que pilhamos nessa transição súbita entre o sono e a vigília, ele não tinha nada de pesadelo. Meu sonho se passava no que me pareceu uma reunião comemorativa, e o clima era amistoso e agradável. Aí a câmera onírica dá um zoom em mim e na pessoa sentada ao meu lado. Reconheço a pessoa no sonho; é um conhecido, não exatamente um amigo – em nossos raros encontros de vigília temos mantido uma relação cordial, mas me parece captar nele uma sutil antipatia, do tipo: ao nos cumprimentarmos, ele desvia rapidamente o olhar enquanto ainda estamos nos dando as mãos. Bem, no sonho ele vira-se para mim e me diz algo desagradável a meu respeito. Eu me surpreendo, preparo uma resposta adequada e . . . acordo!

Até aí nada de novo; há um século Freud já descrevia esse tipo de sonho e levantava hipóteses sobre sua possível intencionalidade. Dois exemplos clássicos: o pai que vela o filho morto e acorda com o apelo deste no sonho: "pai, estou ardendo" (de febre) – e aquele desperta para perceber que uma vela ateara fogo à mortalha. Em outro sonho de efeito contrário, um médico sonha já estar no hospital e continua a dormir, satisfazendo seu desejo imediato.

Bem, acordo e já desperto; sou tomado por uma sensação, uma vivência de harmonização entre Consciente e Inconsciente. Imaginei, então, que o sistema inconsciente que dominava o meu "espaço psíquico" mobilizou minha lógica consciente e juntos criaram uma maneira minimamente desagradável para me acordar, para me preparar para a ação. Isto me veio como um possível *insight*, uma possibilidade a ser investigada, mais além das leituras e conhecimentos anteriores. Minha vivência me levou a imaginar uma hipótese: o "sistema inconsciente", em colaboração com o "sistema consciente", criou este sonho como a maneira mais gentil de me levar a acordar. Utilizando os registros emocionais disponíveis (eu estivera numa comemoração na véspera), ele criou uma situação na qual um estímulo desagradável mínimo exigia de mim uma ação, uma resposta. Digo "mínimo" no sentido de que era o suficiente para me acordar sem me maltratar além do necessário: um sopro fresco no rosto, e não um balde de água fria. Claro que, por sua qualidade primordial de multideterminação, inúmeros outros sentidos estão contidos neste sonho. Estou artificialmente isolando um que interessa particularmente à minha argumentação.

Pensei, então, na possibilidade de uma pesquisa intrapessoal: prestar atenção aos futuros sonhos que eu venha a criar no momento de acordar e relacioná-los com outros fatores presentes nesse momento. Qual seria a intenção da pesquisa? Investigar essa colaboração sempre ativa de nossos *dois modos de ser.*[2] Captar os sonhos no momento em que se dissolvem um no outro, na transigência entre meus dois *modos de ser.* Dei-me conta de que a pesquisa jamais encontraria validação possível dentro dos padrões da ciência clássica, porque a partir do momento em que meu desejo fosse de comprová-la, meu sistema Inconsciente, meu outro modo de ser, engajaria-se entusiasticamente ao projeto e me forneceria exatamente os dados que eu pudesse necessitar para sua comprovação.

Quando falo em "pesquisa essencialmente psicanalítica", refiro-me a uma abordagem que leve em conta o sistema Inconsciente com sua outra lógica, conjectura fundante da Psicanálise. Mais além da tentação intelectual da pesquisa em si, eu estava me propondo uma experiência de vivência em mim mesmo de meus dois modos de ser em ação conjunta. Nosso eterno problema: pilhar cintilações da lógica inconsciente impensável, com nossa consciência viciada em pensamentos racionais limitados. Sim, um vício (ou uma defesa) como qualquer outro. Bem, pensei eu, considerando que a pesquisa não espera validação nos padrões tradicionais de ciência, por que

2 Matte-Blanco expandiu a primeira tópica freudiana Consciente-Inconsciente assimilando essas instâncias a dois modos de ser do ser humano. O modo de ser consciente – racional, não contraditório, divisor; e o modo de ser Inconsciente – emocional, contraditório, indivisível.

não a partilhar com outros antes mesmo de iniciá-la? Lembro que Paul Valéry acordava de madrugada e punha-se imediatamente a escrever na tentativa de captar esse momento mágico entre o sonho e a vigília. Ele deixou dezenas de cadernos escritos, dos quais parte foi publicada.

Bem, nossa pesquisa nos coloca diante de um problema fundamental: ela não se atém apenas à lógica clássica aristotélica que até nossos dias tem garantido coerência às teorias que a ciência extrai dos (ou com as quais molda os) fenômenos empíricos, num determinado nível de realidade. Nosso problema abrange as trans-relações entre dois sistemas lógicos irreconciliáveis, dois níveis de realidade simultâneos, um dos quais não é acessível (ou acessável) diretamente por nosso pensar consciente. O problema não é só nosso; abrange outras áreas do conhecimento que também se defrontam com as exigências de um pensamento complexo. Falemos um pouco dele:

Intermezzo – pensamento complexo

A computação mais vertiginosa é menos complexa que a mínima ternura.

Edgar Morin (1994b, p. 321)

O pensamento complexo é uma característica essencialmente humana. Basta pensar na complexidade de um pensamento espontâneo ou de uma cadeia contraditória de livres associações. Ao postular o Inconsciente, Freud aceitou corajosamente o desafio da complexidade e das contradições. Um exemplo flagrante é a multideterminação do sintoma, em que causas pontuais se expandem numa rede de inter-relações complexas. Outro exemplo são as instâncias mentais – Ego, Id, Superego –, que, no início de seu texto, são postuladas didaticamente como territórios separados. Ao longo da escrita, ele vai descrevendo sobreposições, conexões e ramificações, ou seja, uma complexa rede de relações. Esses modelos freudianos transcendem nossa simplificadora tendência ao dualismo, já que a complexidade abrange num mesmo movimento indiferenciado o unitarismo, o dualismo e todas as multirrelações até o infinito. Claro que nossa capacidade de apreensão de fenômenos complexos ainda é bastante limitada, mas desde o início do século passado o problema deixou de ser evitado ou oculto, apesar de sua aparente agressão ao pensamento científico tradicional.

> *Nós nos servimos de nossa estrutura de pensamento para pensar. Será necessário nos servirmos de nosso pensamento para repensar nossa estrutura de pensamento (Morin, 1994b, p. 321).*

A partir de um corte epistemológico radical que passa pela relatividade, mecânica quântica, teorema de Gödel, princípio de Heisenberg, princípio de complementaridade de Niels Bohr, para citar apenas algumas contribuições decisivas nas até então chamadas ciências exatas, grandes avanços se produziram nesse século, embora estes tenham ampliado consideravelmente nosso campo de desconhecimento. O que importa é que estamos ampliando possibilidades. Como exemplo, o princípio da complementaridade de Bohr veio trazer uma nova visão sobre a discutida questão da dualidade onda-partícula: ondas e partículas representam aspectos complementares do mesmo fenômeno. Ou, como ele também enunciava, *contraria sunt complementa* (contrários são complementares). Ora, essa afirmação a que Bohr chegou por meio da microfísica e da Matemática contemporânea nos lembra Heráclito de Éfeso, esse grego tão oriental, alcunhado "o obscuro", que no século VI a.C. afirmou a *coincidentia oppositorum*, a coincidência dos opostos (lembramos sua frase mais citada: "viver de morrer, morrer de viver"). Para o pensamento aristotélico simplificador, os opostos se relacionam exclusivamente pela oposição, e, com isso, tentava-se evitar o risco de contradições. Já a coincidência ou complementaridade dos opostos são aspectos da complexidade que aceita o desafio das contradições, o que demanda uma lógica mais complexa, mais que dialética, dialógica, como veremos adiante. A milenar filosofia oriental taoista exprime a complementaridade dos opostos por meio do *Yin* e *Yang*; são configurações inseparáveis e só podem ser compreendidos na sua relação complexa um com o outro.

> *A complexidade é um tecido... de constituintes heterogêneos inseparavelmente associados (Morin, 1994, p. 12).*

A ciência clássica (ou tradicional) sempre recorreu, com sucesso, a aproximações eficientes e soluções simplificadoras pragmáticas; a geometria, por exemplo, lida com linhas retas e formas definidas. Isto tem atendido perfeitamente a nossas necessidades materiais práticas, mas, a partir dos avanços citados, constatou-se também que, para sistemas suficientemente complexos – ou seja, a maioria dos sistemas naturais, incluindo o cosmológico, o infinitesimal e, entre eles, o ser humano, seu corpo-mente e seus processos mentais –, as aproximações nas condições iniciais ou ao longo do seu processamento *não* conduzem a aproximações proporcionais nos resultados. Mas, de acordo com a teoria do caos, processos deterministas por natureza podem conduzir, com grande rapidez, a estados imprevisíveis e aparentemente desordenados. Aproximações, racionalizações e mesmo racionalismos não dão conta da complexidade das relações sistêmicas.

Por outro lado, a ciência clássica colocava fora de seu âmbito de interesse tudo aquilo que não podia abarcar com seu instrumental dedutivo-indutivo, matematizável e compreensível. Ora, basta contemplar a natureza para constatar a incontrolável complexidade das formas e processos. Não há linhas retas na *natureza*, tanto que ao sobrevoarmos aquele magnífico retão de areia branca da restinga de Marambaia nos ocorre logo: "Não, isto não pode ter sido assim, foi feito por alguma civilização humana! É algo que pertence à *artificialeza*!" Na atualidade, mesmo com nossos instrumentos aparentemente inadequados, estamos nos aventurando nesse complexo território multidimensional; após entender os fenômenos lineares nos dispomos a desafiar os processos turbulentos, caóticos, fractais:

> *Entre todas as imagens possíveis do mundo, qual é a posição que ocupa a do teórico da física? Essa imagem comporta as maiores exigências a respeito do rigor e da exatidão de representação das relações, como só o emprego da linguagem matemática pode proporcionar. Mas, em contrapartida, o físico deve materialmente limitar-se e contentar-se em apresentar os fenômenos mais simples, tanto quanto possa torná-los acessíveis à nossa experiência, enquanto todos os fenômenos mais complexos não possam ser reconstituídos pelo espírito humano com essa precisão sutil e esse espírito de continuação que o teórico da física exige. A extrema nitidez, a clareza e a certeza não se obtêm senão a expensas da integralidade. Mas que atrativo pode haver no fato de apanhar com exatidão uma porção tão pequena da natureza, deixando de lado, com timidez e sem coragem, tudo que é mais delicado e complexo? O resultado de um esforço tão resignado merecerá esse nome altivo de imagem do mundo? (Einstein, 1934/1981, p. 139).*
>
> *A complexidade é um progresso do conhecimento que traz consigo o desconhecido e o mistério . . . e ela nos traz, sob a forma de poesia, a mensagem do inconcebível (Morin, 1994b, pp. 97-98).*

Apesar de minha bem-intencionada tentativa de explicar o conceito, penso que a melhor maneira (talvez a única) de incorporar o pensamento complexo é por impregnação. Para tanto, selecionei citações de alguns autores que me pareceram propícias, mas ressalvando que, hoje em dia, o pensamento complexo permeia, de maneira mais ou menos explícita, a grande maioria dos textos científicos e outros:

> *Nós vimos despontar a ideia de complexidade como essencial aos fenômenos elementares da microfísica contemporânea.*
>
> *Enquanto a ciência de inspiração cartesiana construía, muito logicamente, do complexo ao simples, o pensamento científico contemporâneo tenta ler o complexo real sob a aparência simples, fornecida pelos fenômenos compensados . . . (Bachelard,* apud *Morin & Le Moigne, 2000, p. 219).*
>
> . . .
>
> *Quanto menor o grão da matéria mais realidade substancial existe: diminuindo o volume, a matéria se aprofunda . . .*
>
> *O simples é sempre o simplificado . . . , mas tão grande é a tentação da clareza rápida . . . [que esquecemos] que não existem fenômenos simples; o fenômeno é um tecido de relações. Não há natureza simples, substância simples; a substância é uma contextura de atributos. Não existe uma ideia simples, porque uma ideia simples deve estar inserida, para ser compreendida, num sistema complexo de pensamentos e experiências (Bachelard,* apud *Morin & Le Moigne, 2000, p. 251).*

Queremos mostrar que as ciências matemáticas da natureza, no momento em que descobrem os problemas da complexidade e do devenir, se tornam igualmente capazes de compreender algo do significado de certas questões expressas pelos mitos, religiões e filosofias . . . (Prigogine & Stengers, 1984, p. 5).

Devemos aprender a não mais julgar os saberes, as práticas, as culturas produzidas pelas sociedades humanas, mas a cruzá-los, a estabelecer entre eles comunicações inéditas que nos coloquem em condições de fazer frente às exigências sem precedentes da nossa época (Prigogine & Stengers, 1984, p. 25).

Mas a ciência de hoje não é mais a ciência "clássica". Os conceitos básicos que fundamentavam a "concepção clássica do mundo" encontraram hoje seus limites num progresso teórico que não hesitamos em chamar de metamorfose . . . (Prigogine & Stengers, 1984, p. 215).

A própria ambição de reduzir o conjunto de processos naturais a um pequeno número de leis foi abandonada. As ciências da natureza descrevem, de ora em diante, um universo fragmentado, rico de diversidades qualitativas e de surpresas potenciais. Assim a ciência se afirma hoje como ciência humana, ciência feita por homens e para homens. No seio de uma população rica e diversa em práticas cognitivas, nossa ciência ocupa a posição singular de escuta poética da natureza (Prigogine & Stengers, 1984, p. 225).

A dificuldade do pensamento complexo é que ele deve afrontar a trama da solidariedade dos fenômenos entre si, a bruma da incerteza, a contradição. Mas nós podemos elaborar alguns instrumentos conceituais, alguns dos princípios para essa aventura e podemos entrever aspectos do novo paradigma de complexidade que deverá emergir . . . . A complexidade nos convoca para uma verdadeira reforma do pensamento, semelhante à produzida no passado pelo paradigma copernicano. Mas essa nova abordagem e compreensão do mundo, de um mundo que se "autoproduz", confere também um novo sentido à ação (Morin, 2015, p. 32).

A nova forma de insight *talvez possa ser melhor chamada de* Totalidade Indivisa em Movimento Fluente. *Esta visão implica que esse fluxo, em certo sentido, é anterior às "coisas" que podem ser vistas formando-se e dissolvendo-se nesse fluxo. Pode-se talvez ilustrar o que se quer dizer com isso considerando-se o "fluxo da consciência". Esta fluidez da consciência não é definível de maneira precisa, sendo, porém, evidentemente anterior às formas definíveis dos pensamentos e das ideias que podem ser vistos formando-se e dissolvendo-se no fluxo, como pequenos encrespamentos ou ondulações, ondas e vórtices num curso fluente . . . . Qualquer evento, objeto, entidade etc. descritível é uma abstração de uma totalidade desconhecida e indefinível de movimento fluente (Bohm, 1998, pp. 31, 54, 78).*

Segundo a nova física, sonhamos o mundo. Nós o sonhamos como algo durável, misterioso, visível, onipresente no espaço e estável no tempo. Além dessa ilusão, todas as categorias do real e do irreal se esvaem (Guitton et al., *1991, p. 143).*

O surgimento de pelo menos dois níveis de Realidade no estudo dos sistemas naturais é o maior acontecimento

> *na história do conhecimento. Ela pode nos levar a reconsiderar nossa vida individual e social, dar novas interpretações ao velho conhecimento, conhecermo-nos de um modo diverso, aqui, agora . . . nenhum nível de Realidade constitui um lugar privilegiado a partir do qual possamos compreender todos os outros níveis de Realidade. Um nível de realidade é o que ele é porque todos os outros níveis existem ao mesmo tempo. Esse Princípio de Relatividade suscita um novo olhar sobre a religião, a política, as artes, a educação e a vida social. E quando nosso olhar sobre o mundo muda, o mundo muda (Nicolescu, 2001, pp. 1-3)*

Voltando à nossa hipotética pesquisa, penso que ela poderia ser um caso exemplar dos caminhos a que essa expansão radical de nossa tradicional dimensionalidade lógica pode nos conduzir. Caminhos é modo de dizer. Provavelmente nos conduza a uma rede complexa de encruzilhadas. Lembro que método provém do grego *methodos*, que significa literalmente "trilhar um caminho". O que fazer? Já que negar ou desconhecer essa outra lógica que nos constitui seria, paradoxalmente, um atentado ao princípio de realidade, a saída "lógica" é aceitar a ampliação de nossa lógica clássica, limitada a um determinado nível de realidade, para uma bi-lógica ou dialógica, que incorpore o pensamento complexo, a contradição e os vários níveis de realidade. Tentamos nos aproximar dessa bi-lógica, do desconhecido enigmático, mediante modelos conjecturais que possam evolver em dois registros complementares. Um deles, o registro das conjecturas teóricas; o outro, na tentativa prática de desenvolver uma captação, um "sexto sentido", uma trans-sensorialidade. Algo sentido na mente e no corpo. Por outro lado, a tentativa de "sentir" essa complementaridade dialógica em "nós mesmos" poderia ser comparada, mantidas as devidas proporções, à experiência de pegar um violino pela primeira vez e sentir a estranheza do contato desafinado e guinchante da crina do arco sobre as cordas vibráteis – como relacionar esse ruído atroz com a bela música que nos acostumamos a ouvir, tocada por músicos consumados? Uma sensação de impossibilidade promissora: será que o exercício perseverante nos levará até lá?

No que diz respeito à nossa pesquisa teórica, teremos que aceitar (ainda que com indignação) a necessidade prática de imaginar um referencial dialógico com o qual tentaremos compreender ou justificar os fatos (sensações vividas), mas, ao mesmo tempo, esse referencial terá de ser imaginado a partir de nossa percepção contraditória desses mesmos fatos. Num determinado nível de realidade regido pela lógica clássica, isso seria uma tautologia assumida, mas será que a consideração de outros níveis de realidade não poderia conduzir a uma totalidade coerente e aberta? Como tenho insistido, a conjectura bi-lógica de Matte-Blanco dá positividade ao sistema inconsciente, ou, em outras palavras, garante sua cidadania em nosso aparelho psíquico em que era considerado, antes de Freud, um clandestino fugaz. O conflito ou oposição entre nossos *dois modos de ser* tem sido o aspecto mais ressaltado pela abordagem focada nas patologias que a Psicanálise herdou do modelo médico tradicional; já neste texto procuro ressaltar exatamente sua colaboração e complementaridade vital na faixa assim chamada "normal" ou "moderadamente neurótica". Podemos imaginar que a ação de oposição e conflito entre nossos dois modos de ser seja expressão de nossa tendência a separar e a cortar vínculos, ou seja, o assim chamado instinto de morte pensado como um instinto de separação ou desligamento. Por outro lado, a ação de Eros, o instinto de vida, se exprime ao unir, ligar e religar as coisas, os seres, os conceitos.

Fica clara aí a intencionalidade da pesquisa e deste texto. Privilegiar a ação complementar construtiva entre nossos dois modos de ser, e pensar os conflitos e oposições como afastamentos de um equilíbrio ideal entre essas diferentes linguagens, códigos, lógicas, modos de ser. O eterno confronto entre razão e emoção. O processo psicanalítico como uma tentativa de estabelecer um diálogo cordial entre instâncias radicalmente diferentes. Não tentar igualá-las ou eliminar algumas delas, mas propiciar uma comunicação amistosa emocionalmente. Transcender a lógica clássica, que, a partir de Aristóteles, dominou a metodologia científico-religiosa durante milênios, e assumir, radicalmente, nossa outra lógica contraditória, inelutavelmente inconsciente, e os outros níveis de realidade que ela descortina.

22. Figuras rupestres: arte e/ou escrita[1]

Considerar a pintura rupestre como expressão de modos de comunicação abriu caminho para se conhecerem as culturas da Pré-História . . . A possibilidade de representar graficamente o mundo sensível é resultado, em parte, da capacidade da espécie humana de tomar distância em relação a ela mesma, posicionar-se em relação aos outros e ter como consequência do processo de evolução uma consciência reflexiva.

Pessis

1 Publicado na revista *Ide*, São Paulo, v. 32, n. 48, jun. 2009.

Figura 22.1: Figuras Rupestres. Fonte: Renato Rea In: Pessis, 2003.

Mas isto é arte? Essa pergunta arrogante tem sido usada como tema por vários cartunistas famosos; entre eles, Don Martin (*Mad Magazine*) (1969) e Charles Schulz (*Peanuts*) (2003). O jovem e talentoso Renato Rea (*apud* Pessis, 2003) recriou para nós essa pergunta em quadrinhos, à guisa de título deste pequeno texto. Tomemos a pergunta escrita acima – figuras rupestres: arte e/ou escrita? – como uma legenda. Mas a "charge" nos remete, por associação livre, a outra pergunta sempre presente na história de nosso ofício: "mas isto é Psicanálise?" Como demonstrado na atualidade, perguntas insidiosas só podem ser afrontadas com respostas paradoxais, o que já significa negar-se ao direcionamento da resposta oculto na própria pergunta: "*é ou não é?*" E, para além, negar-se à "*réponse malheureuse*", de Blanchot (2001, p. 43), exaustivamente citado: "A resposta é a desgraça da pergunta".

Entre as infinitas respostas paradoxais a essa pergunta, agradam-me algumas possíveis, antes lembrando que a lei da não contradição ou do terceiro excluído de Aristóteles (não existe um terceiro termo T que se iguala simultaneamente a dois termos A e B, sendo A diferente de B) determina a lógica finita não contraditória de nosso sistema consciente, enquanto a lógica inconsciente a transcende, pois é contraditória e, portanto, infinita; voltaremos a isso. Eis algumas das respostas possíveis:

1. É e não é. Aceitemos com naturalidade o terceiro incluído.
2. Responder com outra pergunta: é ou não é na opinião de quem?
3. Tudo é Psicanálise – Psicanálise não são coisas, mas certa cosmovisão sobre as coisas.
4. Tudo tem a ver com tudo . . .

Para tentar pensar melhor essa questão, vamos apelar não às bruxas, mas ao nosso patriarca Freud. Ao longo de sua longa vida e do desenvolvimento crescente de suas conjeturas, Freud sempre se apoiou em dualismos básicos, a começar pelo dualismo fundante da Psicanálise *Consciente-Inconsciente*, e pelos vários dualismos pulsionais: instintos de sobrevivência *versus* instintos eróticos, pulsão de vida *versus* pulsão de morte, chegando em suas obras finais – no *Abriss* (1940/2014) póstumo, por exemplo – a uma conceituação mais essencial e abstrata: impulso *de unir* versus impulso *de separar* (instinto, pulsão, impulso, traduções inevitavelmente insatisfatórias do "trieb" freudiano). Coloca-se a questão: Freud pensaria mesmo em termos de dualismos estritos, dois polos isolados, o que, então, justificaria seus embates com o sistema monista de Jung, ou ambas essas representações esquemáticas, aparentemente reducionistas, seriam apenas tentativas possíveis de representar um campo contínuo de qualidades psíquicas, relacionadas de maneira complexa; *opostos complementares* e inseparáveis unidos eternamente em proporções mutantes segundo uma lógica contraditória que ainda nos escapa. Talvez algo como a dialética intuitiva do *Yin-Yang*, na qual o *Yin* é tão somente *mais Yin do que Yang*, e o *Yang mais Yang do que Yin*. Nenhum dos dois representa o bem ou o mal em si mesmo. "*Opostos são complementares*" é um aforismo emblemático de Heráclito de Éfeso, que viveu há 2.600 anos e já então rompia com a separatividade do "ou isto ou aquilo", substituindo-o, talvez, por "tanto quanto". Esse fragmento de Heráclito foi tomado de empréstimo pelo eminente físico atômico e filósofo Niels Bohr para ornamentar seu brasão de armas e tornou-se um dos lemas da mecânica quântica: "tanto onda quanto partícula", ou "tanto função de onda quanto singularidade". Parece-me que uma leitura atenta de Freud deixa claro que essa concepção de opostos complementares permeia suas ideias, e de resto seria estranho que não fosse assim, porque toda a ciência de seu tempo abria suas portas positivistas para as concepções probabilísticas, contraditórias e aleatórias tanto na Biologia como, coisa nunca antes imaginada, na Física e na Matemática.

Poderíamos tentar ilustrar esse tipo de concepção com o *caminho do meio* da filosofia oriental. Navegamos na vida – precisa e imprecisamente, como dizia Pessoa – entre as duas margens de um rio na busca de uma terceira. De um lado, ou melhor dizendo, em uma determinada dimensão cósmica, a pulsão de vida, de união; e, do outro, a pulsão de morte, de separação. O caminho do meio não é uma linha reta equidistante das margens, mas uma linha sinuosa que, a cada tanto, pode nos aproximar perigosamente de uma ou de outra margem. Viver "bem" é buscar o equilíbrio mutante do momento vivido e, para tanto, suportar em si mesmo o puro presente das turbulentas emoções paradoxais; o bom marinheiro se revela nas tempestades. Do mesmo Heráclito é a tão conhecida "Jamais entraremos outra vez no mesmo rio"; em certa medida, navegaremos sempre por mares nunca dantes navegados.

Bem, embora essas ideias não sejam absolutamente novas neste século XXI, como as pensamos nós, pessoas contemporâneas? O cientista, o psicanalista, o homem da rua? Será que já incorporamos esse pensar contraditório que admite o paradoxo criativo e, com isso, expande o pensamento, ou ainda nos aferramos a um raciocínio mais seguro e limitado? Parece-me que Freud foi um dos grandes pioneiros da ruptura de um certo positivismo dogmático que permeava a ciência de sua origem. E é essa uma das grandes contribuições da Psicanálise ao pensar atual: tolerar a contradição, o paradoxo, e torná-los criativos. Nessa concepção cambiante de cintilações de unir e separar, podemos perceber tendências entre os seres humanos que se atraem mais ao unir ou ao separar. Claro que marcar as semelhanças e as diferenças é fundamental, mas alguns tendem a enfatizar mais as semelhanças e outros mais as diferenças. A ênfase exagerada destes últimos pode levar a consequências como isolacionismo científico ou escolástico e, no limite extremo, ao racismo. Claro que, se ancorarmos na outra margem, a indiferenciação radical pode também ser esterilizante, mas confesso que, pessoalmente, eu tendo a ver a pulsão de unir como mais primordial, inerente à nossa espécie humana de seres tribais e, por que não, mais simpática. Sim, no sentido de uma pulsão amorosa que consegue integrar as inevitáveis separações e diferenças.

Se voltarmos à pergunta que deflagrou esta já longa digressão, vemos que as respostas possíveis flutuam nas águas de nosso rio ao sabor dos anseios pessoais por uma das margens. De um lado existem os que acham que a Psicanálise é magnificamente específica, ciosos em criar fronteiras protetoras e, quiçá, corporativas. Do outro, os que a consideram como um recorte amplo que se soma a todos os outros recortes multidimensionais e transdisciplinares na matriz infinita do conhecimento humano. Para respeitar as diferenças, é indispensável reconhecê-las; apesar de minha adesão explícita às fronteiras abertas, considero importante a existência de adesões opostas que me complementem. Imagino um *mapa do conhecimento humano* em que, em uma analogia com o mapa-múndi cartográfico, as fronteiras lineares demarcadas entre países de cores diferentes se dissolvessem em um vasto *dégradé* de cores que transitassem, gradualmente, ao longo das semelhanças e diferenças geográficas, climáticas, culturais e étnicas. Somos todos seres planetários, mas como e quanto cada um de nós sente isso dentro de si?

Bem, vamos do pré-texto ao pretexto.

As figuras rupestres são arte ou escrita? Ambas, evidentemente. Quando o primeiro de nossos ancestrais desenhou um ser rudimentar na parede da caverna, estaria fazendo isto solipsisticamente, só para si, ou já se comunicava com a espécie a que pertence, mesmo antes que outro pudesse captar a mensagem pictórica? Parece-me que no primeiro traço significativo já surge a escrita. Claro que os pesquisadores e pensadores pósteros teriam de delimitar pontos de mutação na qualidade das mensagens, com sofisticações crescentes ao longo do tempo e do espaço, mas parece-me impossível a determinação de uma fronteira rígida entre o desenho e a escrita, entre o pictograma, o ideograma, o logograma, o fonograma, a letra. Como exemplo, dessas diferentes visões temos dois excelentes livros sobre o surgimento da escrita: *The story of writing*, de Andrew Robinson, de 1995, e *L'aventure des écritures: Naissances*, de Anne Zali e Annie Berthier, de 1997. Neste último livro, o nascimento da escrita é datado de 3.300 a.C., com as tábuas sumérias na Baixa Mesopotâmia. No outro, a cronologia se expande até 25 mil anos antes de Cristo, incorporando a comunicação pictográfica ou protoescrita. As opiniões e categorizações variam na dependência da postura emocional do estudioso. Citamos David Bohm, eminente físico atômico e filósofo, em seu livro com Krishnamurti (1985, p. 25), profundamente influenciado por seu contato íntimo com este último e Einstein:

> *A experiência com a natureza assemelha-se muito à experiência com seres humanos. Se alguém se aproxima de um outro homem com uma "teoria" a respeito dele, como um "inimigo" contra o qual é preciso se defender, esse homem responderá da mesma maneira e, portanto, a teoria será aparentemente confirmada pela experiência. De maneira semelhante, a natureza responderá de acordo com a teoria com a qual for abordada.*

Um exemplo histórico significativo de como a abordagem preexistente no cientista pode ser um obstáculo é o caso clássico de Champollion na decifração dos hieróglifos egípcios a partir da Pedra de Roseta. Ele imaginou, a partir da visão prevalente entre os estudiosos de sua época, que os símbolos hieroglíficos fossem exclusivamente pictogramas, e não símbolos fonéticos, excluindo a possibilidade destes últimos em sua investigação: ou uma coisa ou outra. Isso o levou a um impasse e, somente ao incorporar as contribuições de outros "decifradores" contemporâneos seus, como Thomas Young (1819) e William Barkes (1822) – que lhe enviou, em 1822, uma cópia das inscrições hieroglíficas do obelisco bilíngue de Philae –, Champollion se deu conta de que os hieróglifos cumpriam ambas as funções conforme o contexto e, então, abriu-se à compreensão da lógica da escrita hieroglífica em 1823. Citamos o resumo dos fundamentos da escrita hieroglífica feito por Andrew Robinson (1823 *apud* Pessis, 2003, p. 70):

> *O sistema de escrita é uma mistura de símbolos semânticos, isto é, símbolos que correspondem a palavras e ideias, também conhecidos por logogramas, e símbolos fonéticos, fonogramas, que correspondem a um ou mais sons (alfabéticos ou policonsonantais). Alguns hieróglifos são figuras reconhecíveis de objetos, um pássaro ou uma serpente, isto é, eles são pictogramas, mas a figura (*picture*) não revela necessariamente o sentido do signo. Assim, na "cartouche" de Cleópatra (no obelisco de Philae), a imagem de sua mão funciona como o fonograma T. Assim o pictograma pode funcionar como fonograma e como logograma dependendo do contexto... Múltiplas funções.*

O processo contínuo em que imagens se transmutam em pictogramas, ideogramas, logogramas, até um alfabeto estruturado, repete o processo intrapsíquico do desenvolvimento da mente humana desde os protopensamentos até o pensar mais sofisticado. Como diz Anne Marie Pessis em seu belo livro *Imagens da Pré-História* (2003, p. 75):

> *A produção de imagens gráficas se realiza de maneira análoga à produção de imagens mentais. Em vez de*

> *produzir mentalmente a partir do mundo sensível, a construção gráfica é desta vez material, mas tem como ponto de partida nossas relações mentais... É o gesto... que marca a diferença...*

Ao longo de sua história, a Psicanálise percorreu o caminho inverso, partindo da terapia centrada na palavra falada, da racionalidade estruturada, percorrendo ideogramas, pictogramas, protopensamentos, até a pura emocionalidade, mergulhando na a-racionalidade lógica do Inconsciente – tudo aquilo que transcende nossa lógica consciente. Como exemplo, a análise dos desenhos e jogos infantis surgiu como uma expansão mais tardia na nossa clínica. Por outro lado, a linguística estrutural, embora mantendo sua importância específica, coloca-se, hoje, apenas como parte de um complexo de comunicação muito mais amplo e sutil. A totalidade inconsciente da subjetividade humana se comunica e se desvela por meio de toda e qualquer manifestação expressiva, de toda e qualquer *atuação* de um determinado ser; a fala e a escrita são casos particulares especiais no universo das *atuações* possíveis. Nesse sentido, o gesto que se manifesta em uma caligrafia pessoal certamente contém em si esse condensado inconsciente de toda uma vida; podemos criticar usos que se façam da grafologia, mas ela aborda um canal respeitável de captação de nossa expressividade. Assim como Freud incorporou as inevitáveis resistências ao processo psicanalítico como aliadas na compreensão de seus pacientes, os psicanalistas atuais incorporam as *atuações*, antes consideradas apenas uma recusa à comunicação, como uma comunicação em si mesma: *enactments*, "comuniquemas". Por princípio, o método psicanalítico não recusa nenhuma mensagem, seja qual for seu meio e, tantas vezes, "o meio é a mensagem". A negação já é uma comunicação positiva; o vazio da comunicação é pleno de possibilidades.

Um dos temas recorrentes na obra de Freud, e desenvolvido poeticamente em *Moses and monotheism* (Moisés e o monoteísmo) (1939), é a continuidade analógica entre os processos intrapsíquicos individuais e os processos coletivos socioculturais. Mas a trajetória que liga indivíduo e sociedade passa certamente pela continuidade analógica entre processos intrapsíquicos individuais e processos interpsíquicos entre dois seres humanos, no mínimo. Em outras palavras, a teoria das pulsões e a teoria das relações de objeto são também *opostos complementares*, partes inseparáveis de um campo multidimensional. Penso que o confronto datado entre os militantes de cada uma dessas teorias atendeu apenas a uma ênfase excessiva na *separatividade* e soa hoje como ingenuidade ou obsoletismo epistemológico. Parodiando Freud: há muito mais continuidade entre ideias opostas do que a impressionante cesura do corte epistemológico nos teria feito acreditar.

A caligrafia chinesa nos oferece um belo exemplo dialético de continuidade e singularidade. Por um lado, seus ideogramas atuais conservam, na sua essência, as imagens e pictogramas que lhes deram origem. Por outro lado, a contribuição do gesto do calígrafo ao sentido do ideograma faz parte da mensagem: a direção, o sentido, a intensidade com que a mão move o pincel sobre o papel, deixando nele traços, rastros estéticos da criatura que por lá passou e deixou sua marca: arte e escrita.

Dando um salto para o diálogo escrito por meio de computadores, apesar dos inúmeros signos e códigos gráficos criados a todo momento na tentativa de transmitir as emoções sutis, "o gesto", do digitador ao leitor da mensagem na tela, parece-me, espero que sem saudosismo, que se perde aí um canal privilegiado de comunicação afetiva tão próprio das (antigas?) cartas manuscritas que nos permitiam reconhecer a letra de uma pessoa querida, um algo a mais revelando seu estilo. Algumas "letras" deixaram lembranças marcantes em mim: a letra indecifrável das receitas médicas, código esotérico a excluir a nós pacientes, ou a letra clara e elegante de todos os meus antigos professores de português. Confesso que tantas vezes não consigo decifrar minha própria letra.

O Inconsciente funciona em um campo lógico multidimensional, impensável na nossa lógica usual tridimensional consciente. Reparem que quando se passa de uma figura unidimensional, uma reta, para uma bidimensional, um plano, e dessa para uma tridimensional, um sólido, aumentam-se geometricamente as trajetórias possíveis de ligação entre dois pontos, ou seja, os vínculos possíveis entre os vários pontos da figura. Essa rede de interdependência entre todos seus conteúdos, somada a seus "*infinitebytes*" de memória, caracteriza o Id, "puro" Inconsciente. Podemos, então, pensar o Inconsciente como um espaço com N > 3 (N=número de dimensões), talvez infinitas dimensões, nas quais todos os pontos se conectam. Livre associação como um modo radical de funcionamento inconsciente: tudo tem a ver com tudo. As características emocionais, para além das racionais, determinam as infinitas conexões lógicas do momento vivido; para serem captadas, por associação livre, pelas limitadas possibilidades finitas de nosso sistema consciente, essas conexões têm de ser drasticamente reduzidas: o reducionismo racional consciente. É por isso que Bion preferia a antinomia finito-infinito a Consciente-Inconsciente, e Matte-Blanco expandiu-a para Consciente-divisor-finito e Inconsciente-indivisível-infinito. Ou seja, o Inconsciente funciona com uma lógica infinita. Contribui para isso sua total aceitação da contradição, pois, se admitirmos relações contraditórias entre duas proposições, expandimos enormemente as relações aceitáveis entre elas.

Finalizo com uma questão prática: parodiando André Green (2008), que se perguntava se a sexualidade ainda interessa aos psicanalistas hoje, eu pergunto: o Inconsciente ainda interessa aos psicanalistas hoje? O quanto toleramos a contradição, o paradoxo, o infinito inalcançável em nós mesmos sem apelar ansiosamente para uma racionalidade que nos tranquilize ao reduzir o inevitável desconhecido? Corremos o risco de repetir a caricatura do físico clássico que assim abordava sua pesquisa sobre a galinha: "imaginemos uma galinha esférica . . . " Seria um exagero dizer que o Consciente é um mecanismo de defesa diante do Inconsciente? Ou que Freud, diante do Inconsciente, assim como Pascal diante dos espaços infinitos que o assombravam, teria criado uma instituição como mecanismo de defesa? Sonhar o Inconsciente implica aceitar os paradoxos lógicos, a impermanência dos fatos, a interdependência dos eventos; implica introjetar o infinito: um exercício de compaixão. Parece-me – ou quer me parecer – que aqueles de nós mais tendentes a unir tendem também a ser mais bem-humorados.

Referências bibliográficas

Andrade, C. D. de. (2001). Congresso Internacional do Medo. In *Sentimento do mundo* (1ª ed., p. 27). Record.

Andrade, A. M. (2015). Recuperando aparelho psíquico. *Revista Brasileira de Psicanálise*, *49*(1), 85-98.

Armstrong, K. (2001). *Buddha*. Penguin Books.

Bachelard, G. (1988). *A Poética do Devaneio*. Martins Fontes. Recuperado de: https://bit.ly/3QCRVi1.

Bachelard, G. (2000). O novo espírito científico. In E. Morin & J. L. Le Moigne, *A inteligência da complexidade*. Peirópolis.

Bauman, Z. (2008). *Medo líquido*. Jorge Zahar.

Beethoven, L. (1810). Piano Sonata No. 26 in E♭ major, Op. 81a. *Les Adieux*.

Bion, W. R. (1962). *Learning from experience*. William Heinemann.

Bion, W. R. (1965). *Transformations* (1st ed.). Routledge.

Bion, W. R. (1967). *Second* Thoughts (1st ed). William Heinemann.

Bion, W. R. (1973). *Atenção e interpretação*. Imago. (Trabalho original publicado em 1970).

Bion, W. R. (1989). *Two papers: The Grid and Caesura*. Karnac Books.

Bion, W. R. (1992). *Cogitations*. Karnac Books.

Birman, J. (1987). *Sàndor Ferenczi: escritos psicanalíticos (1909-1933)*. Timbre/Taurus.

Bohm, D. (1998). *A totalidade e a ordem implicada: Uma nova percepção da realidade*. Cultrix.

Blanchot, M. (2001). *A conversa infinita*. Escuta.

Bion, W.R. (2004). *Elementos de psicanálise*. Imago. (Trabalho original publicado em 1963).

Borges, J. L. (2007). A morte e a bússola. In J. L. Borges, *Ficções* (pp. 121-135). Companhia das Letras. (Trabalho original publicado em 1944).

Breslov, N. (1994). *The Empty Chair: Finding Hope and Joy*. Jewish Lights Publishing.

Calvino, I. (1992). *As cosmicômicas* (Ivo Barroso, Trad.). Companhia das Letras. (Trabalho original publicado em 1981).

Courant, R.; Robbins, R. (1941). *What is Mathematics?: An elementary approach to ideas and methods*. Oxford University Press.

Coutinho, A. (org.). (1968). *Vinicius de Moraes – Obra poética*. José Aguilar Editora.

D'ambrosio, U. (Org.). *Declarações dos Fóruns de Ciência e Cultura da UNESCO* (Veneza, Vancouver e Belém e a Carta da Transdisciplinaridade), Textos Universitários. Brasília: Ed. da Universidade de Brasília, 1994.

Dedekind, R. (1963). *Essays on the Theory of Numbers. II. The Nature and Meaning of Numbers*. Dover Publications. (Trabalho original publicado em 1888).

Delumeau, J. (1978). *La peur en Occident (XIVᵉ-XVIIIᵉ siècles).* Fayard.

Eigen, M. (1992). *Coming through the whirlwind: Case studies in psychotherapy.* Chiron Publications.

Einstein, A. (1981). *Como vejo o mundo.* Nova Fronteira. (Trabalho original publicado em 1934).

Ehrlich, P. R., & Ehrlich, A. H. (1974). *População, recursos, ambiente.* Edusp.

Espinosa, B. (1983). *Espinosa.* (Marilena de Souza Chaui, Trad.). Coleção Os Pensadores. Abril Cultural.

Ferenczi, S. (1990). *Diário clínico.* Martins Fontes. (Trabalho original escrito em 1932 e publicado em 1985).

Ferenczi, S. (1992). Confusão de língua entre os adultos e a criança: a linguagem da ternura e a linguagem da paixão. In *Obras completas: Psicanálise IV* (pp. 97-106). Martins Fontes. (Trabalho original publicado em 1933).

Figueiredo, L. C. (2006). A questão do sentido, a intersubjetividade e as teorias das relações de objeto. *Revista Brasileira de Psicanálise, 39*(4), 79-88.

Freitas, L.; Morrin, E.; Nicolescu, B. *Carta da Transdisciplininaridade.* I Congresso Mundial da Transdisciplininaridade. Convento de Arrábida, Portugal, 2 a 6 de Novembro 1994. Recuperado de https://bit.ly/3TjlbwN.

Freud, S. (1911). Formulações sobre os dois princípios do funcionamento mental. In S Freud, *Edição standard das obras psicológicas completas de Sigmund Freud.* v. 12. Imago.

Freud, S. (1939). *Moses and monotheism.* (2nd ed, Vol. XXIII). Hogarth Press.

Freud, S. (1941). Findings, ideas, problems. In S. Freud, *The Standard edition of the complete psychological works of Sigmund*

Freud (J. Strachey, Trad.) (Vol. 23, p. 300). (Trabalho original publicado em 1938).

Freud, S. (1964). *An Outline of Psychoanalysis* (Vol. 23). Hogarth Press. (Trabalho original publicado em 1938).

Freud, S. (1964). *Analysis terminable and interminable.* In J. Strachey (Ed.), *The standard edition of the complete psychological works of Sigmund Freud* (Vol. 23, pp. 209-253). The Hogarth Press. (Trabalho original publicado em 1937).

Freud, S. (1965). *The interpretation of dreams* (2nd ed., Vol. IV-V). Avon Books. (Trabalho original publicado em 1900).

Freud, S. (1969). *Recomendações aos médicos que exercem a psicanálise.* Imago. (Trabalho original publicado em 1912).

Freud, S. (1974). Análise terminável e interminável, v. XXIII. In S. Freud, *Edição standard brasileira das obras psicológicas completas de Sigmund Freud* [ESB]. Imago. (Trabalho original publicado em 1937).

Freud S. (1975). Construções em análise. In S. Freud, *Moisés e o monoteísmo, esboço de psicanálise e outros trabalhos* (J. Salomão, Trad.) (Vol. 23, pp. 289-304). Imago. (Trabalho original publicado em 1937).

Freud, S. (1976a). *New introductory lectures on psycho-analysis and other works. The standard edition of the complete psychological works of Sigmund Freud* (Vol. XXII: 1932-1936). Karnac Books. (Trabalho original publicado em 1933).

Freud, S. (1976b). O Ego e o Id. In *Edição standard brasileira das obras psicológicas completas de Sigmund Freud* (J. Salomão, Trad.) (Vol. 19, pp. 13-83). Imago. (Trabalho original publicado em 1923).

Freud, S. (1976c). O Estranho. In S. Freud, *Obras psicológicas completas de Sigmund Freud* (J. Salomão, Trad.) (Vol. 17, pp. 275-314). Imago. (Trabalho original publicado em 1919).

Freud, S. (1976d). *Psycho-analysis and telepathy*. In *New introductory lectures on psycho-analysis and other works. The standard edition of the complete psychological works of Sigmund Freud* (Vol. XVIII). Karnac Books. (Trabalho original publicado em 1941).

Freud, S. (1987). O Moisés de Michelangelo. In S. Freud, *Edição standard brasileira das obras psicológicas completas de Sigmund Freud* (J. Salomão, Trad., Vol. 13, p. 253). Imago. (Trabalho original publicado em 1914).

Freud, S. (1996). Publicações pré-psicanalíticas e esboços inéditos (1886-1889). In S. Freud, *Edição standard brasileira das obras psicológicas completas de Sigmund Freud* (Vol. I). Imago.

Freud, S. (2004). A cisão do Eu no processo de defesa. In L. Hanns (Ed.), *Obras psicológicas de Sigmund Freud – Escritos sobre a psicologia do inconsciente* (Vol. 3). Imago. (Trabalho original publicado em 1938).

Freud, S. (2011). *Psicologia das massas e a análise do eu*. Companhia das Letras. (Trabalho original publicado em 1921).

Freud, S. (2014). *Compêndio da Psicanálise*. L&PM. (Trabalho original publicado em 1940).

Gerber, I. (1999a). Caminhos da intersubjetividade: Ferenczi, Bion, Matte-Blanco. *Psicologia USP*, *10*(1), 141-155. Recuperado de https://www.revistas.usp.br/psicousp/article/view/107969

Gerber, I. (1999b). De Freud a Bion por los caminos de Lao-Tsu: Un escenario transdisciplinar. *Revista de Psicoanálisis, Asociación Psicoanalítica de Buenos Aires*, *XXI*(3), p. 255.

Gerber, I. (2003). A segunda inocência. *Revista Brasileira de Psicanálise, 37*(2/3), 777-784.

Gerber, I. (2004). O Inconsciente Infinito segundo Bion e Matte-Blanco. *Revista Brasileira de Psicanálise, 38*(1), pp. 39-58.

Gerber, I. (2005). Utopias pragmáticas e resistências previsíveis. In A. C. S. Friaça *et al., Educação e Transdisciplinaridade III*. Triom.

Green, A. (2008). A ilusão de uma base comum e o pluralismo mítico. In *Livro anual de Psicanálise* (Vol. 21, p. 29). Escuta.

Guitton, J., Bogdanov, G., & Bogdanov, I. (1991). *Deus e a ciência*. Nova Fronteira.

Herrmann, F. (2001). *Introdução à Teoria dos Campos*. Casa do Psicólogo.

Ibn'Arabi, M. (1997). *Le livre des chatons des sagesses*. Tradução, notas e comentário, (Charles-André Gilis, Trad., notas e comentários) Al-Bouraq.

Joseph, B. (1985). Transference: the total situation. *International Journal of Psycho-Analysis, 66*, 447-454.

Klein, M. (1976). *Narrativa da análise de uma criança*. Imago. (Trabalho original publicado em 1961).

Koellreutter, H. J. (1994). *Estética*. Edição particular.

Koellreutter, H. J. (1997). *Fundamentos do novo pensar musical* [mimeo].

Krishnamurti, J.; Bohm, D. (1985). *A eliminação do tempo psicológico*. Cultrix.

Krishnamurti, J. (1995). *A meditação*. [S.l.].

Lacan, J. (1998). A instância da letra no inconsciente ou A razão desde Freud. In: *Escritos*. Jorge Zahar. (Trabalho original publicado em 1957).

Lacan, J. (1999). *O seminário, Livro 5 – As formações do inconsciente*. Jorge Zahar.

Laplanche, J. (1988a). A pulsão de morte na teoria da pulsão sexual. In J. Laplanche, *Teoria da sedução generalizada e outros ensaios*. Artes Médicas.

Laplanche, J. (1988b). Da teoria da sedução restrita à teoria da sedução generalizada. In J. Laplanche, *Teoria da sedução generalizada e outros ensaios*. Artes Médicas.

Lao-Tsé. (2020). *Tao te Ching: O livro que revela Deus*. (Huberto Rohden, Trad.). Martin Claret.

Martin, D. (1969). *Mad's Don Martin cooks up more tales*. Signet Books.

Martínez, G.; Piñeiro, G. (2010). *Gödel V (para todos)*. Ediciones Destino.

Matte-Blanco, I. (1975). *The unconscious as infinite sets*. Routledge.

Matte-Blanco, I. (1981). *Reflecting with Bion*. In J. Grotstein (Ed.), *Do I dare disturb the universe?* (pp. 489-528). Karnac.

Matte-Blanco, I. (1988). *Thinking, Feeling, and Being: clinical reflections on the fundamental antinomy of human beings and world*. Routledge.

Meltzer, D. (2011). *Studies in extended metapsychology: clinical applications of Bion's ideas*. Karnac Books.

Masson, J. (Org.). (1986). *A correspondência completa de Sigmund Freud para Wilhelm Fliess 1887-1904*. Imago.

Morin, E. (1997). Complexidade e liberdade. *Revista THOT*, (67), pp. 12-19. Recuperado de https://www.palasathena.org.br/revista-thot/

Morin, E. (1994). *La complexité humaine*. Champs Essais.

Morin, E. (2015). *Introdução ao pensamento complexo*. Sulina.

Nicolescu, B. (1995). *Ciência, sentido e evolução*. Attar Editorial.

Nicolescu, B. (2001) *Aspectos Gödelianos da natureza e do conhecimento*. Centro de Transdisciplinaridade da Escola do Futuro da USP (CETRANS). Recuperado de https://bit.ly/35VBoRf

Ogden, T. (2004). *The analytic third: implications for psychoanalytic theory and technique. The Psychoanalytic Quarterly*, v. 73(1), 167–196.

Paz, O. (1986). *Sendas de Ôku*. Roswitha Kempf. (Trabalho original publicado em 1983).

Penrose, R. (1997). *The large, the small and the human mind*. Cambridge University Press.

Pessis, A. M. (2003). *Imagens da Pré-História: Parque Nacional Serra da Capivara*. Fumdham.

Pessoa, F. (1980). *Textos de crítica e de intervenção*. Ática. (Trabalho original publicado em 1931).

Pessoa, F. (1986). *Escritos íntimos, cartas e páginas autobiográficas*. (Introdução, organização e notas de António Quadros.). Publicações Europa-América.

Pessoa, F. (2004). *Obra poética*. Organização de Maria Aliete Galhoz (3ª ed.). Nova Aguilar.

Prigogine, I., & Stengers, I. (1984). *A nova aliança*. Editora UNB.

Revel, J. F., & Ricard, M. (1998). *O monge e o filósofo: O budismo hoje*. Editora Mandarim.

Rezende, A. M., & Gerber, I. (2001). *A psicanálise "atual" na interface das "novas" ciências*. Via Lettera.

Ricard, M., & Thuan, T. X. (2001). *The quantum and the lotus*. Three Rivers Press.

Robinson, A. (1995). *The story of writing*. Thames & Hudson.

Rose, S. (2003). A mente, o cérebro e a pedra de Roseta. In J. Brockman & K. Matson. (Eds.), *As coisas são assim*. Companhia das Letras.

Salomão, J. (1975). *Freud – Lou Andreas-Salomé, correspondência completa*. (D. Flacksman, Trad.). Imago. (Trabalho original publicado em 1963).

Schiller, D. (1994). *The Little Zen Companion*. Workman.

Schnitzler, A. (1986). *Anatol*. Estante. (Trabalho original publicado em 1893).

Schulz, C. (2003). *Peanuts: The art of Charles M. Schulz*. Pantheon Books.

Suzuki, S. (1994). *Mente zen, mente de principiante*. Palas Athena.

Tulku, T. (1977). *Gestos de equilíbrio*. Pensamento.

Unesco. I Fórum da UNESCO sobre ciência e Cultura. *A Ciência e as Fronteiras do Conhecimento*: Prólogo do Nosso Passado Cultural. Veneza, Itália, 3 a 7 de Março de 1986. Recuperado de https://bit.ly/3ArDlE3.

Ungar, V. (2015). O ofício de analista e sua caixa de ferramentas: a interpretação revisitada. *Revista Brasileira de Psicanálise*, *49*(1), 15-32.

Villa Lobos, H. (1931). Aria (Cantiga do Caicó) da Bachianas nº 4.

Whitman, W. (1983). *Folhas das folhas de relva*. (G. Campos, Trad.). Brasiliense. (Trabalho original publicado em 1855).

Winnicott, D. W. (1975). Gêmeos. In D. W. Winnicott, *A criança e seu mundo* (3ª ed., A. Cabral, Trad.). Zahar.

Zali, A., & Berthier, A. (1997). *L'aventure des écritures: Naissances*. Bibliothèque Nationale de France.

Índice remissivo